스틱맨과
놀며 배우는
피봇 애니메이터

초판 발행일 | 2020년 6월 15일
지은이 | 창의콘텐츠연구소
펴낸이 | 박재영
총편집인 | 이준우
기획진행 | 유효섭, 김미경

㈜해람북스 주소 | 서울시 마포구 양화로 125 8층 (서교동, 경남관광빌딩)
문의전화 | 02-6337-5419 팩스 02-6337-5440
홈페이지 | http://www.hrbooks.co.kr

발행처 | (주)에듀파트너 **출판등록번호** | 제2016-000047호

ISBN 979-11-6571-101-6

이 책은 저작권법에 따라 보호받는 저작물이므로 무단전재와 무단복제를 금지하며,
이 책 내용의 전부 또는 일부를 이용하려면 반드시 저작권자와 (주)에듀파트너의 서면동의를 받아야 합니다.

※ 잘못된 책은 바꾸어 드립니다.
※ 책 가격은 뒷면에 있습니다.

차 례 CONTENTS

01 스틱맨과 인사하기 • 004
1. 피봇 프로그램 설치하기
2. 피봇 프로그램 화면 구성 확인하기
3. 스틱맨 추가 및 삭제하기
- 뿜뿜! 생각 키우기 -

02 스틱맨은 변신 왕! • 011
1. 스틱맨의 크기 변경하기
2. 스틱맨의 색상 변경하기
3. 스틱맨의 모양 변경하기
4. 스틱맨의 원점 변경하기
- 뿜뿜! 생각 키우기 -

03 스틱맨은 외로워! • 019
1. 스틱맨에게 친구 소개시키기
2. 스틱맨과 cowboy 인사하기
3. 완성 파일 저장하기
- 뿜뿜! 생각 키우기 -

04 으랴 으랴! 말 타는 스틱맨 • 028
1. 캔버스에 말 추가하기
2. 스틱맨의 원점 옮기기
3. 스틱맨2와 말 합치기
4. 말을 타고 이동하는 스틱맨2
- 뿜뿜! 생각 키우기 -

05 아기 스틱맨과 함께 체조하기 • 037
1. 스틱맨의 선 굵기 조절하기
2. 스틱맨의 선 길이 조절하기
3. 아기 스틱맨과 함께 체조하는 스틱맨
- 뿜뿜! 생각 키우기 -

06 스틱맨 좌우 반전시키기 • 045
1. 스틱맨을 달리는 모습으로 변경하기
2. 스틱맨 좌우 반전시키기
- 뿜뿜! 생각 키우기 -

07 뚝딱뚝딱 건물 세우기 • 052
1. 외부에서 배경 불러오기
2. 선을 이용하여 건물 그리기
- 뿜뿜! 생각 키우기 -

08 팡팡! 뽕망치 선물하기 • 062
1. 뽕망치 만들기
2. 뽕망치를 바닥에 치는 애니메이션 만들기
- 뿜뿜! 생각 키우기 -

09 스틱맨의 덩크슛 플레이 • 071
1. 드리블하는 스틱맨
2. 스틱맨과 농구공 연결하기
3. 스틱맨 덩크슛하기
4. 골대에서 떨어지는 농구공
5. 골대에서 내려오는 스틱맨
- 뿜뿜! 생각 키우기 -

10 바닥을 기어다니는 지렁이 • 079
1. 지렁이 만들기
2. 기어다니는 지렁이 만들기
- 뿜뿜! 생각 키우기 -

11 비보이가 된 스틱맨 • 085
1. 무대 불러오기
2. 헤드스핀 하는 스틱맨
3. 동료 스틱맨 추가하기
- 뿜뿜! 생각 키우기 -

12 풀숲을 기어가는 거미 • 093
1. 거미줄 만들기
2. 거미 움직임 만들기
- 뿜뿜! 생각 키우기 -

13 펭수가 사는 빙하 나라! • 100
1. 그림판에 배경 그리기
2. 피봇에 배경 추가하기
- 뿜뿜! 생각 키우기 -

14 빙하 마을에 나타난 펭수! • 107
1. 새로운 개체 만들기
2. 개체 저장하기
- 뿜뿜! 생각 키우기 -

15 나와라, 펭수의 눈, 코, 입! • 118
1. 그림판에 펭수 얼굴 그리기
2. 펭수 몸에 펭수 얼굴 붙이기
- 뿜뿜! 생각 키우기 -

16 요리조리 움직이는 펭수! • 129
1. 펭수 몸에 얼굴과 배 붙이기
2. 움직이는 펭수
- 뿜뿜! 생각 키우기 -

17 배경음악에 맞춰 인사하는 펭수 • 137
1. 곰믹스 프로 설치하기
2. 인사하는 펭수 동영상 만들기
- 뿜뿜! 생각 키우기 -

18 스틱맨, 액션 스쿨 방문하다! • 148
1. 캔버스 크기 변경하기
2. 새로운 개체 만들기
3. 스틱맨의 크기를 조절하고 위치 지정하기
- 뿜뿜! 생각 키우기 -

19 스틱맨, 액션 스쿨 문을 열다! • 158
1. 외부에서 개체 가져오기
2. 액션 스쿨 안으로 들어가는 스틱맨
3. 스틱맨이 건물로 들어갈 때 문 열기
4. 계단 오르는 스틱맨
- 뿜뿜! 생각 키우기 -

20 조용히 걸어 나오는 동료 스틱맨 • 166
1. 조용히 걸어 나오는 동료 스틱맨들
2. 동료를 찾는 스틱맨
3. 대화하는 동료 스틱맨들
4. 동료들이 대화할 때도 동료를 찾는 스틱맨
- 뿜뿜! 생각 키우기 -

21 스틱맨, 레디~ 액션! • 177
1. 감독의 모습 표현하기
2. 감독의 액션 지시 표현하기
3. 화면 밖으로 나가는 감독
4. 연기를 시작한 동료 스틱맨 표현하기
- 뿜뿜! 생각 키우기 -

22 스틱맨, 카메라 울렁증 극복하다! • 186
1. 액션 스토리 그리기
2. 다양한 액션 장면 참고하기
3. 액션 장면 만들기
- 뿜뿜! 생각 키우기 -

23 오케이, 컷! 촬영 종료 • 193
1. 컷!을 외치는 감독
2. 컷! 소리에 일어나는 동료 스틱맨
3. 걸어오는 감독
4. 스틱맨들에게 인사하는 감독
- 뿜뿜! 생각 키우기 -

24 내일은 액션왕! 액션씬 완성 • 201
1. 동영상 자르기
2. 배경음악 적용하기
3. 자막 추가하기
- 뿜뿜! 생각 키우기 -

Chapter 01
스틱맨과 인사하기

▶ 예제 파일 : 없음

"뭐 재미있는 거 없을까?" 해람이는 스마트폰을 꺼내 유튜브를 켰어요.
"음... 이것도 본 거고... 이것도 어제 봤고..." 해람이는 한동안 유튜브 영상을 넘기던 손을 멈췄어요.
"어? 이거 뭐야? 스틱맨 키우기?" 누워 있던 해람이는 자리에서 일어나 유튜브 영상을 실행시켰어요.
"이거 너무 귀여운데?"

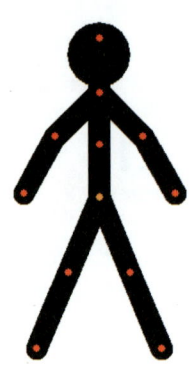

 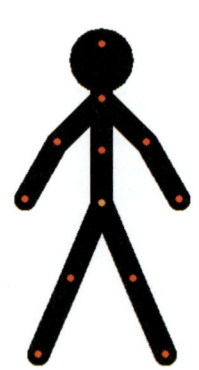

학습목표

- 피봇 프로그램을 설치할 수 있습니다.
- 피봇 프로그램의 화면 구성을 확인할 수 있습니다.
- 스틱맨을 추가하거나 삭제할 수 있습니다.
- ADD Figure 메뉴를 사용할 수 있습니다.

01 피봇 프로그램 설치하기

피봇 프로그램을 다운로드 받는 방법과 설치하는 방법에 대해 알아봅니다.

① 피봇 프로그램을 다운로드 받기 위해 피봇('http://pivotanimator.net/') 사이트에 접속합니다.

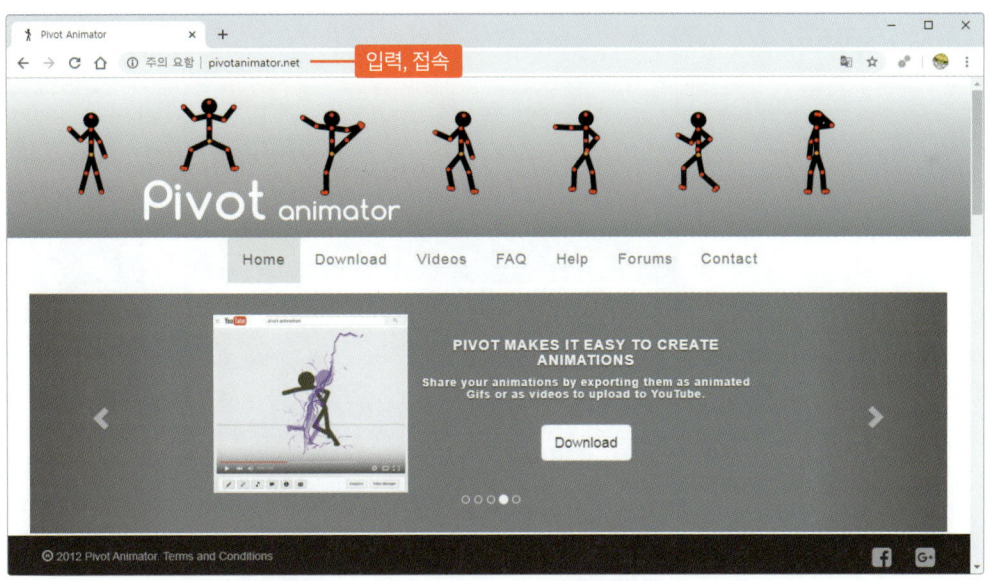

② 메뉴 중 [Download]를 클릭하여 페이지가 열리면 [Download Pivot Animator 4]를 클릭하여 프로그램을 다운로드 받습니다.

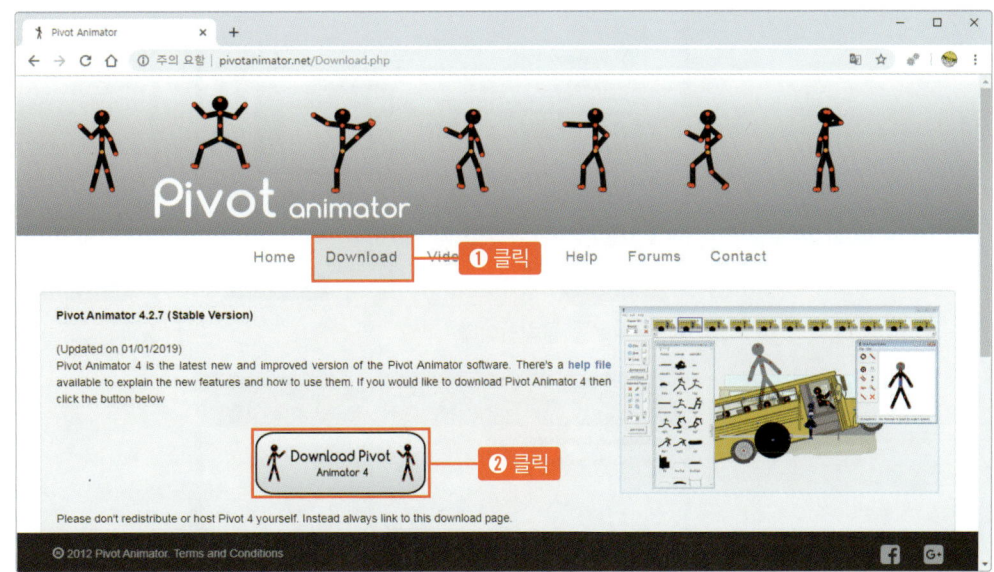

프로그램이 다운로드되지 않을 경우 바이러스 체크 프로그램을 해제하고 다운로드 받아야 합니다. Windows에서 피봇 프로그램을 바이러스로 인식하는 경우가 있습니다.

③ 다운로드 받은 'Pivot' 설치 파일을 더블 클릭하고 'Pivot animator' 설치 창이 나타나면 프로그램을 설치합니다.

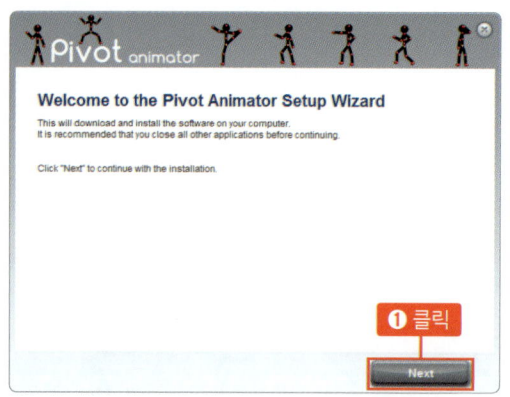

▲ 'Next'를 클릭합니다.

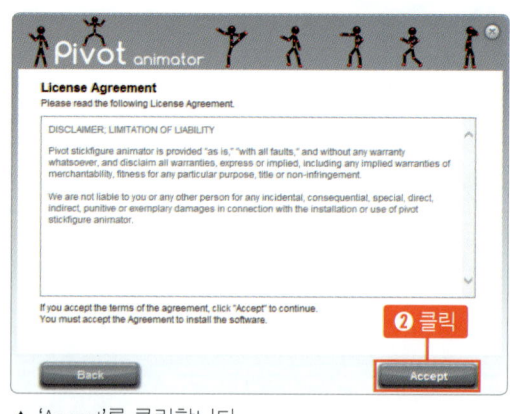

▲ 'Accept'를 클릭합니다.

▲ 'Decline'을 클릭합니다.

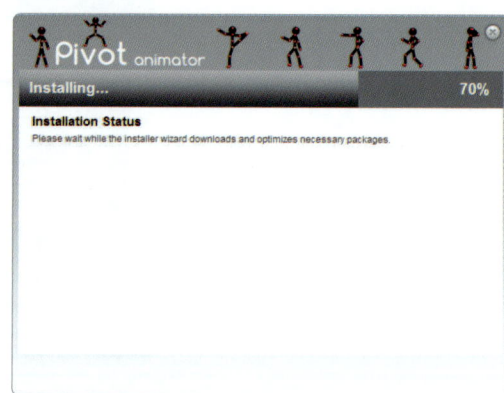

▲ 프로그램 설치 중입니다.

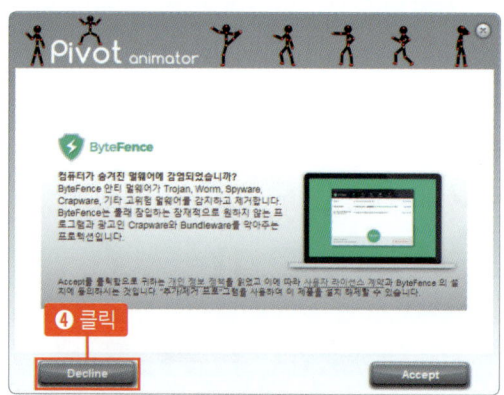

▲ 'Decline'을 클릭합니다.

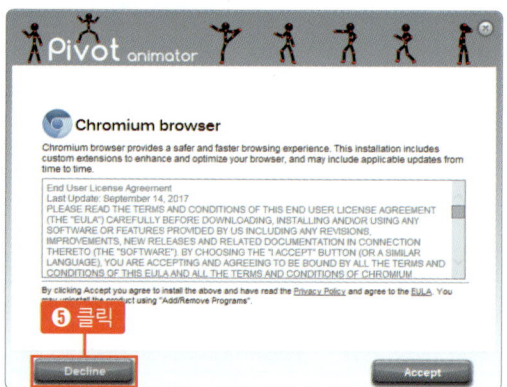

▲ 'Decline'을 클릭합니다.

▲ 프로그램이 설치되면 'Close'를 클릭합니다.

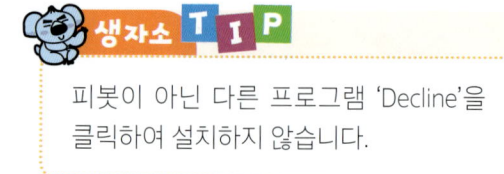

피봇이 아닌 다른 프로그램 'Decline'을 클릭하여 설치하지 않습니다.

02 피봇 프로그램 화면 구성 확인하기

피봇 프로그램의 화면 구성을 확인하고, 메뉴에 대해 알아봅니다.

1 피봇 아이콘(🚶)을 더블 클릭하여 피봇(Pivot) 프로그램을 실행합니다.

2 'Pivot Animator' 프로그램의 화면 구성을 확인합니다.

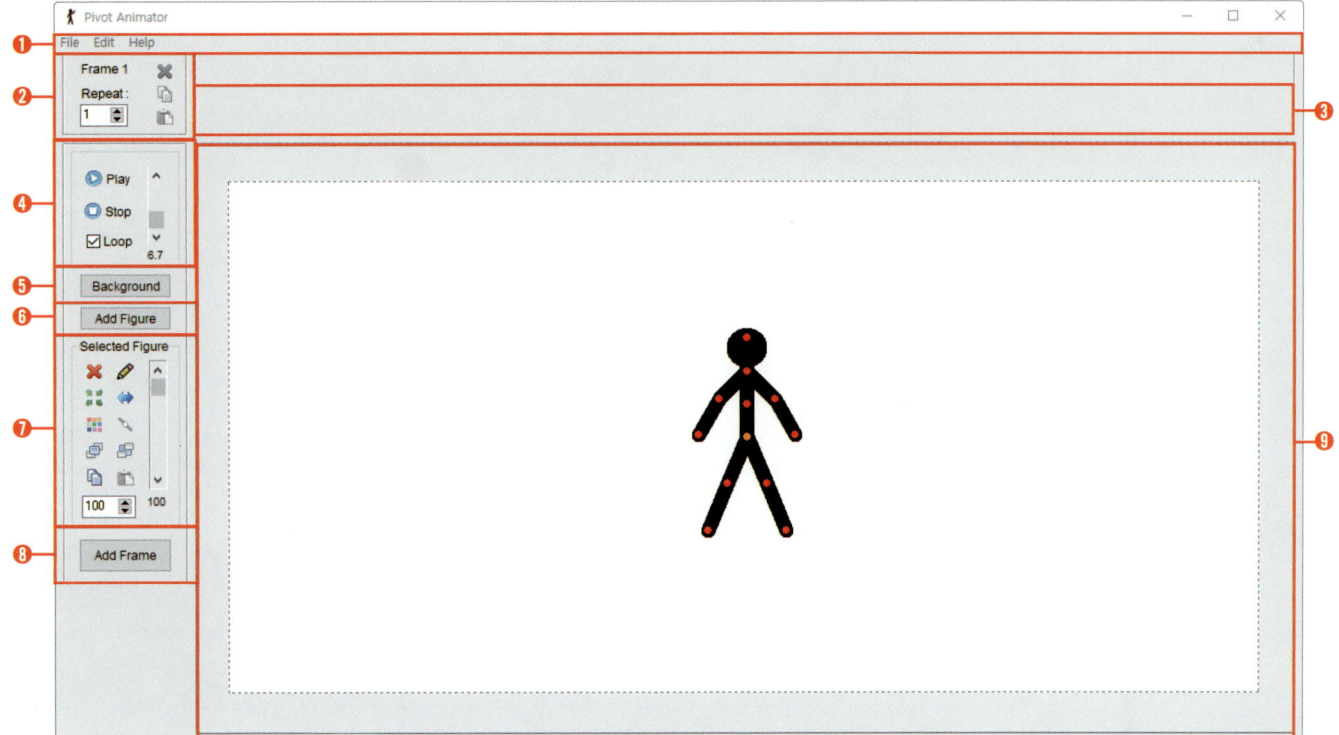

① **메뉴** : 파일, 그림, 배경 그림, 개체 등을 저장하거나 불러옵니다.

② **프레임 컨트롤** : 프레임을 반복하거나 추가, 삭제할 수 있습니다.

③ **타임라인** : 프레임을 선택하거나 추가된 프레임을 확인할 수 있습니다.

④ **플레이어 컨트롤** : 완성된 애니메이션의 속도를 조절하여 반복, 실행하거나 멈출 수 있습니다.

⑤ **배경 그림 선택** : 캔버스에 추가된 배경이 모여 있는 곳으로, 선택한 배경으로 캔버스의 배경을 변경할 수 있습니다.

⑥ **개체(그림) 선택** : 타임라인에 추가된 개체나 그림이 모여 있는 곳으로, 선택하면 캔버스에 개체를 추가할 수 있습니다.

⑦ **개체(그림) 컨트롤** : 개체를 삭제, 추가하거나 색상, 순서 등을 변경할 수 있는 메뉴가 모여 있습니다.

⑧ **프레임 추가** : 프레임을 추가할 수 있습니다.

⑨ **캔버스** : 애니메이션을 만들 수 있는 공간입니다.

03 스틱맨 추가 및 삭제하기

'스틱맨'을 추가하거나 삭제하는 방법에 대해 알아봅니다.

1 기본 '스틱맨'을 추가하기 위해 Add Figure 를 클릭합니다.

2 복제된 '스틱맨'을 확인하기 위해 '원점'을 클릭하고 오른쪽으로 드래그합니다.

생자소 TIP 개체 조절점 종류 알아보기

- 🔴 조절점 : 개체의 모양을 변경할 수 있지만 개체의 위치를 이동할 수는 없습니다.
- 🟡 원점 : 개체의 위치를 이동할 수 있지만 개체의 모양을 변경할 수는 없습니다.

③ 복제된 '스틱맨'을 삭제하기 위해 복제된 '스틱맨'을 선택한 후 'Selected Figure' 그룹에서 ✖를 클릭합니다.

생자소 TIP
키보드의 Delete 키를 눌러도 개체(그림)를 삭제할 수 있습니다.

④ 를 여러 번 클릭하여 '스틱맨'을 복제합니다.

⑤ '원점'을 드래그하여 복제한 '스틱맨'들을 이동시키는 연습을 합니다.

⑥ Delete 키나 ✖를 클릭하여 '스틱맨'을 삭제하는 연습을 합니다.

생자소 TIP
Ctrl + C → Ctrl + V 키를 눌러도 '개체(그림)'를 복제할 수 있습니다.

01 Chapter

뿜뿜! 생각 키우기

미션 1 피봇 아이콘()을 더블 클릭하여 프로그램을 실행하고 종료해 봅니다.

▶ 예제 파일 : 없음

미션 2 다양한 방법으로 '스틱맨'을 추가하고, 삭제해 봅니다.

▶ 예제 파일 : 없음

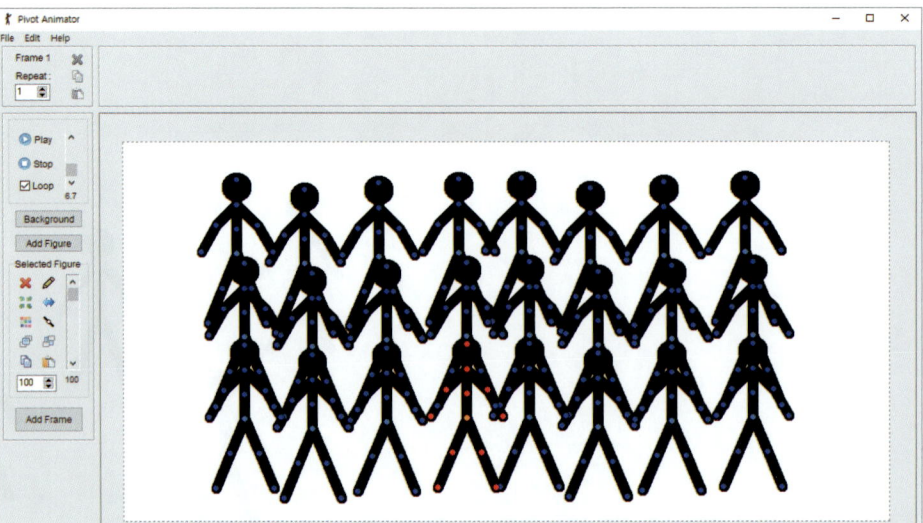

나와라, 힌트! Add Figure , ✖, Delete 키, Ctrl + C → Ctrl + V 키를 사용합니다.

스틱맨은 변신 왕!

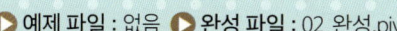

"스틱맨 너무 귀여운데? 나도 하나 키워볼까?"
해람이는 프로그램을 설치한 후 프로그램을 실행시켰어요.
"어? 유튜브에서는 스틱맨이 여러 가지 색이던데, 난 왜 검정색밖에 없어? 또 왜 이렇게 작아?
해람이는 스틱맨의 모습을 바꾸기 위해 도구를 이것 저것 클릭해 봤어요.

학습목표

- 스틱맨의 크기를 변경할 수 있습니다.
- 스틱맨의 색상을 변경할 수 있습니다.
- 스틱맨의 모양을 변경할 수 있습니다.
- 스틱맨의 원점을 변경할 수 있습니다.

01 스틱맨의 크기 변경하기

다양한 방법으로 '스틱맨'의 크기를 변경할 수 있습니다.

1. 피봇 아이콘( )을 더블 클릭하여 피봇(Pivot) 프로그램을 실행합니다.

2. 단축키로 '스틱맨'의 크기를 변경하기 위해 Shift + Alt 키를 동시에 누른 상태로 '조절점'을 드래그합니다.

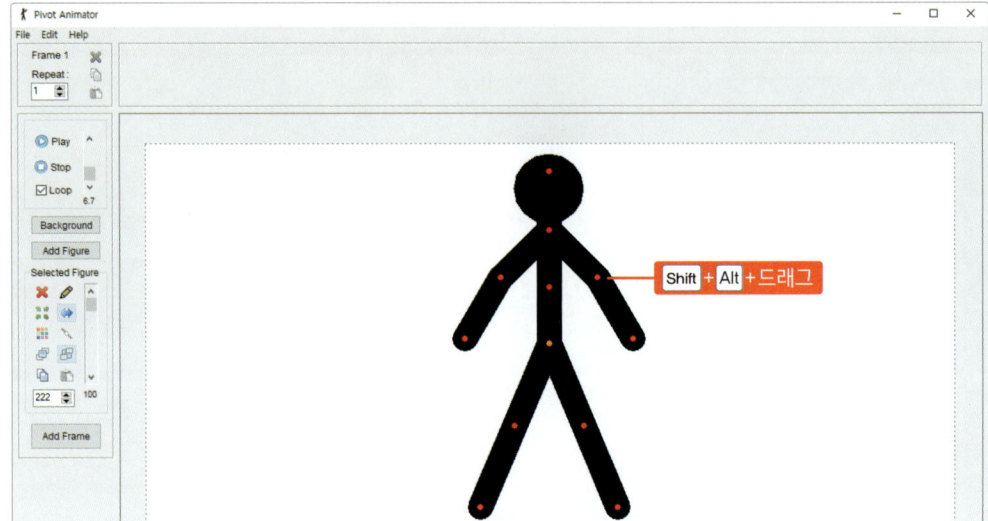

 조절점은 '빨간색 점(●)'을 말합니다.

3. 개체의 크기를 조절하기 위해 개체(그림) 컨트롤 창에서 크기를 '100'으로 입력한 후 Enter 키를 누릅니다.

생자소 TIP 개체(그림) 크기 조절 방법

- Shift + Alt 키를 누른 상태에서 '조절점'을 드래그하여 변경하기
- '개체(그림) 컨트롤' 창에서 크기 값을 직접 입력하여 변경하기

02 스틱맨의 색상 변경하기

'Selected Figure' 도구 중 '색상표'를 이용하여 '스틱맨'의 색상을 변경해 봅니다.

1 '스틱맨'을 선택한 후 'Selected Figure'의 ▦ 을 클릭합니다.

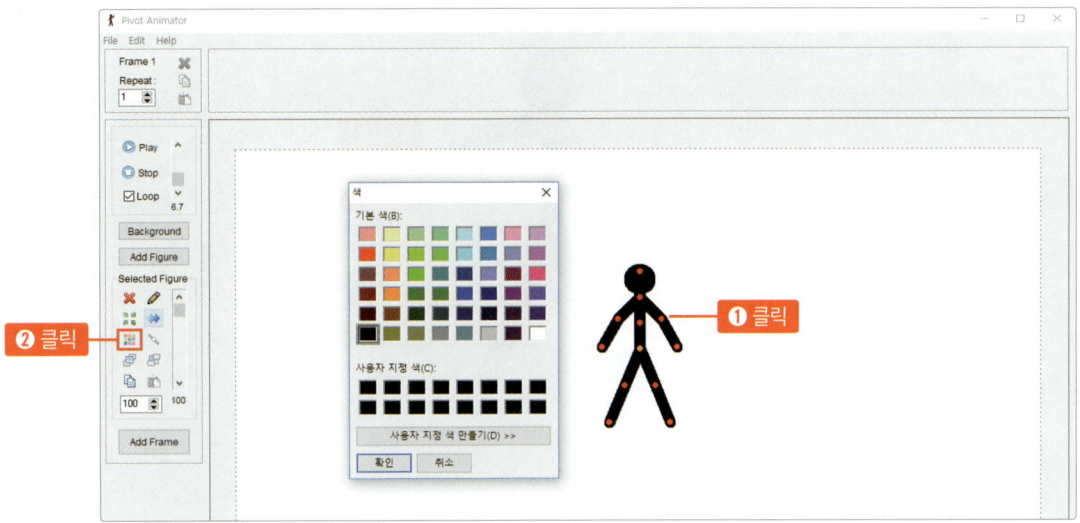

2 [색] 창이 나타나면 기본 색에서 원하는 색상을 선택한 후 [확인]을 클릭합니다.

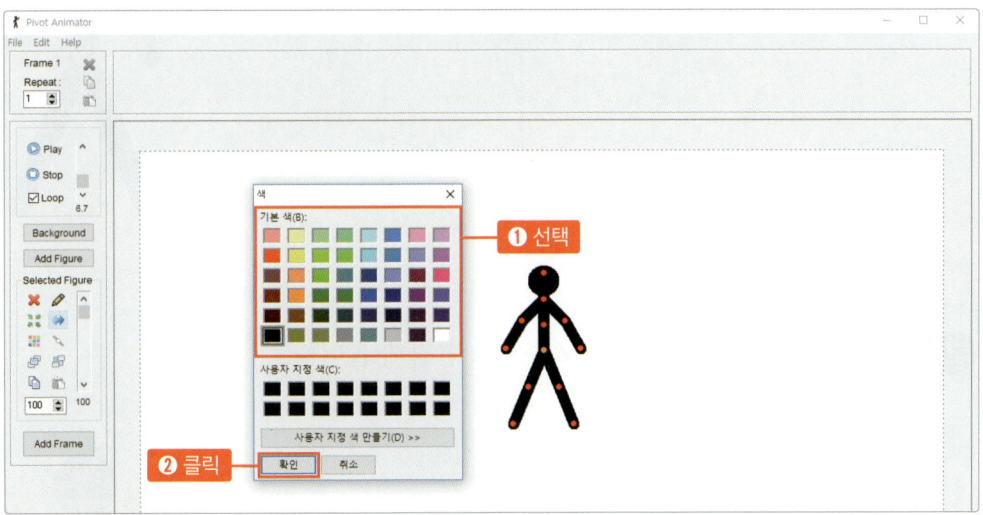

생자소 TIP 사용자 지정 색 만드는 방법

기본 색에 원하는 색상이 없을 경우 [사용자 지정 색 만들기]를 클릭하여 직접 색상을 선택한 후 [사용자 지정 색에 추가]를 클릭하면 선택한 색상을 사용할 수 있습니다.

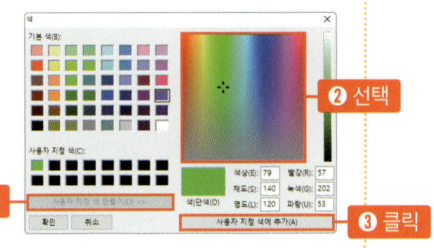

03 스틱맨의 모양 변경하기

'조절점'을 이동시켜 '스틱맨'의 모양을 변경해 봅니다.

1 '조절점'을 이동시켜 '스틱맨'이 손을 흔드는 모습으로 변경해 봅니다.

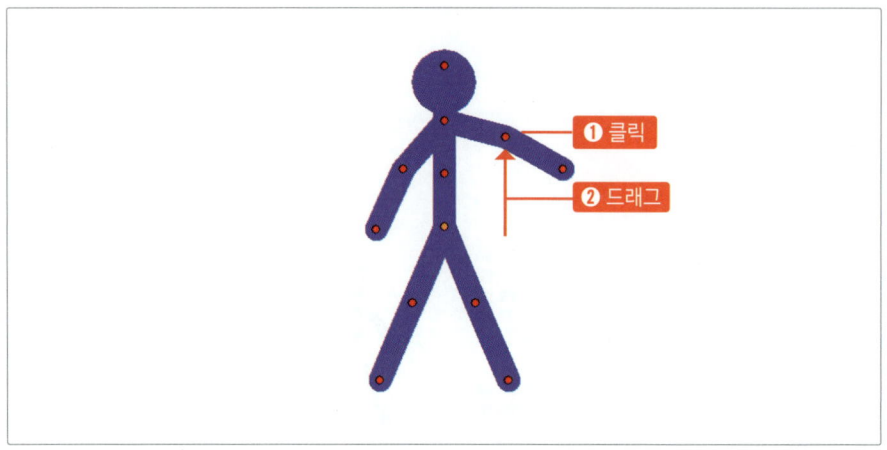

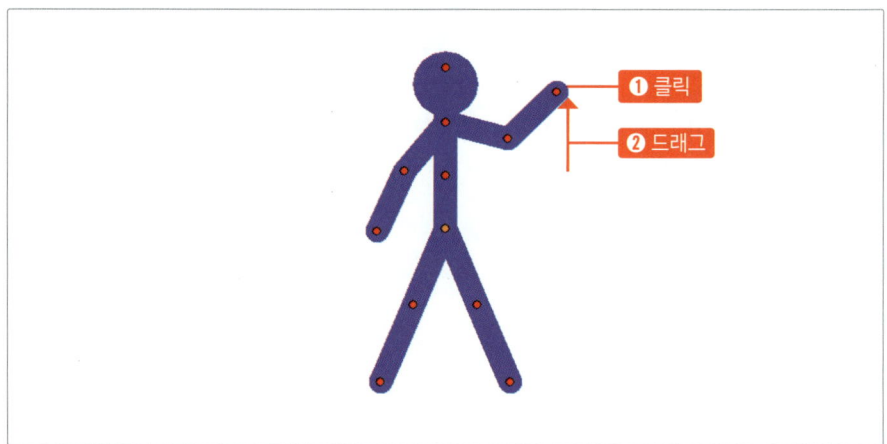

2 '스틱맨'이 양손을 흔드는 모습으로 변경해 봅니다.

③ '스틱맨'을 회전시키기 위해 Ctrl + Alt 키를 동시에 누른 상태에서 '조절점'을 드래그합니다.

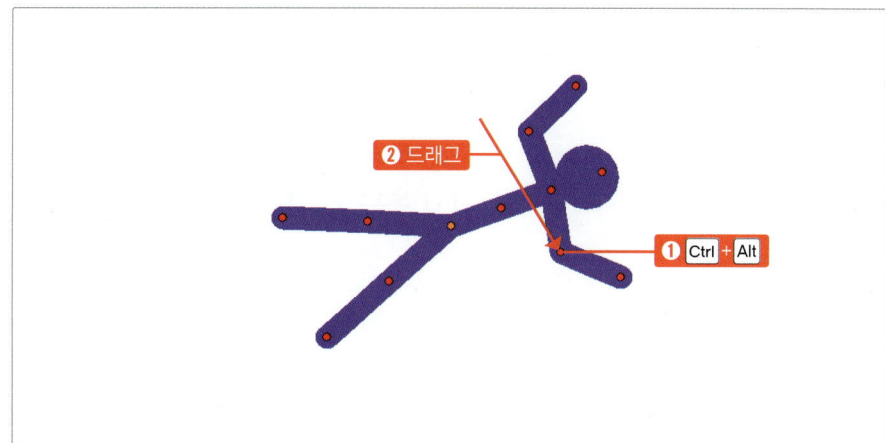

④ '조절점'을 이동시켜 '스틱맨'이 기어가는 모습을 표현해 봅니다.

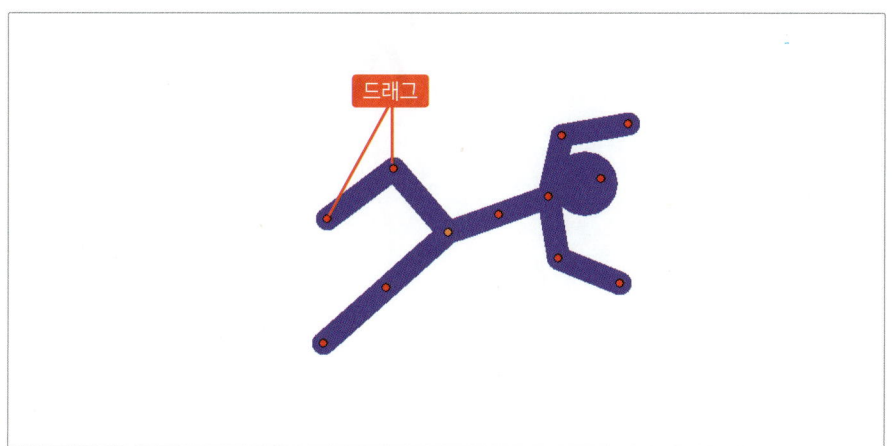

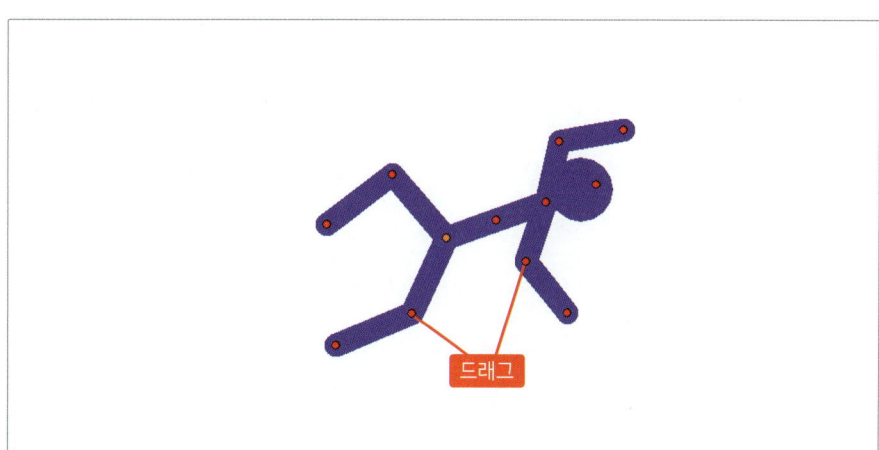

04 스틱맨의 원점 변경하기

'스틱맨'을 이동시킬 수 있는 '원점'을 다른 '조절점'으로 변경해 봅니다.

1 '스틱맨'의 원점을 다른 '조절점'으로 변경하기 위해 'Selected Figure' 도구 중 을 클릭합니다.

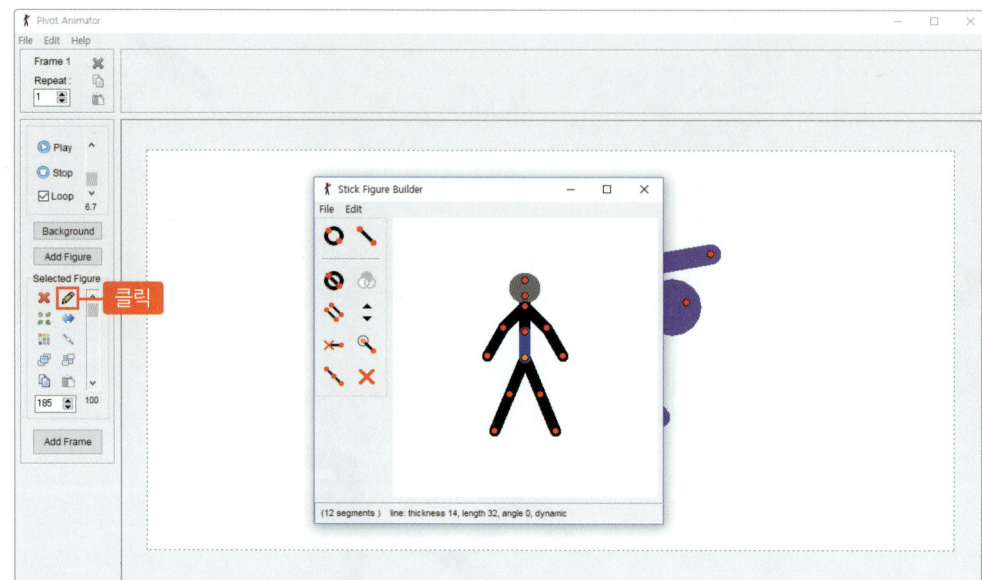

생자소 TIP
스틱맨의 원점을 이동시키면 스틱맨의 모습을 변경할 때도 활용할 수 있습니다.

2 [Stick Figure Builder] 창의 화면 구성을 확인합니다.

① 개체에 '원'을 추가합니다.
② 개체에 '선'을 추가합니다.
③ 개체의 '선'을 '원'으로, '원'을 '선'으로 변경합니다.
④ 개체가 '원'이라면 '원'을 채웁니다.
⑤ 선택한 개체를 복제합니다.
⑥ 개체의 두께를 조절합니다.
⑦ 개체의 조절점을 사용하지 못하도록 개체 연결을 끊습니다.
⑧ 선택한 조절점으로 원점을 이동합니다.
⑨ 개체를 동일한 크기로 나눕니다.
⑩ 개체를 삭제합니다.

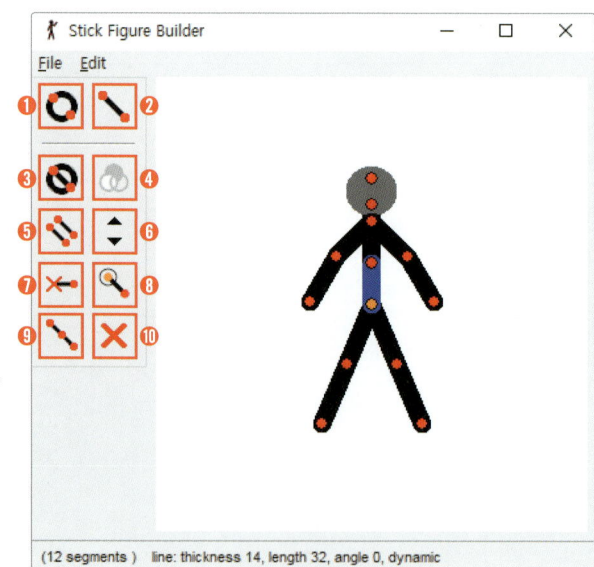

생자소 TIP
선의 두께를 조절할 때 키보드의 위, 아래 방향키를 사용해도 됩니다.

③ 개체의 '원점'을 바꾸기 위해 '머리'에 있는 '조절점'을 선택한 후 을 클릭하여 '원점'을 허리에서 머리로 이동시켜 봅니다.

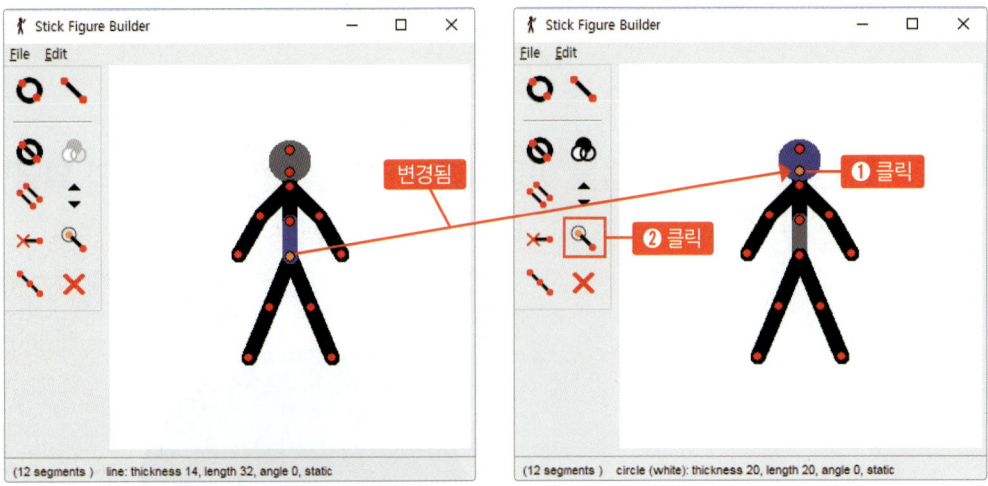

④ '원점'을 이동시킨 '스틱맨'을 저장하기 위해 [File]-[Add To Animation]을 클릭하여 [Figure Name] 창이 나타나면 "스틱맨"이라고 입력한 후 [OK]를 클릭합니다.

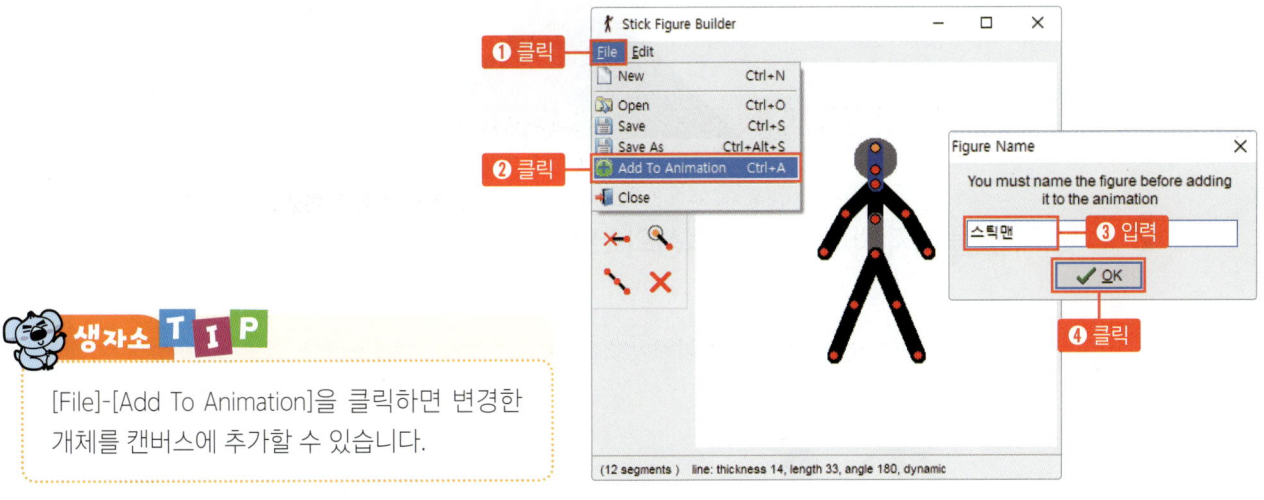

생자소 TIP

[File]-[Add To Animation]을 클릭하면 변경한 개체를 캔버스에 추가할 수 있습니다.

⑤ '원점' 변경 전과 변경 후의 차이점을 비교해 봅니다.

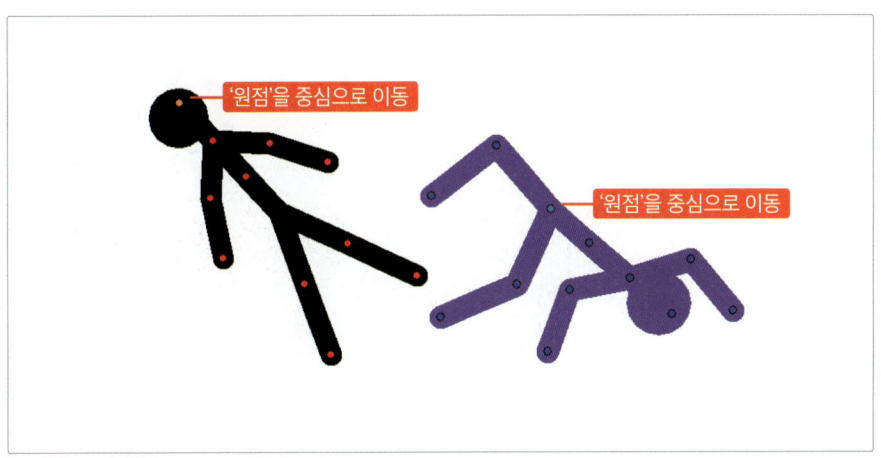

CHAPTER 02 스틱맨은 변신 왕! **017**

뿜뿜! 생각 키우기

미션 1 '스틱맨'의 원점을 이동시키고 크기를 키워 '스틱맨'의 얼굴만 캔버스에 나타나게 합니다.

▶ 예제 파일 : 없음 ▶ 완성 파일 : 02_자유완성01.piv

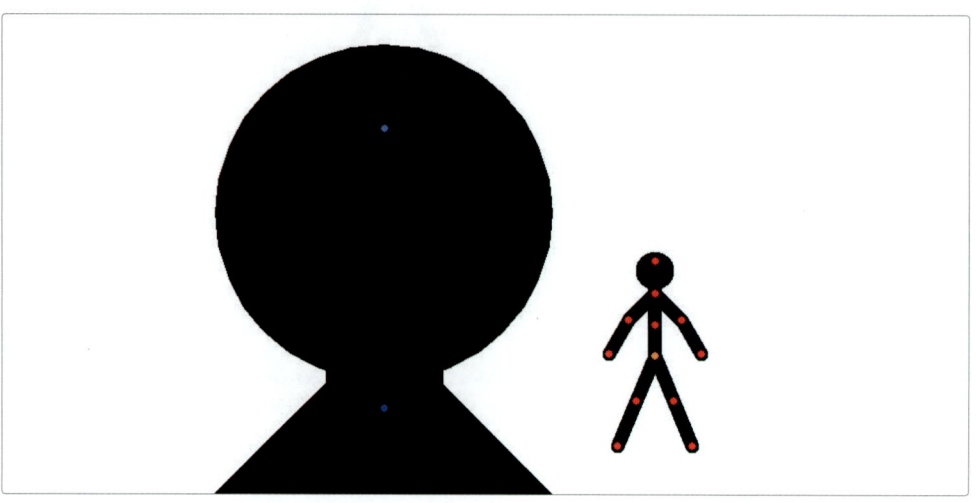

미션 2 '스틱맨'을 복제하여 다양한 색상의 '스틱맨'을 만들어 봅니다.

▶ 예제 파일 : 없음 ▶ 완성 파일 : 02_자유완성02.piv

 ▶ 예제 파일 : 없음 ▶ 완성 파일 : 03_완성.piv

스틱맨은 외로워!

"해람아, 해람아! 혼자 있으니까 너무 외로워. 친구 좀 만들어주면 안 돼?"
해람이는 외로워하는 스틱맨에게 친구를 소개시켜 주고 싶었어요.
"음… 스틱맨에게 친구를 소개시켜 주려면 어떻게 해야 하지..?"
해람이는 열심히 도구를 하나 하나 눌러봤어요. "아, 찾았다! 이거구나!"

▶ 완성 애니메이션 파일 : 03_애니메이션.gif

학습목표

- 외부에서 개체를 불러올 수 있습니다.
- 개체의 색상을 변경할 수 있습니다.
- 두 개체의 움직임을 동일하게 변경할 수 있습니다.

01 스틱맨에게 친구 소개시키기

외부에 저장되어 있는 개체를 불러와 캔버스에 추가하고 개체의 색상을 변경해 봅니다.

① 피봇 아이콘( )을 더블 클릭하여 피봇(Pivot) 프로그램을 실행합니다.

② '스틱맨'의 친구를 추가하기 위해 [File]-[Load Figure Type]을 클릭합니다.

③ [열기] 창이 나타나면 [stick figures] 폴더에서 'cowboy'를 선택한 후 [열기]를 클릭합니다.

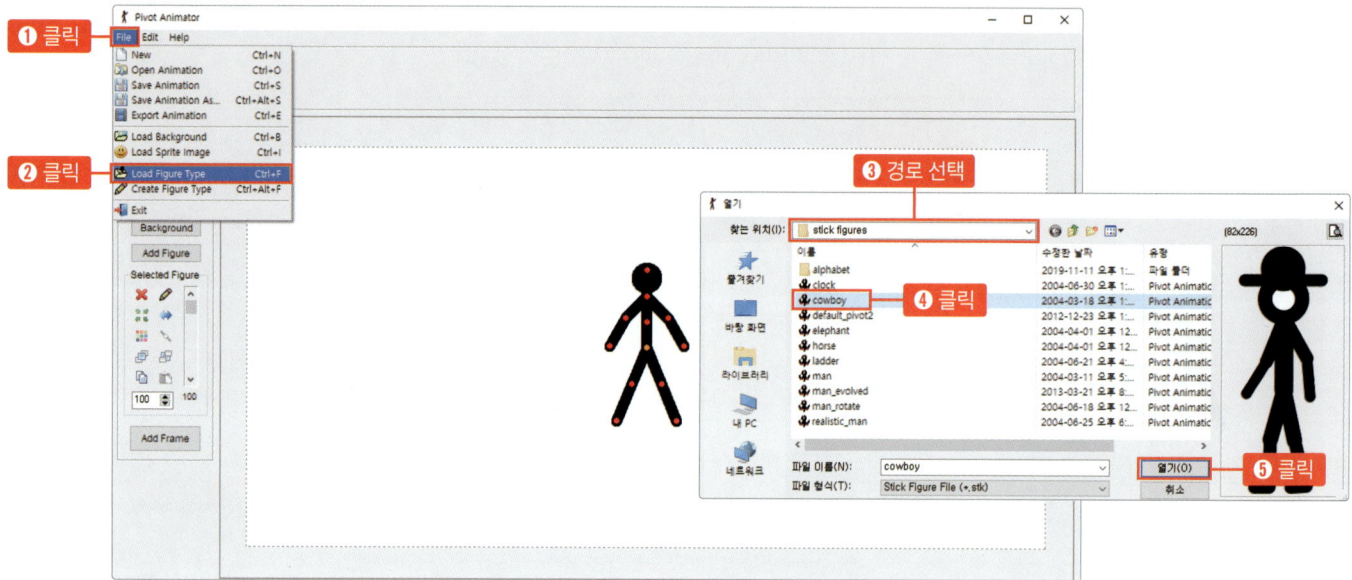

④ '원점'을 드래그하여 '스틱맨'과 'cowboy'의 위치를 양옆으로 이동시킵니다.

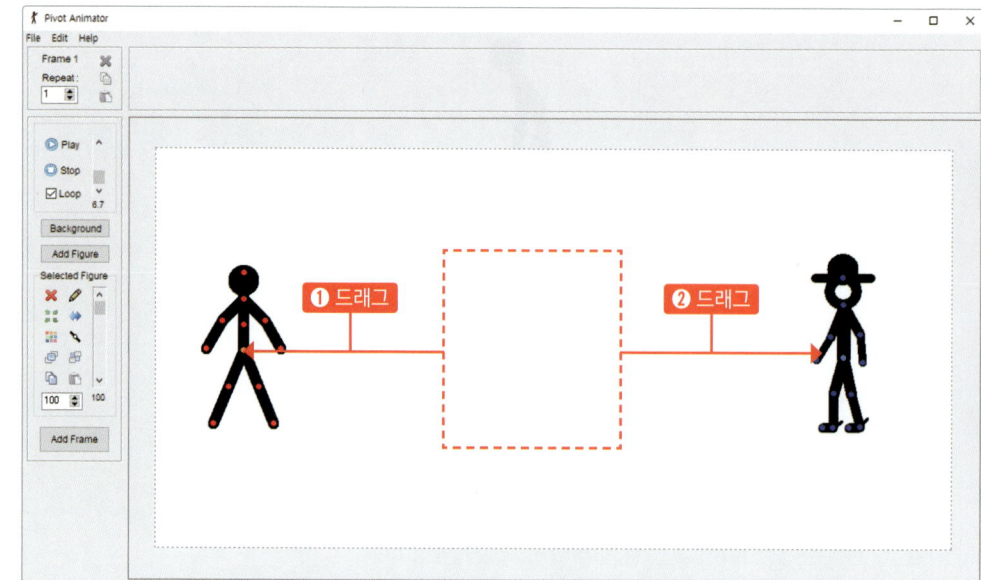

새로운 개체를 추가하면 추가된 개체가 캔버스 '중앙'에 모입니다.

⑤ 이동시킨 개체의 모습을 저장하기 위해 Add Frame 을 클릭하여 타임라인에 '프레임'을 추가합니다.

⑥ 'cowboy'의 색상을 변경하기 위해 개체를 선택한 후 'Selected Figure' 그룹에서 을 클릭합니다.

⑦ [색] 창이 나타나면 원하는 색상을 선택한 후 [확인]을 클릭합니다.

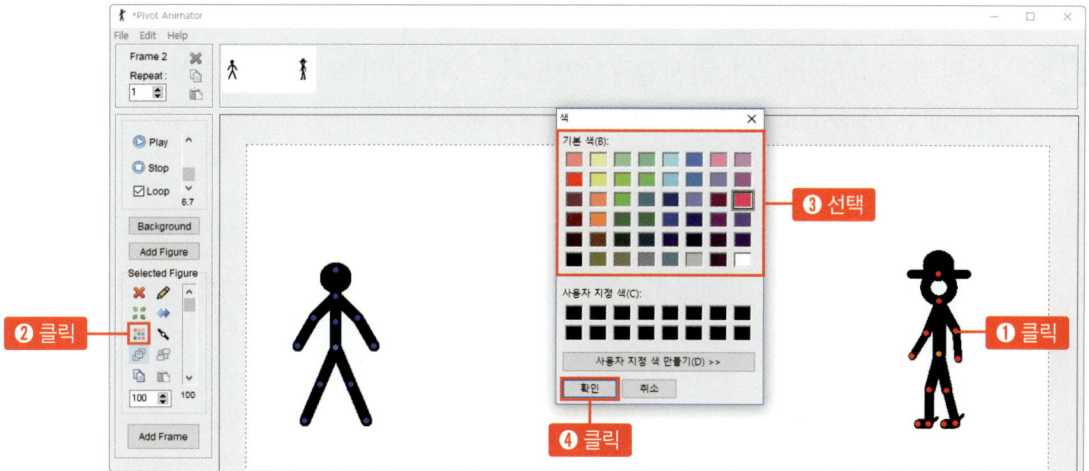

⑧ 색상이 변경된 'cowboy'를 타임라인에 추가하기 위해 Add Frame 을 클릭합니다.

CHAPTER 03 스틱맨은 외로워! **021**

⑨ 'cowboy'의 '색상'이 변경되지 않은 '프레임'을 삭제하기 위해 첫 번째 '프레임'을 클릭합니다.

⑩ [프레임 컨트롤] 창에서 ❌를 클릭하고 [Warning] 창이 나타나면 [예]를 클릭하여 해당 '프레임'을 삭제합니다.

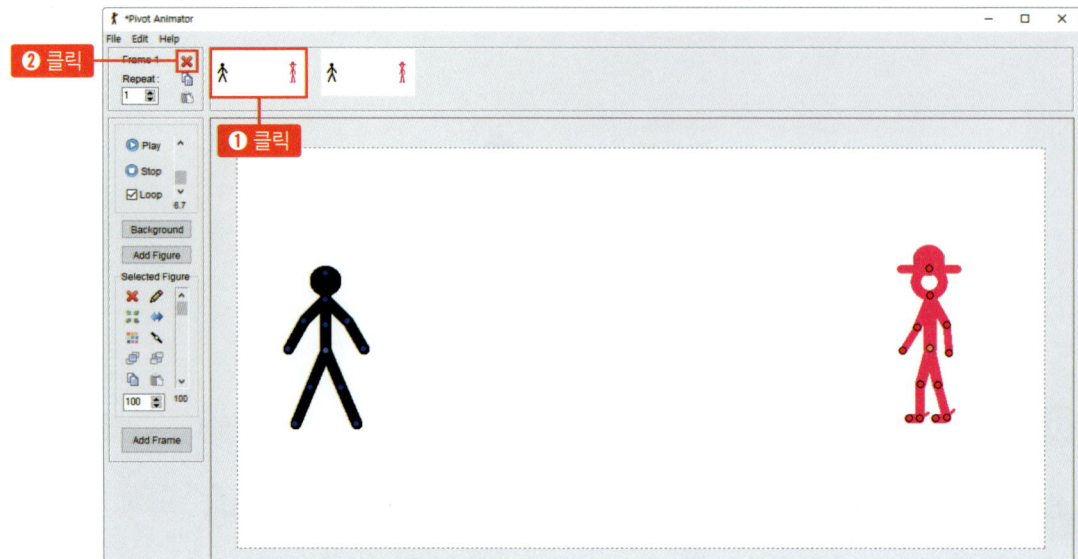

⑪ '스틱맨'과 'cowboy'가 인사할 수 있도록 '스틱맨'의 모양을 변경하여 앞을 바라보는 모습에서 옆을 바라보는 모습으로 변경합니다.

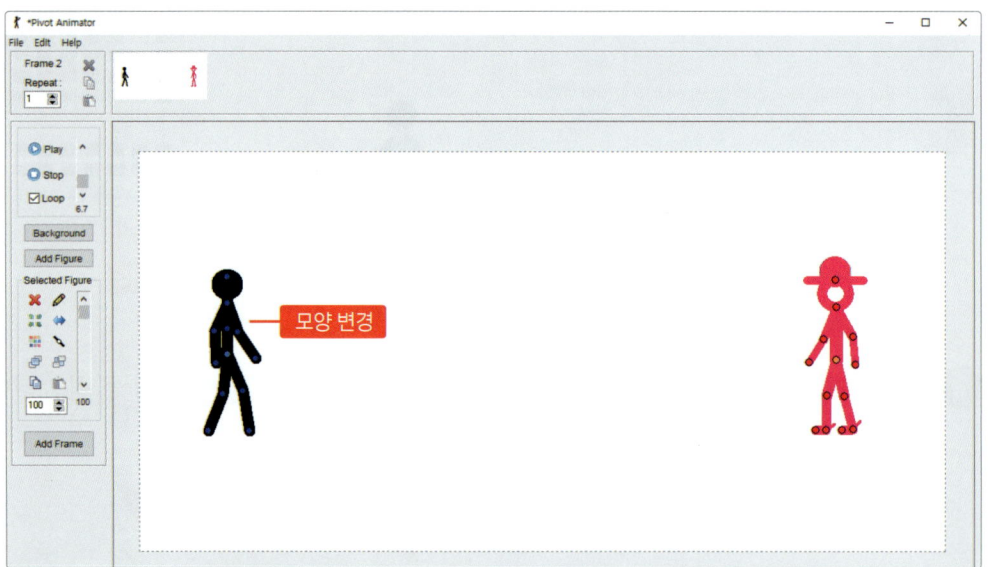

'스틱맨'의 모양을 변경할 때는 '조절점'을 드래그하여 원하는 모양으로 변경합니다. '원점'은 개체를 이동시킬 때 사용할 수 있습니다.

02 스틱맨과 cowboy 인사하기

양쪽으로 떨어져 있는 '스틱맨'과 'cowboy'가 고개를 숙여 서로 인사하게 합니다.

1 '스틱맨'과 'cowboy'가 인사할 수 있도록 개체의 가슴 쪽 '조절점'을 드래그하여 '스틱맨'과 'cowboy'의 허리를 앞쪽으로 조금 기울입니다.

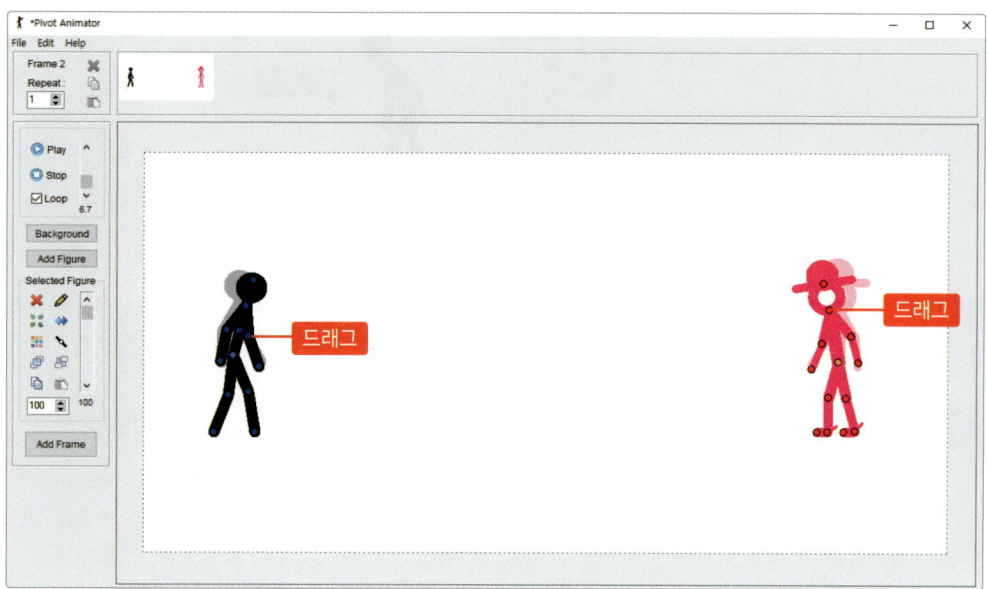

2 허리를 기울인 모습을 '타임라인'에 추가하기 위해 Add Frame 을 클릭합니다.

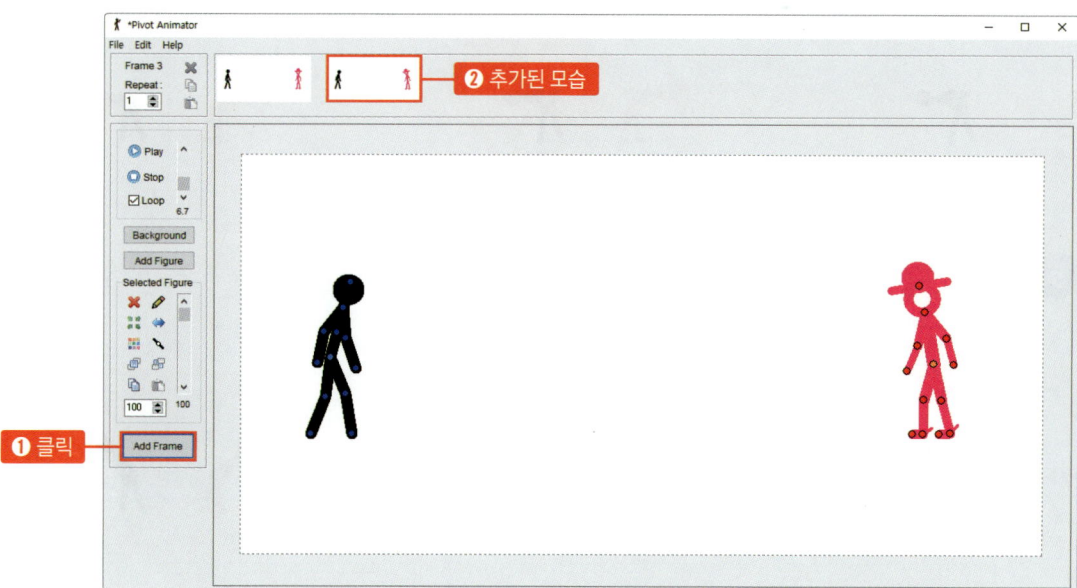

③ ①, ②와 같은 방법으로 '스틱맨'과 'cowboy'의 허리를 조금 더 기울인 후 Add Frame 을 클릭하여 '타임라인'에 '프레임'을 추가합니다.

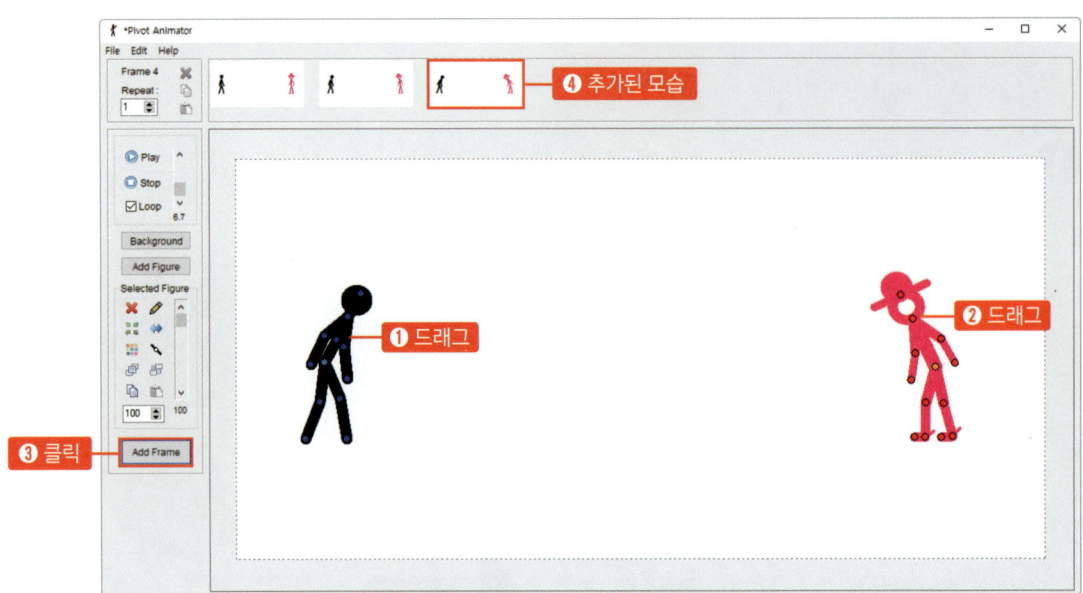

④ 같은 방법으로 '스틱맨'과 'cowboy'가 '90'도로 허리를 숙일 때까지 모양을 변경하면서 Add Frame 을 클릭하여 '타임라인'에 '프레임'을 추가합니다.

⑤ ④와 같은 방법으로 인사를 나눈 '스틱맨'과 'cowboy'가 고개를 드는 모습을 표현하며 '프레임'을 추가합니다.

❻ '스틱맨'과 'cowboy'가 인사하는 애니메이션을 완성했다면 [플레이어 컨트롤] 창에서 'play'를 클릭하여 애니메이션을 실행합니다.

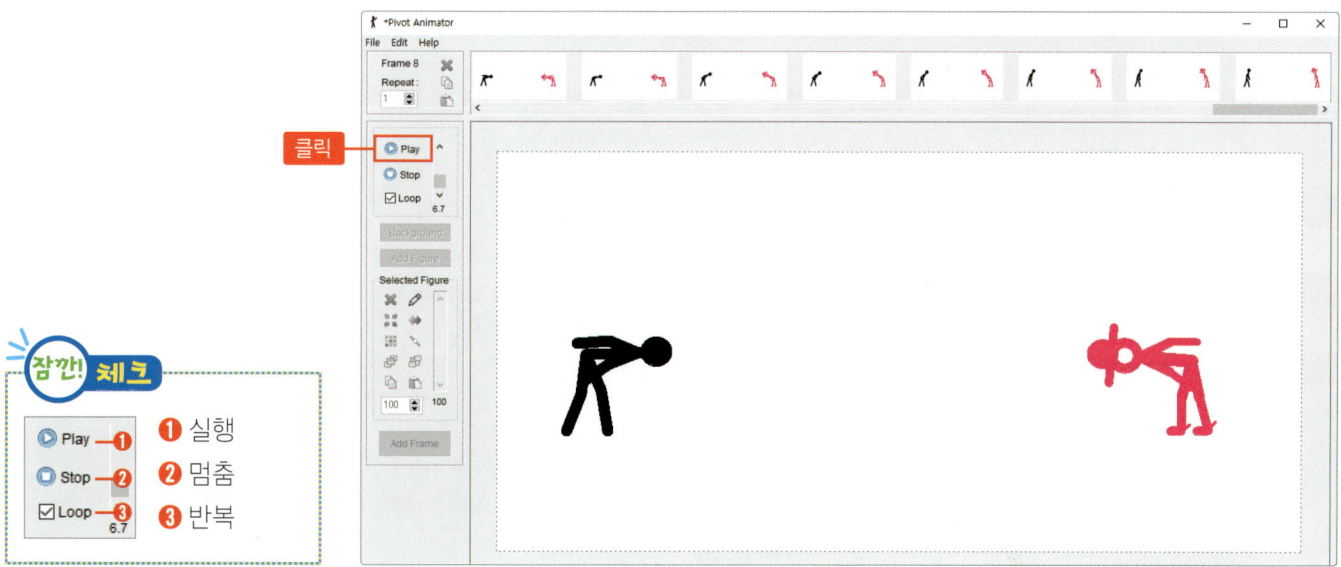

03 완성 파일 저장하기

완성된 파일을 애니메이션 파일로 저장해 봅니다.

❶ 완성한 파일을 다음에도 수정할 수 있도록 [File]-[Save Animation]을 클릭합니다.

❷ [저장] 창이 나타나면 저장 위치를 원하는 위치로 지정합니다.

❸ 파일 이름을 "03 완성"으로 입력한 후 [저장]을 클릭합니다.

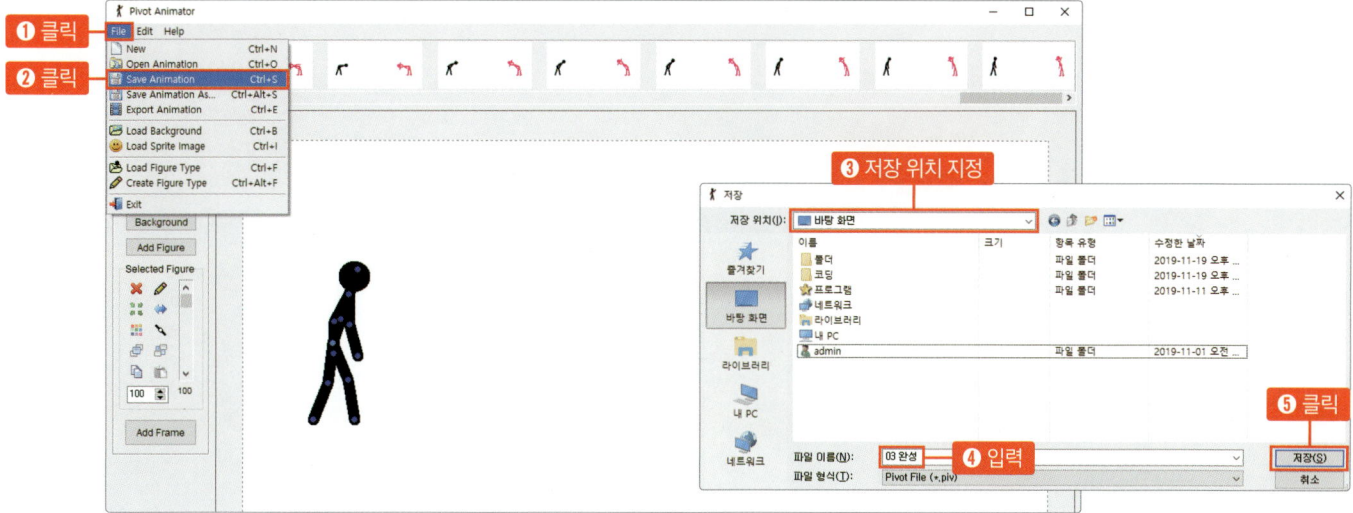

CHAPTER 01 스틱맨은 외로워! **025**

④ 완성한 파일을 애니메이션 파일로 저장하기 위해 [File]-[Export Animation]을 클릭합니다.

⑤ [다른 이름으로 저장] 창이 나타나면 저장 위치를 원하는 위치로 지정합니다.

⑥ 파일 이름을 "03 애니메이션"으로 입력한 후 [저장]을 클릭합니다.

⑦ [Animated GIF Options] 창이 나타나면 [OK]를 클릭합니다.

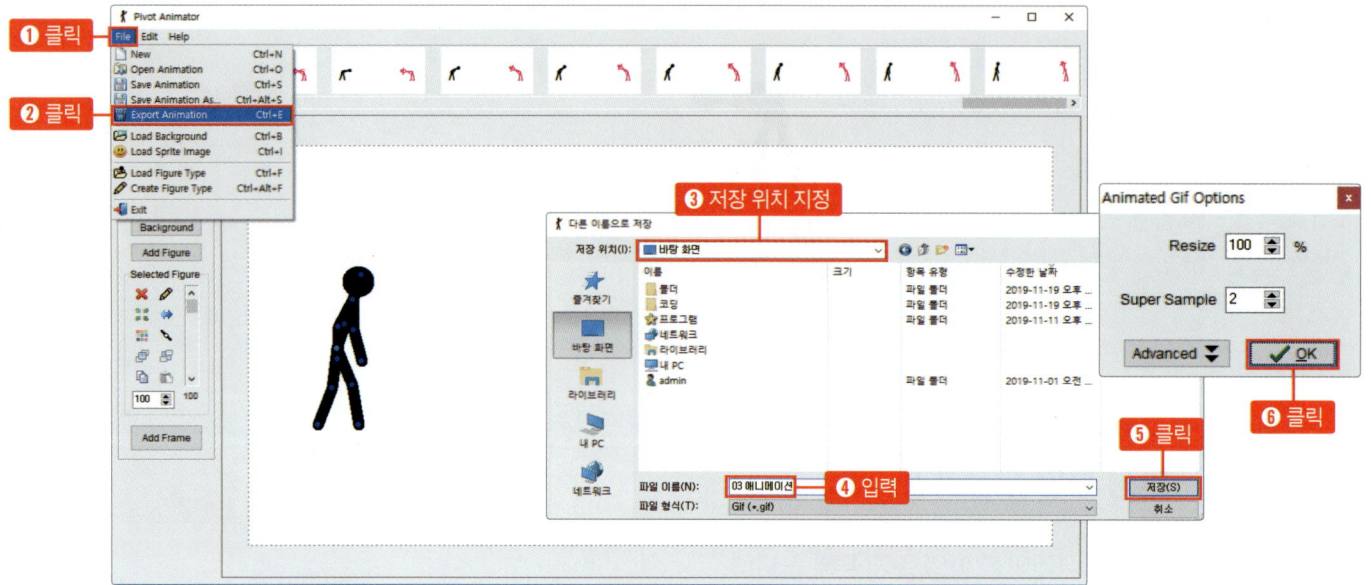

생자소 TIP [Save Animation]과 [Export Animation]의 차이점

[Save Animation]은 다음에도 작업할 수 있도록 파일의 확장자가 'piv'로 저장됩니다. 한편, [Export Animation]은 애니메이션 파일로 저장되므로 파일의 확장자가 'gif'로 저장되며 수정할 수 없습니다.

뿡뿡! 생각 키우기

Chapter 03

미션 1 [stick figures] 폴더에서 'elephant' 파일을 불러와 '캔버스' 중간에 겹쳐 있는 '코끼리'와 '스틱맨'의 위치를 이동시켜 봅니다.

▶ 예제 파일 : 새파일.piv ▶ 완성 파일 : 03_자유완성01.piv

나와라, 힌트! '개체'의 원점을 사용해 이동시켜 봅니다.

미션 2 '코끼리'의 색상을 '회색'으로 변경한 후 '코끼리'가 코를 들어 올리는 모습을 애니메이션으로 완성해 봅니다.

▶ 예제 파일 : 03_자유예제02.piv ▶ 완성 파일 : 03_자유완성02.piv

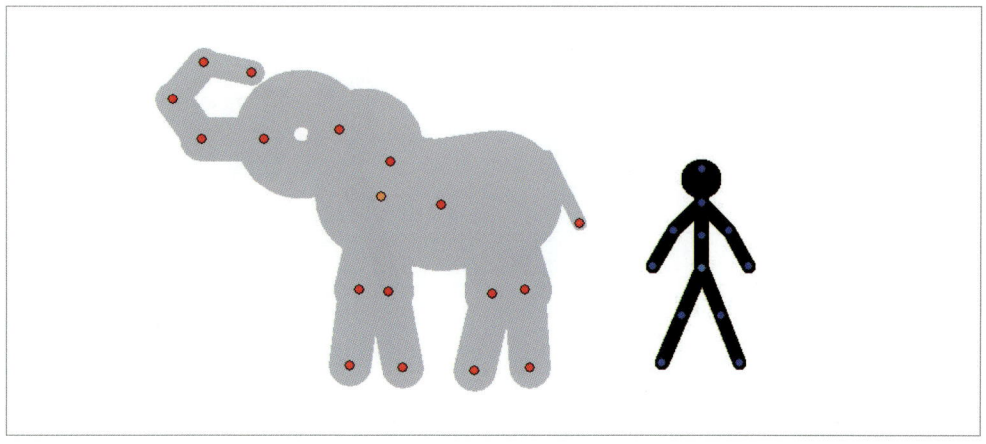

나와라, 힌트! '개체'의 조절점을 사용해 모양을 변경해 봅니다.

CHAPTER 03 스틱맨은 외로워! **027**

Chapter 04

▶ 예제 파일 : 없음 ▶ 완성 파일 : 04_완성.piv

으랴 으랴! 말 타는 스틱맨

"음.. 스틱맨이 말을 타면 좋아할 것 같은데..?" 해람이는 스틱맨에게 말 타는 방법을 알려주고 싶었어요.
"말 위에 스틱맨을 태우려면 어떻게 해야 하지..? 아, 찾았다! 이렇게 이렇게.."
해람이는 합치기 기능을 이용해 말 위에 스틱맨을 태웠어요.
"으랴 으랴! 와하하 신난다!" 스틱맨은 말을 타며 즐거워 했어요.

▶ 완성 애니메이션 파일 : 04_애니메이션.gif

학습목표

- 외부 파일을 불러와 개체를 추가할 수 있습니다.
- 두 개체를 합칠 수 있습니다.
- 말을 타고 이동하는 스틱맨을 표현할 수 있습니다.

01 캔버스에 말 추가하기

외부에서 '말' 개체를 불러와 캔버스에 추가해 봅니다.

① 피봇 아이콘()을 더블 클릭하여 피봇(Pivot) 프로그램을 실행합니다.

② '캔버스'에 '말'을 추가하기 위해 [File]-[Load Figure Type]을 클릭합니다.

③ [열기] 창이 나타나면 [stick figures] 폴더에서 'horse'를 선택한 후 [열기]를 클릭합니다.

④ Shift + Alt 키를 동시에 누른 상태로 '조절점'을 드래그하여 '스틱맨'과 '말'의 크기를 키웁니다.

⑤ '원점'을 드래그하여 '스틱맨'과 '말'을 떨어뜨려 놓습니다.

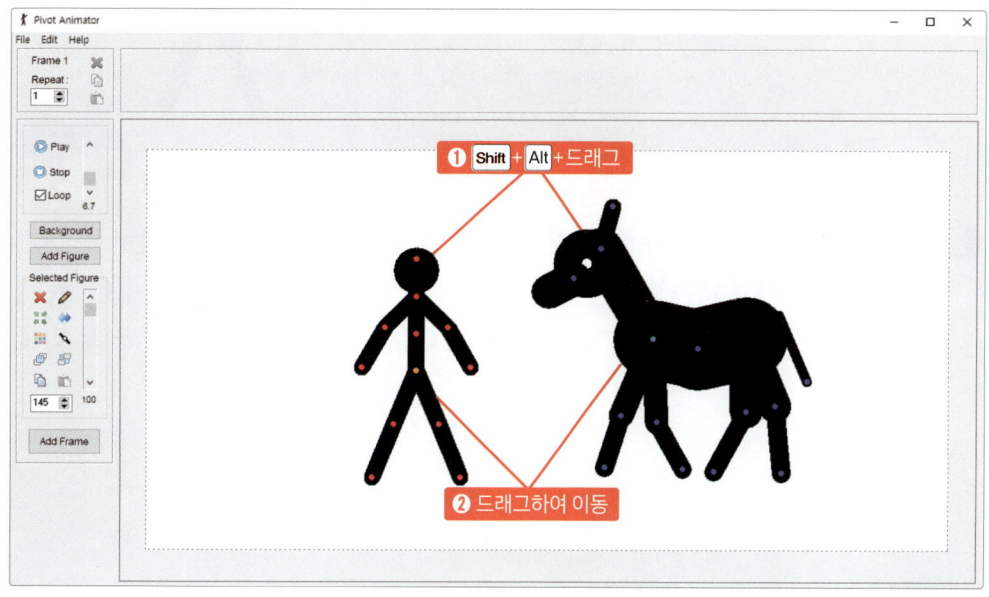

CHAPTER 04 으랴 으랴! 말 타는 스틱맨 **029**

⑥ 'Selected Figure' 그룹에서 ▦을 클릭하여 '스틱맨'과 '말'의 색상을 변경합니다.

02 스틱맨의 원점 옮기기

'스틱맨'과 '말'을 합치기 위해 '스틱맨'의 '원점'을 '손'으로 이동시켜 봅니다.

① '스틱맨'의 '원점'을 이동시키기 위해 '스틱맨'을 선택한 후 ✏을 클릭합니다.

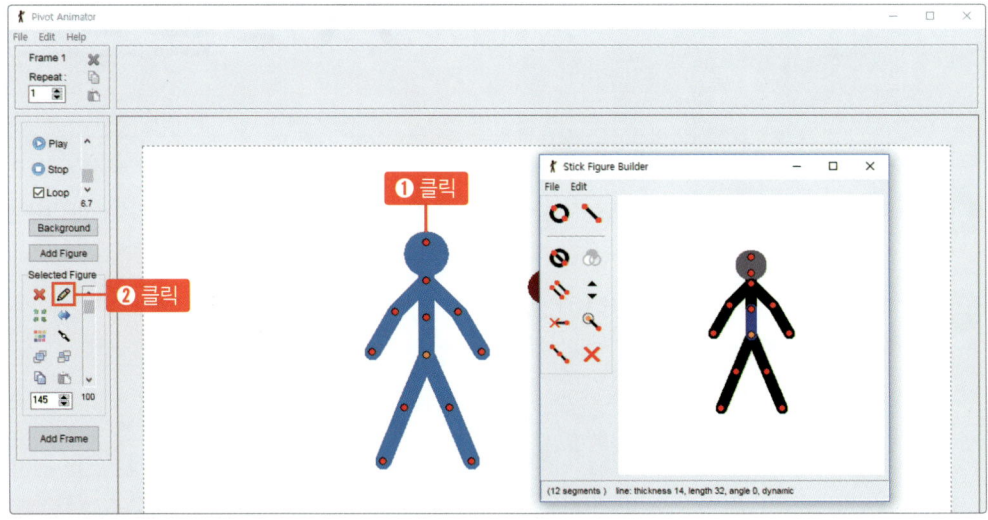

② [Stick Figure Builder] 창이 나타나면 '스틱맨'의 '손'에 있는 '조절점'을 클릭합니다.

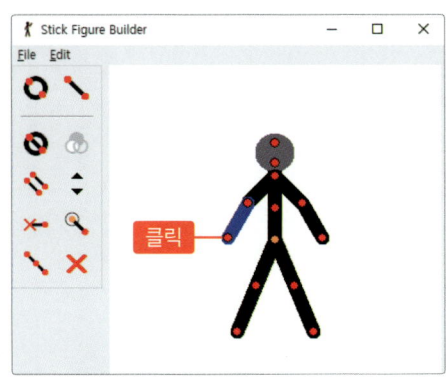

③ '스틱맨'의 '원점'을 옮기기 위해 🔍을 클릭하여 '원점'을 '손'으로 옮깁니다.

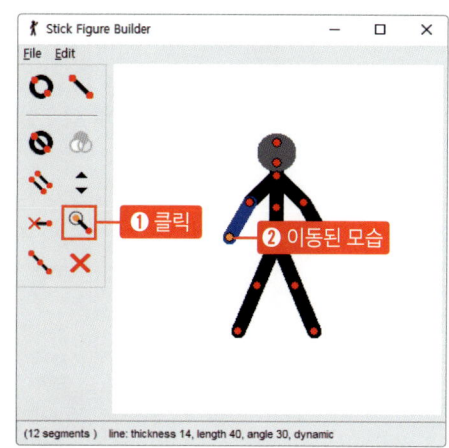

④ '원점'을 옮긴 '스틱맨'을 저장하기 위해 [File]-[Add To Animation]을 클릭합니다.

⑤ [Figure Name] 창이 나타나면 "스틱맨2"를 입력한 후 [OK]를 클릭합니다.

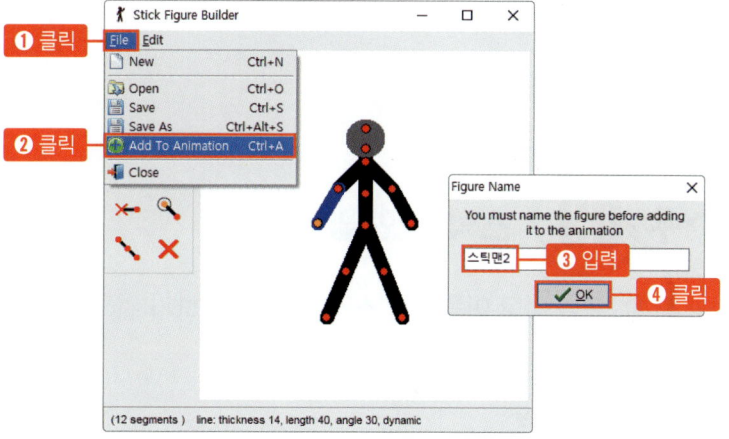

⑥ '캔버스'에 '스틱맨2'가 추가되면 Shift + Alt 키를 동시에 누른 상태로 '조절점'을 드래그하여 '스틱맨2'의 크기를 키운 후 '스틱맨' 옆으로 위치를 이동시킵니다.

⑦ '스틱맨2'의 색상을 변경하기 위해 '스틱맨2'를 선택한 후 'Selected Figure' 그룹에서 ▦을 클릭합니다.

⑧ 원하는 색상을 선택한 후 [확인]을 클릭합니다.

03 스틱맨2와 말 합치기

'말'을 타고 이동하는 '스틱맨2'를 표현하기 위해 '스틱맨2'와 '말'을 합쳐 봅니다.

① '스틱맨2'와 '말'을 합치기 위해 '스틱맨2'를 선택합니다.

② 이어서 'Selected Figure' 그룹의 ➘를 클릭합니다.

③ '스틱맨2'가 '말'의 '얼굴'을 잡을 수 있도록 '말' 얼굴에 있는 '흰색 조절점'을 클릭합니다.

④ '스틱맨2'가 '말'을 타고 있는 모습으로 모양을 변경합니다.

'스틱맨2'의 조절점을 조절하여 모습을 변경합니다.

04 말을 타고 이동하는 스틱맨2

'스틱맨2'가 '말'을 타고 이동하는 모습을 표현해 봅니다.

① 완성한 모양을 저장하기 위해 Add Frame 을 클릭하여 '타임라인'에 '프레임'을 추가합니다.

② '스틱맨'과 '말'이 앞으로 이동하는 모습으로 모양을 변경합니다.

③ 이어서 Add Frame 을 클릭하여 '타임라인'에 '프레임'을 추가합니다.

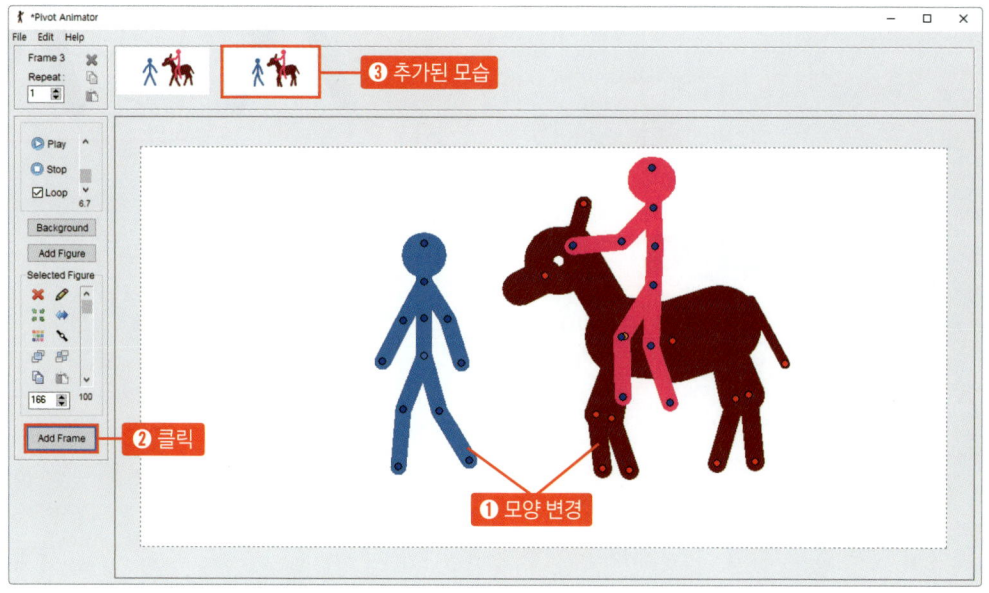

④ ②, ③의 과정을 반복하여 '스틱맨', '스틱맨2', '말'이 함께 이동하는 모습을 표현해 봅니다.

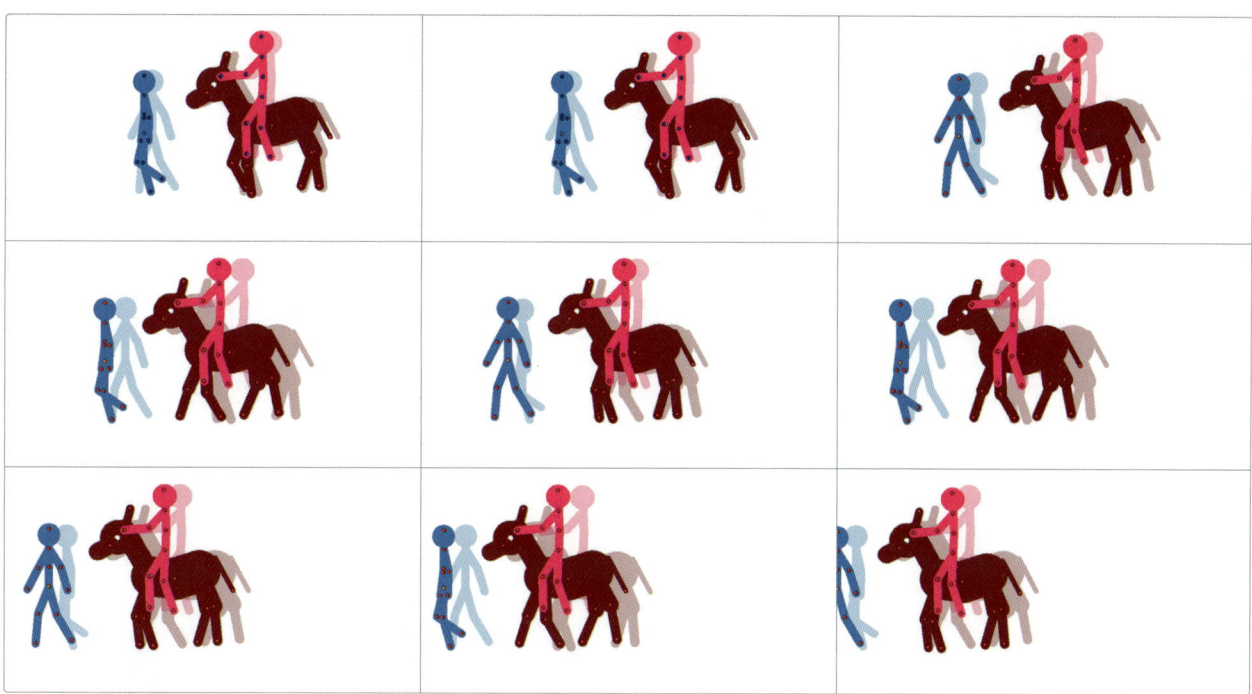

생자소 TIP

걷는 모습을 표현할 때는 2개의 프레임에 걷는 모습을 각각 표현한 뒤 '프레임'을 복사하여 붙여 넣습니다. 이어서 각각의 프레임을 선택하여 개체의 위치만 이동합니다.

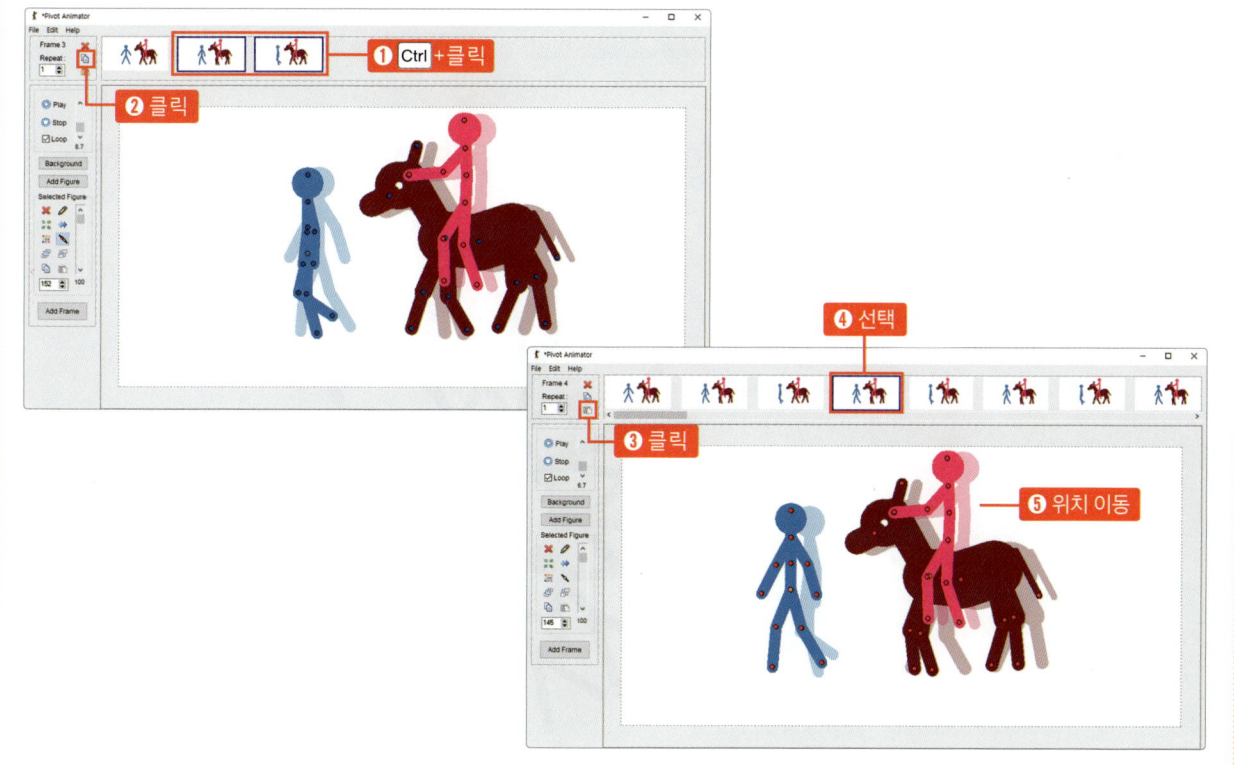

⑤ 완성한 파일은 [File]-[Export Animation]을 클릭하여 'Gif 파일'로 저장합니다.

뿜뿜! 생각 키우기

▶ 예제 파일 : 없음 ▶ 완성 파일 : 04_자유완성.piv

미션 1 '원점'을 '손'으로 옮긴 새로운 '스틱맨'을 캔버스에 추가해 봅니다.

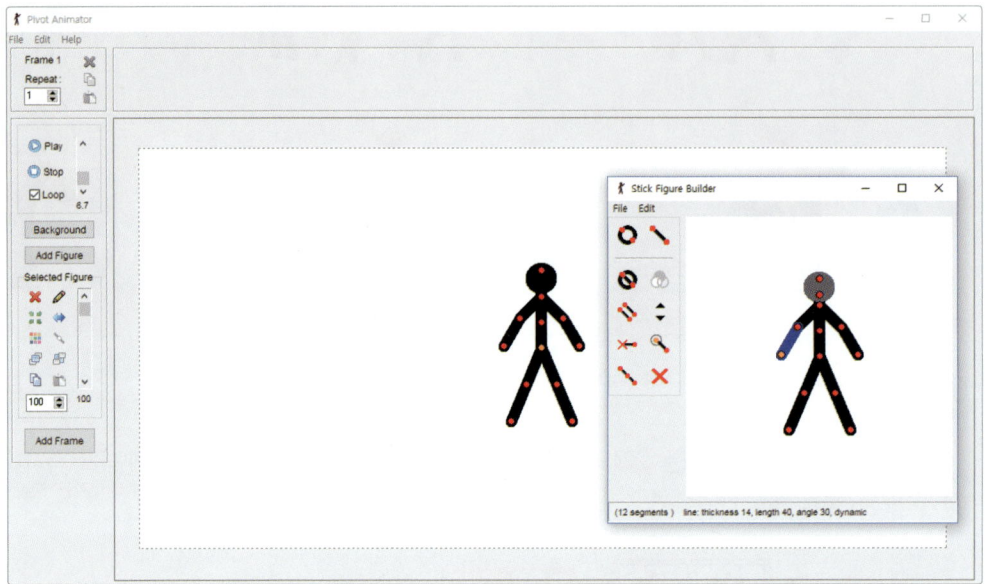

미션 2 새로운 '스틱맨'들을 추가하여 '스틱맨'의 손을 연결한 후 스카이 다이빙하는 모습을 표현해 봅니다.

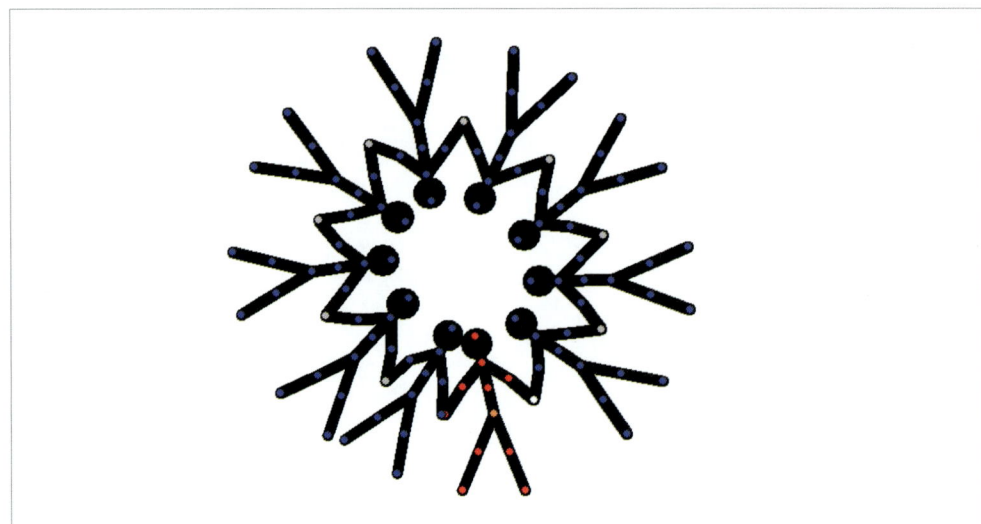

▶ 예제 파일 : 없음 ▶ 완성 파일 : 05_완성.piv

아기 스틱맨과 함께 체조하기

"아기 스틱맨을 만들 순 없나? 팔다리 길이만 조절하면 될 것 같은데…"
해람이는 선의 길이와 두께를 조절하여 귀여운 아기 스틱맨을 만들었어요.
"스틱맨, 아기 스틱맨이 생겼어! 아기 스틱맨과 함께 뭘 하면 좋을까?"
해람이는 아기 스틱맨을 스틱맨 옆에 놔두며 말했어요. 해람이는 잠시 고민한 후 손뼉을 치며 말했어요.
"그래! 아기 스틱맨과 체조를 해보자! 하나, 둘! 하나, 둘!"

▶ 완성 애니메이션 파일 : 05_애니메이션.gif

학습목표

- 선의 굵기를 조절할 수 있습니다.
- 선의 길이를 조절할 수 있습니다.
- 개체의 크기를 변경할 수 있습니다.

01 스틱맨의 선 굵기 조절하기

귀여운 '아기 스틱맨'을 만들기 위해 선의 굵기를 조절해 봅니다.

① 피봇 아이콘()을 더블 클릭하여 피봇(Pivot) 프로그램을 실행합니다.

② 귀여운 아기 스틱맨을 만들기 위해 'Selected Figure' 그룹에서 ✏ 을 클릭합니다.

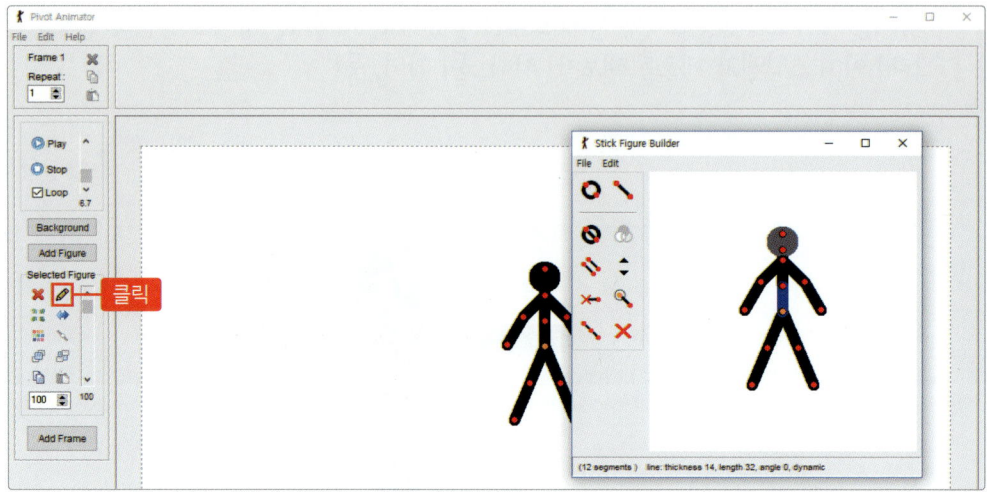

③ [Stick Figure Builder] 창이 나타나면 Shift + Alt 키를 동시에 누른 상태로 '조절점'을 드래그하여 '스틱맨'의 크기를 키웁니다.

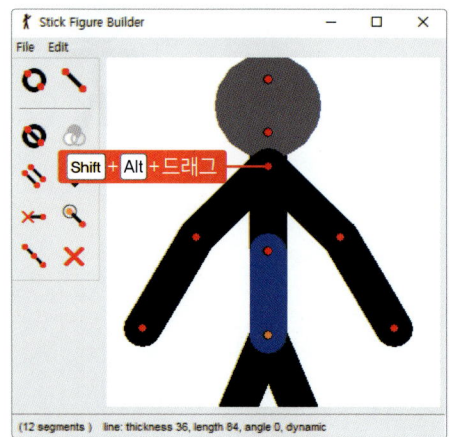

④ '스틱맨'의 '얼굴'을 제외한 팔, 다리, 몸통의 두께를 변경하기 위해 '선'을 선택한 후 '▼'을 클릭합니다.

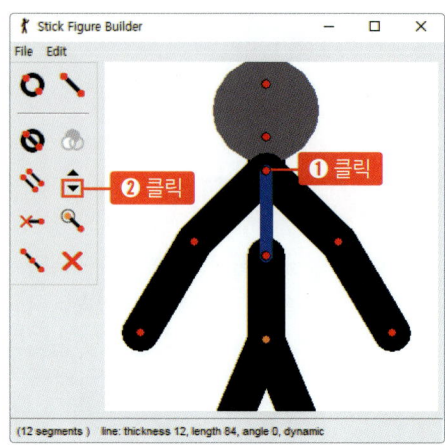

❺ 같은 방법으로 다른 '선'들의 두께도 얇게 변경해 봅니다.

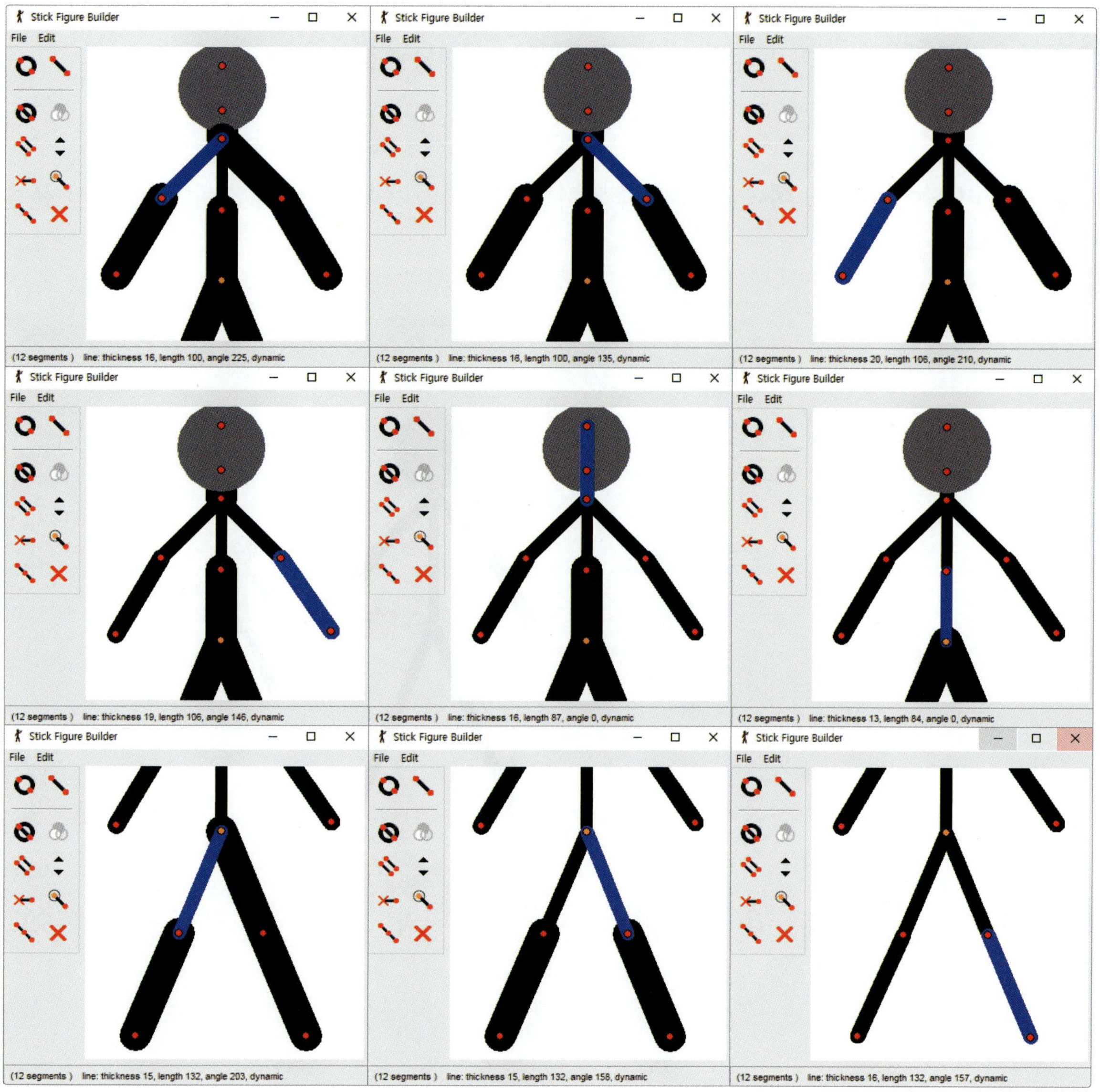

❻ 몸(선)을 얇게 바꾼 '스틱맨'을 저장하기 위해 [File]-[Add To Animation]을 클릭합니다.

❼ [Figure Name] 창이 나타나면 "아기 스틱맨"을 입력한 후 [OK]를 클릭합니다.

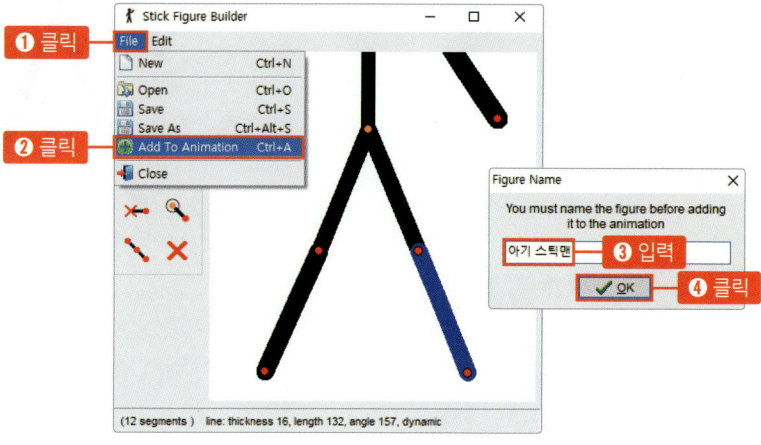

CHAPTER 05 아기 스틱맨과 함께 체조하기 **039**

02 스틱맨의 선 길이 조절하기

팔, 다리가 짧은 '아기 스틱맨'을 만들기 위해 선의 길이를 조절해 봅니다.

1 '캔버스'에 추가된 '아기 스틱맨'의 위치를 이동시키기 위해 '아기 스틱맨'의 '원점'을 왼쪽으로 드래그합니다.

2 '아기 스틱맨'의 몸통 길이를 줄이기 위해 Ctrl 키를 누른 상태에서 '조절점'을 아래쪽으로 드래그합니다.

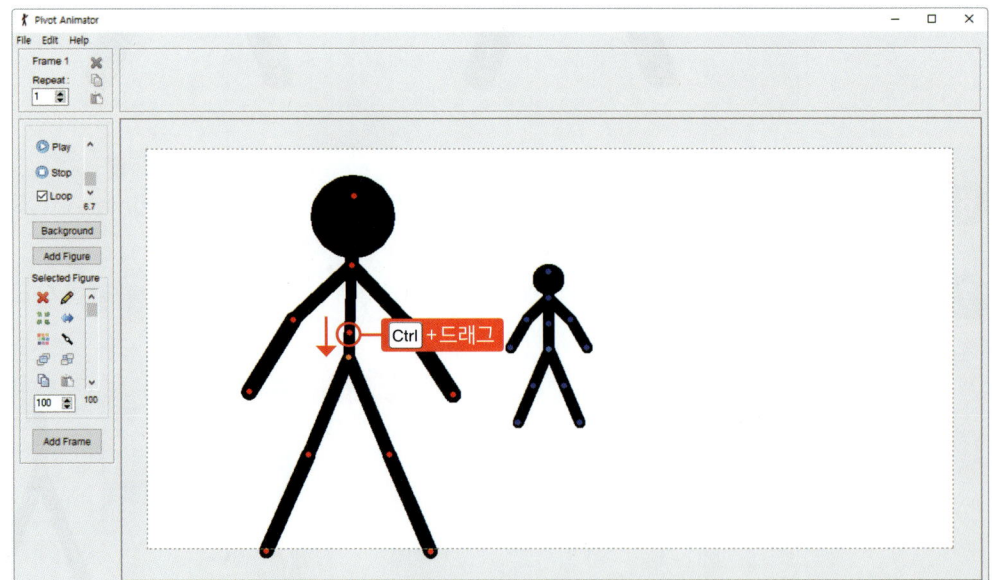

'선'의 길이를 조절하려면 Ctrl 키를 누른 상태에서 '선'의 길이를 줄이려는 방향으로 '조절점'을 드래그해야 합니다.

③ '아기 스틱맨'의 '선'을 전부 짧게 변경합니다.

④ '스틱맨'을 선택한 후 Shift + Alt 키를 누른 상태에서 드래그하여 크기를 '아기 스틱맨'보다 키워 '어른 스틱맨'을 표현합니다.

❺ '아기 스틱맨'을 선택한 후 Shift + Alt 키를 누른 상태에서 드래그하여 '아기 스틱맨'의 크기를 더 줄여 봅니다.

03 아기 스틱맨과 함께 체조하는 스틱맨

'아기 스틱맨'과 '스틱맨'이 체조하는 모습을 표현해 봅니다.

❶ '아기 스틱맨'과 '스틱맨'이 팔을 벌리고 있는 모습을 표현한 후 '아기 스틱맨'을 아래쪽으로 이동시킵니다.

❷ 이어서 Add Frame 을 클릭하여 '프레임'을 '타임라인'에 추가합니다.

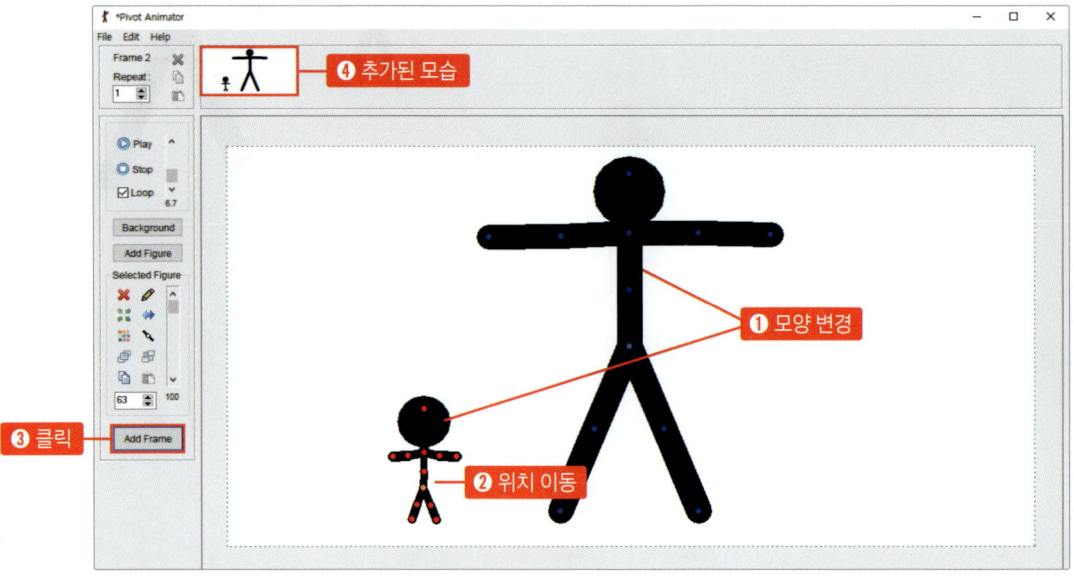

③ '아기 스틱맨'과 '스틱맨'이 체조하는 모습을 표현하며 '프레임'을 추가합니다.

④ 완성한 파일은 [File]-[Export Animation]을 클릭하여 'Gif 파일'로 저장합니다.

05 Chapter

뿜뿜! 생각 키우기

▶ 예제 파일 : 없음 ▶ 완성 파일 : 05_자유완성.piv

미션 1 '모래 주머니'를 차고 있는 '스틱맨'을 만들어 봅니다.

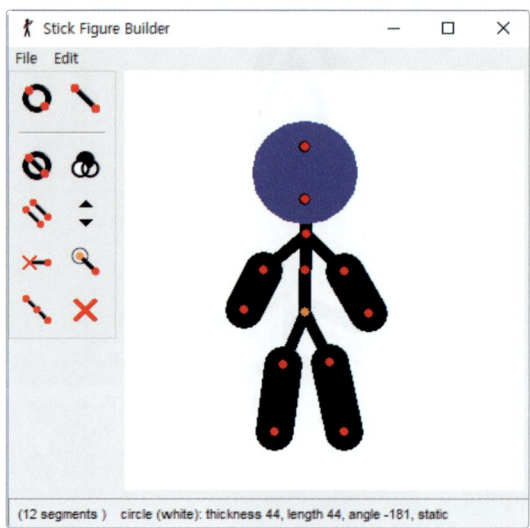

미션 2 'PT 체조'를 하는 '스틱맨'의 모습을 만들어 봅니다.

Chapter 06
스틱맨 좌우 반전시키기

▶ 예제 파일 : 없음 ▶ 완성 파일 : 06_완성.piv

"스틱맨, 오늘 날씨도 좋은데 밖에 나갈까?" 해람이는 밖에서 스틱맨이 뭘 하면 좋을지 생각했어요.
"아! 지난 번에 체조를 했으니까 오늘은 달리기 어때? 근데 똑같은 모습을 몇 번 만들어야 되는 거야? 달리기만 하면 되는데…" 해람이는 달리기 하는 스틱맨을 만들던 중 푸념하며 말했어요.
"무슨 좋은 방법 없을까…?"

▶ 완성 애니메이션 파일 : 06_애니메이션.gif

학습목표
- 스틱맨의 모습을 좌우로 반전시킬 수 있습니다.
- 스틱맨의 크기를 확대하거나 축소할 수 있습니다.

CHAPTER 06 스틱맨 좌우 반전시키기 **045**

01 스틱맨을 달리는 모습으로 변경하기

Ctrl 키로 '선'의 길이를 조절하여 '스틱맨'이 달리는 모습을 표현해 봅니다.

1 피봇 아이콘( )을 더블 클릭하여 피봇(Pivot) 프로그램을 실행합니다.

2 Shift + Alt 키를 동시에 누른 상태로 '조절점'을 드래그하여 '스틱맨'의 크기를 키웁니다.

3 Ctrl 키를 이용하여 '선'의 길이를 조절하면서 '스틱맨'이 달리는 모습을 표현합니다.

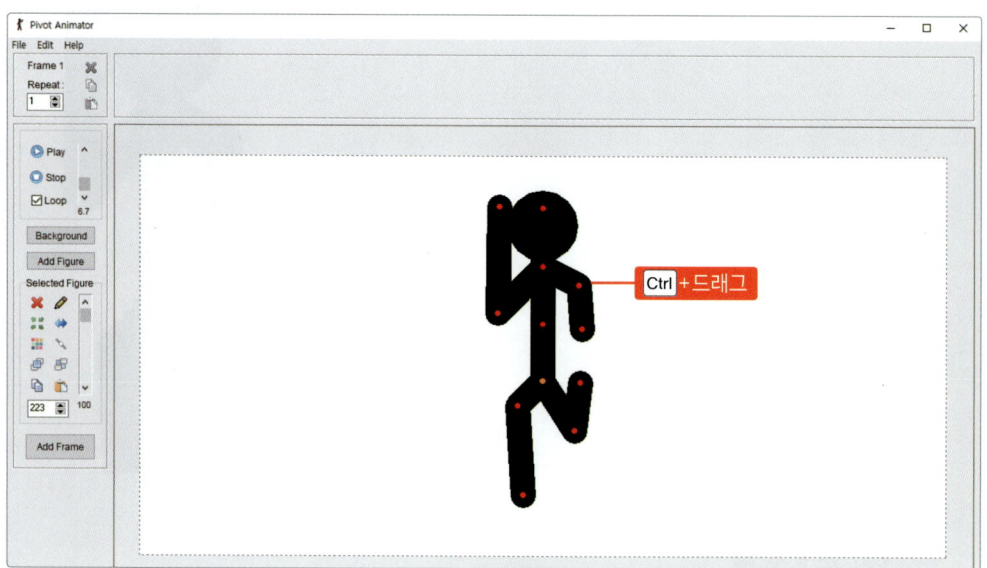

Ctrl 키를 누른 상태로 '조절점'을 드래그하면 '선'의 길이를 조절할 수 있습니다.

④ 완성된 모습을 '타임라인'에 추가하기 위해 Add Frame 을 클릭합니다.

02 스틱맨 좌우 반전시키기

'스틱맨'이 앞으로 달려 나오는 모습을 표현하기 위해 '스틱맨'을 반전시켜 봅니다.

① '스틱맨'이 캔버스 안쪽에서 바깥쪽으로 뛰어나오는 모습을 표현하기 위해 Shift + Alt 키를 동시에 누른 상태로 '조절점'을 드래그하여 '스틱맨'의 크기를 줄입니다.

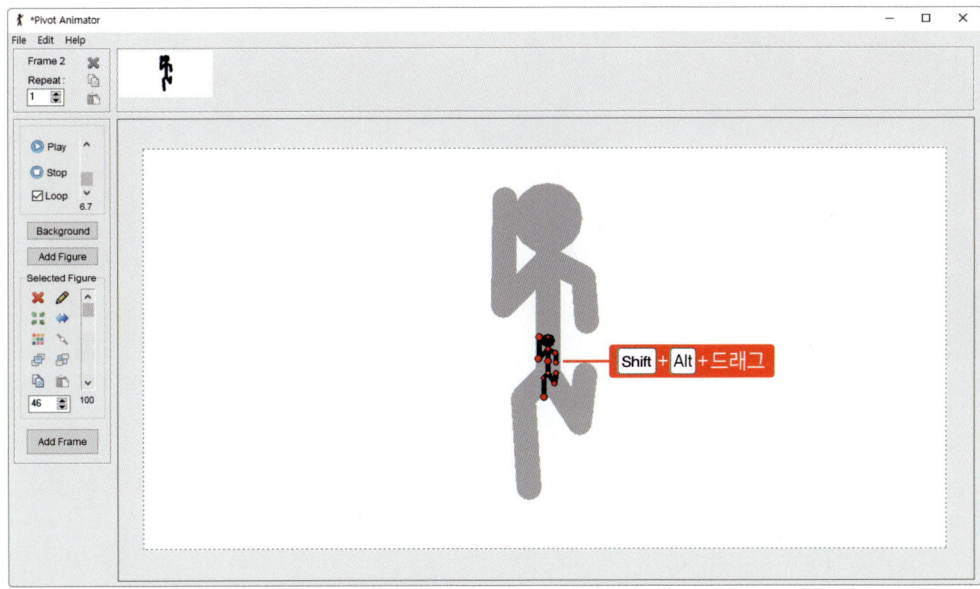

② 크기를 줄인 '스틱맨'을 '타임라인'에 추가하기 위해 Add Frame 을 클릭합니다.

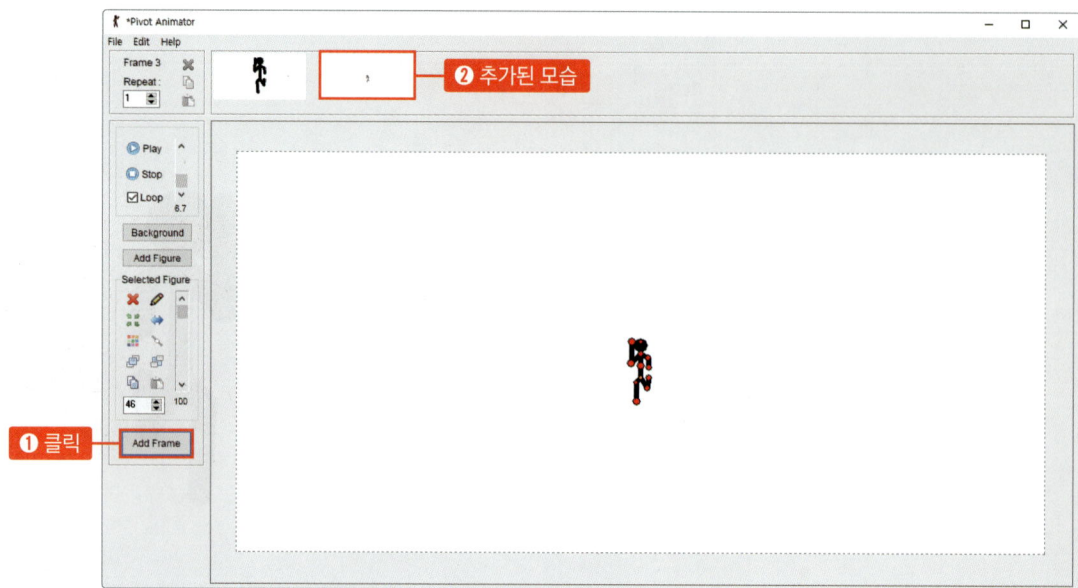

③ 불필요한 '프레임'을 삭제하기 위해 첫 번째 '프레임'을 선택한 후 [프레임 컨트롤] 창에서 ❌를 클릭합니다.

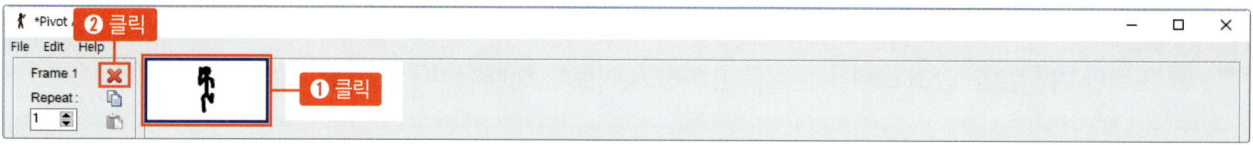

④ 두 번째 '프레임'을 만들기 위해 'Selected Figure' 그룹에서 ➡을 클릭하여 '스틱맨'을 좌우로 뒤집습니다.

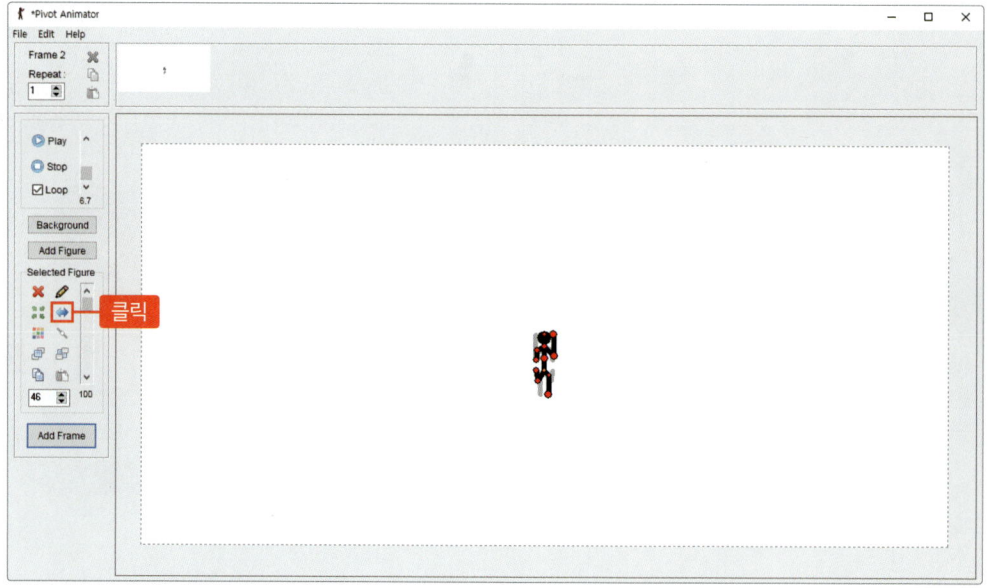

⑤ 반전된 '스틱맨'을 '타임라인'에 추가하기 위해 Add Frame 을 클릭합니다.

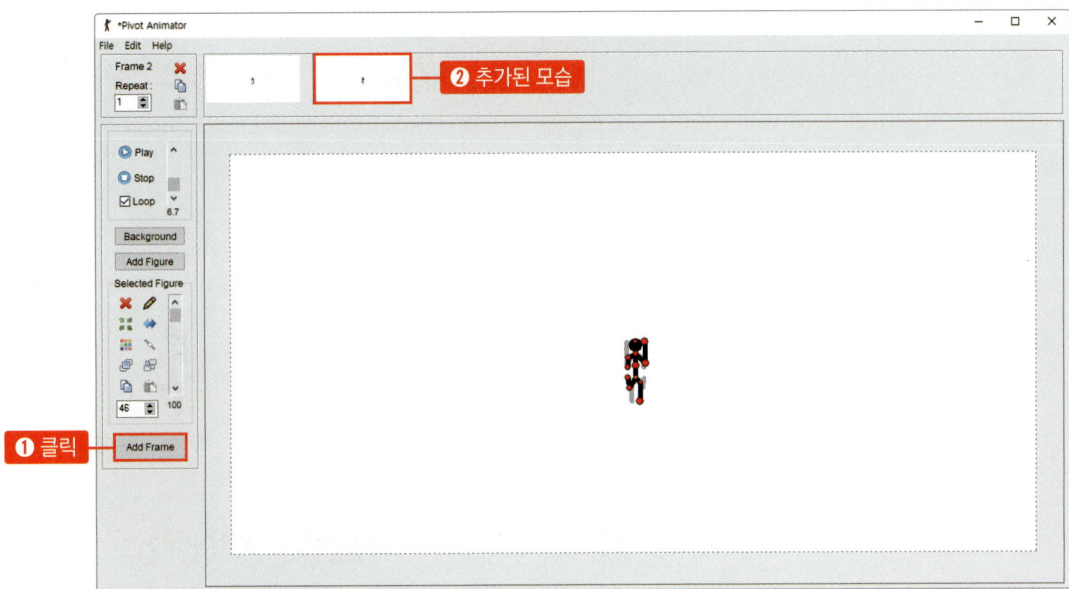

⑥ 다시 ➡을 클릭하여 '스틱맨'을 반전시킨 후 Shift + Alt 키를 동시에 누른 상태로 드래그하여 '스틱맨'의 크기를 조금 키웁니다.

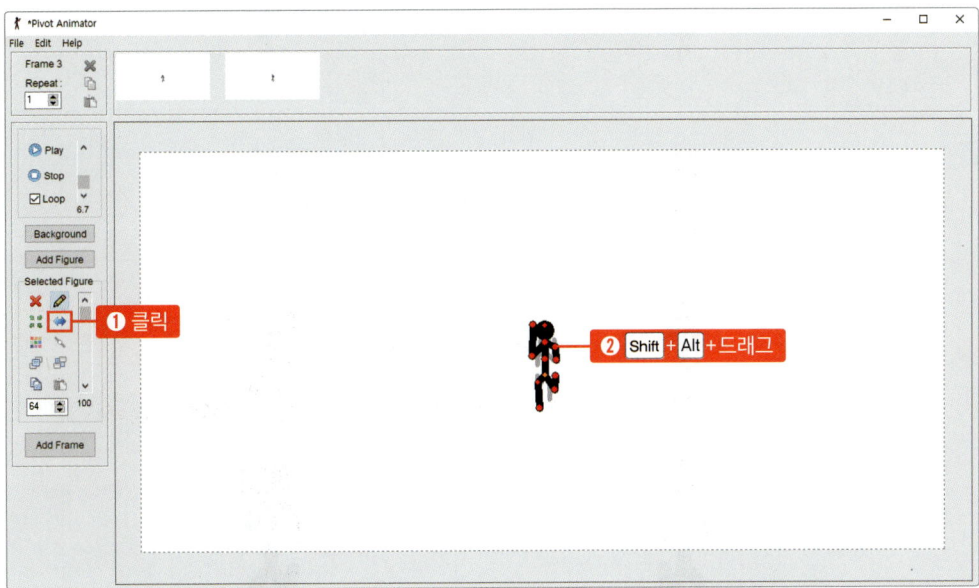

7 크기를 키운 반전된 '스틱맨'을 '타임라인'에 추가하기 위해 Add Frame 을 클릭합니다.

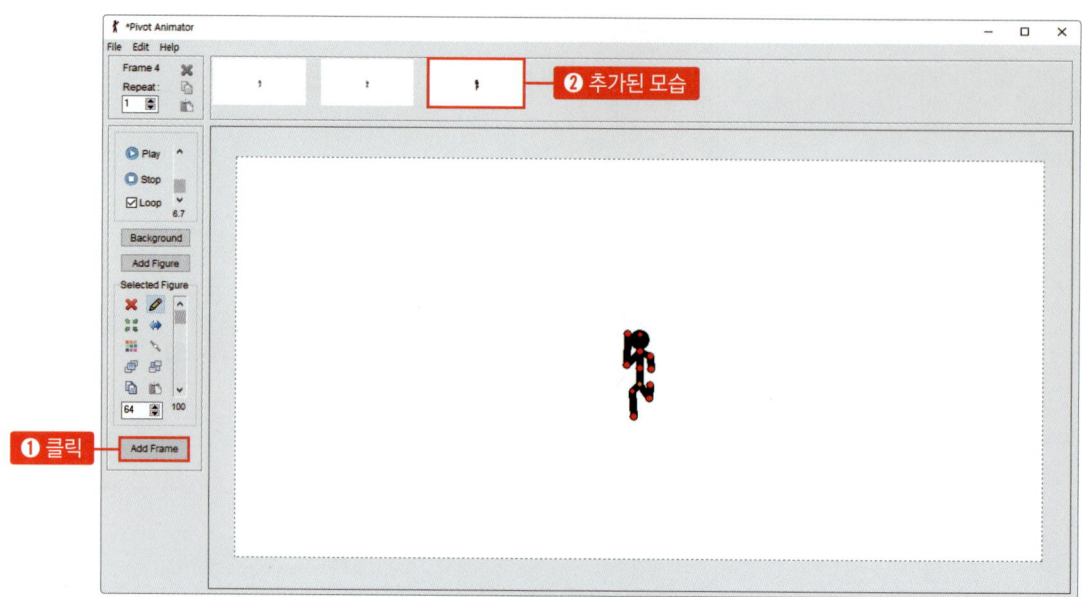

8 ❻, ❼과 같은 방법으로 '스틱맨'의 크기를 키우면서 반전시켜 '타임라인'에 '프레임'을 추가합니다.

9 완성한 파일은 [File]-[Export Animation]을 클릭하여 'Gif 파일'로 저장합니다.

뿜뿜! 생각 키우기

▶ 예제 파일 : 없음 ▶ 완성 파일 : 06_자유완성.piv

미션 1 수영하는 '스틱맨'을 표현해 봅니다.

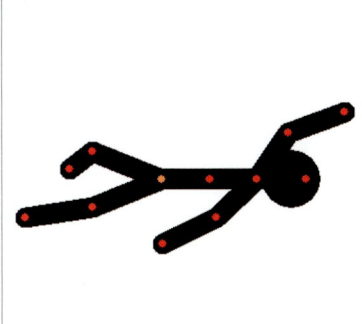

나와라, 힌트! ➔ 수영하는 스틱맨을 '세로'로 세워 반전시킨 후 '가로'로 눕혀 작업합니다.

미션 2 '반전' 기능과 '프레임' 복사를 이용하여 수영하는 '스틱맨'을 표현해 봅니다.

뚝딱뚝딱 건물 세우기

"해람아! 매번 아무것도 없는 곳에서 놀려니 심심해. 배경 좀 만들어주면 안 될까?"
"어? 그러고 보니 스틱맨이 있는 공간이 너무 허전하네."
해람이는 스틱맨이 있는 공간을 어떻게 꾸밀지 고민했어요.
"스틱맨을 도심 속 남자로 만들어 볼까?" 해람이는 선을 이용하여 뚝딱뚝딱 건물을 세우기 시작했어요.

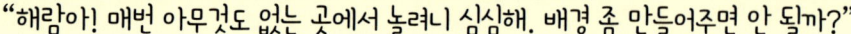

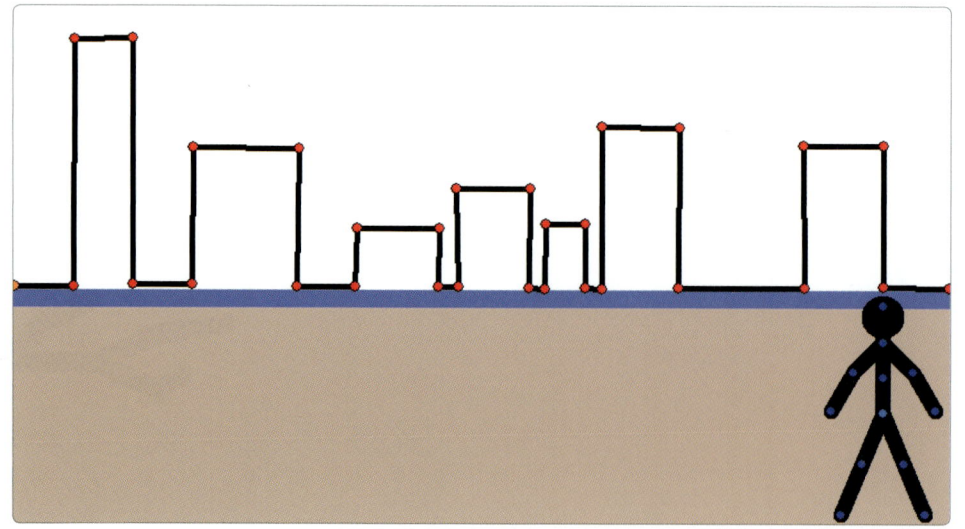

학습목표

- 외부에서 배경 이미지를 불러올 수 있습니다.
- 선을 나눌 수 있습니다.
- 선으로 건물을 만들 수 있습니다.

01 외부에서 배경 불러오기

외부에서 파일을 불러와 캔버스에 배경을 추가해 봅니다.

① 피봇 아이콘( )을 더블 클릭하여 피봇(Pivot) 프로그램을 실행합니다.

② 빈 캔버스에 배경을 추가하기 위해 [File]-[Load Background]를 클릭합니다.

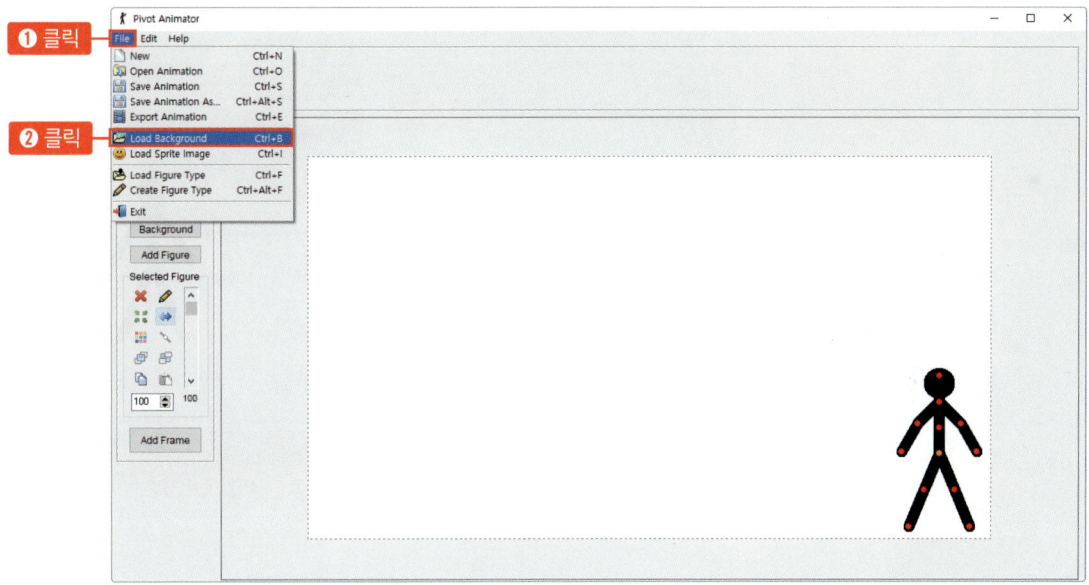

③ [열기] 창이 나타나면 [예제 파일]-[07강] 폴더에서 '배경'을 선택한 후 [열기]를 클릭합니다.

④ 캔버스에 삽입된 배경을 확인합니다.

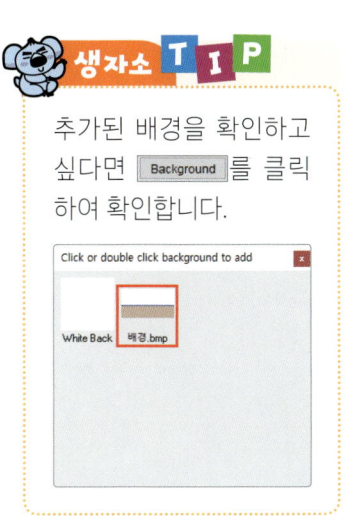

생자소 TIP

추가된 배경을 확인하고 싶다면 Background 를 클릭하여 확인합니다.

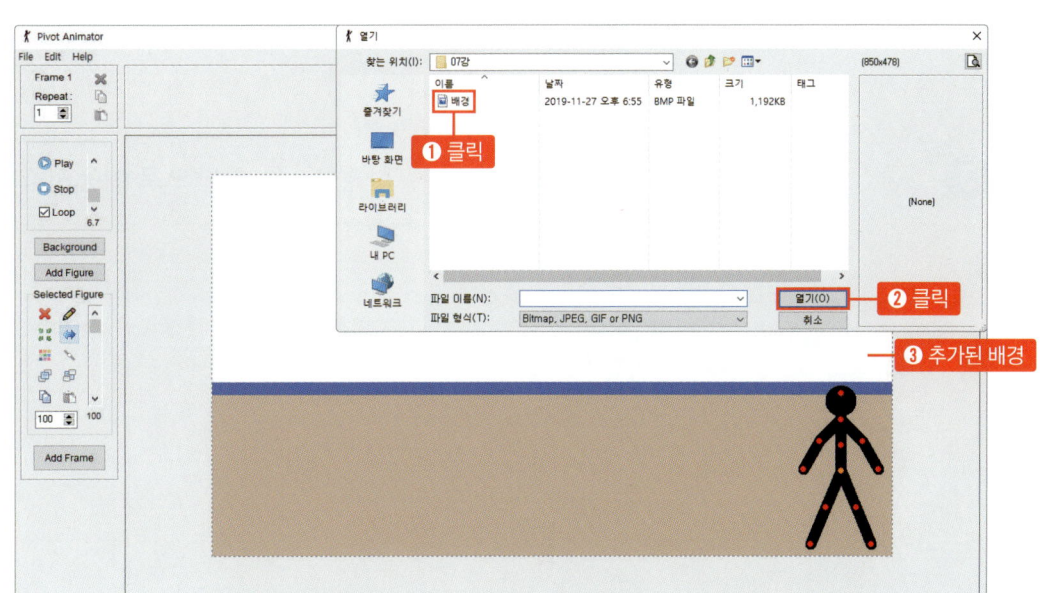

CHAPTER 07 뚝딱뚝딱 건물 세우기 **053**

02 선을 이용하여 건물 그리기

'선'을 나누는 방법과 '선'을 이용해 건물을 그리는 방법을 알아봅니다.

① 건물을 그리기 위해 'Selected Figure' 그룹에서 ✏️을 클릭하고 [Stick Figure Builder] 창이 나타나면 [File]-[New]를 클릭합니다.

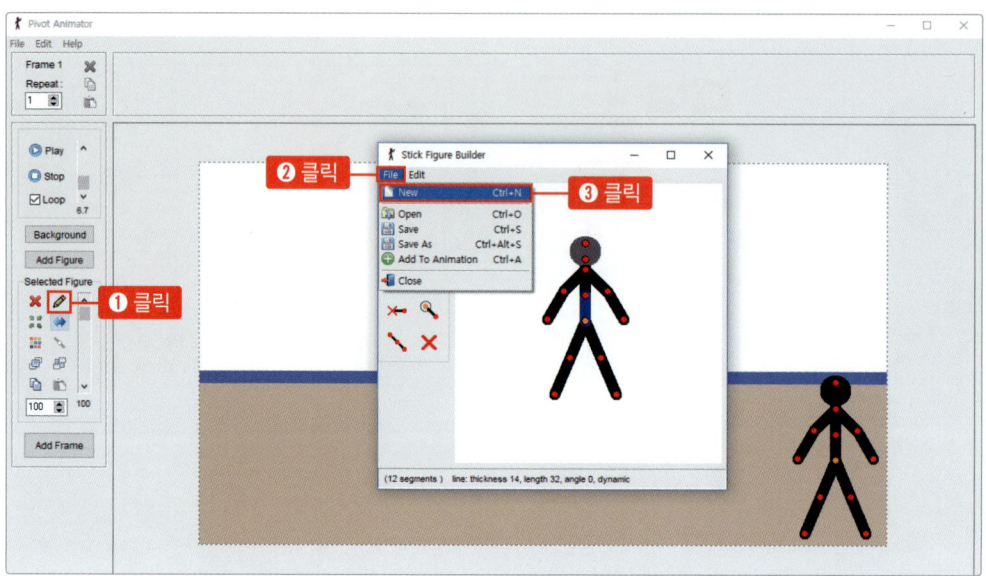

② '최대화(□)'를 클릭하여 [Stick Figure Builder] 창을 최대화시킵니다.

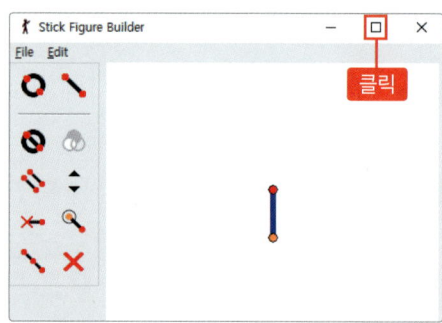

③ 중간에 위치한 '선'의 '원점'을 드래그하여 '선'을 '왼쪽' 하단으로 이동시킵니다.

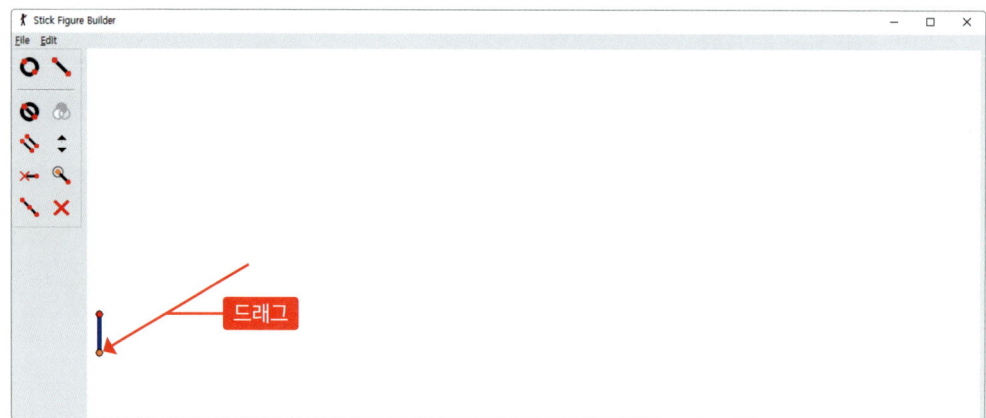

④ '조절점'을 드래그하여 '선'을 가로로 눕힙니다.

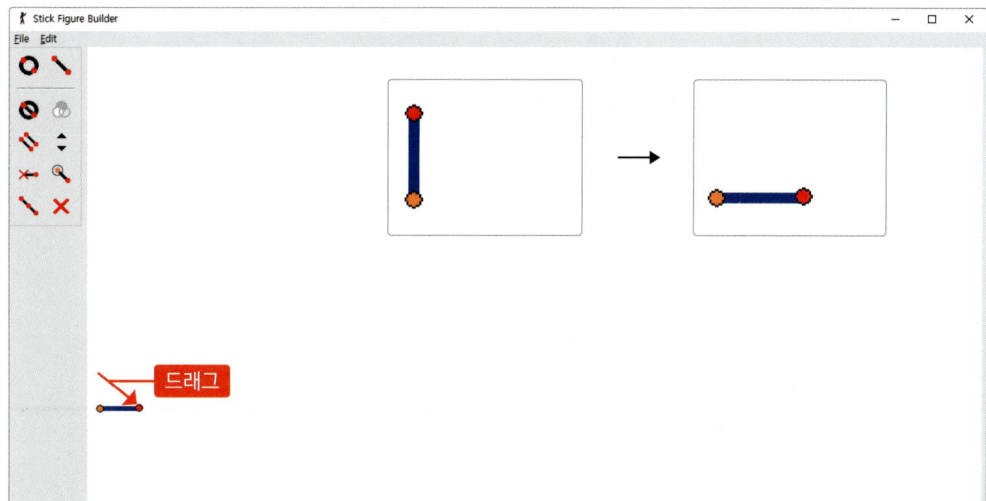

⑤ '선'을 늘리기 위해 Ctrl 키를 누른 상태로 '조절점'을 드래그하여 가로로 길게 늘립니다.

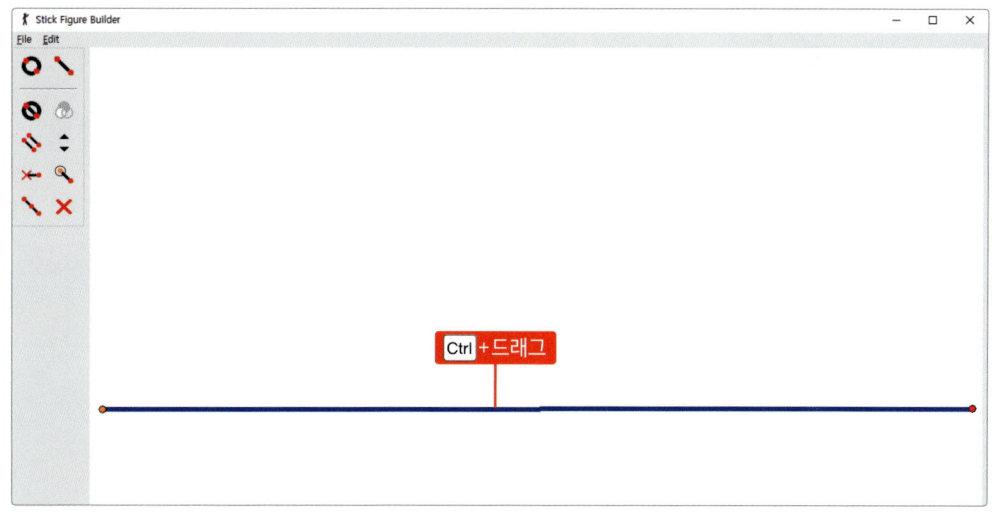

⑥ 건물을 그리기 위해 도구 중 ＼를 클릭하여 '선'을 반으로 나눕니다.

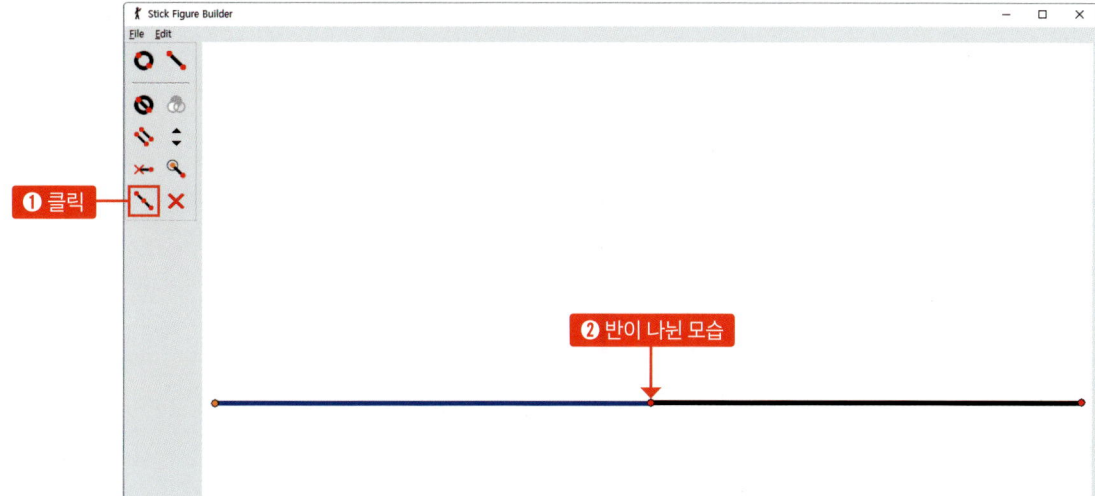

CHAPTER 07 뚝딱뚝딱 건물 세우기

7 **6**과 같은 방식으로 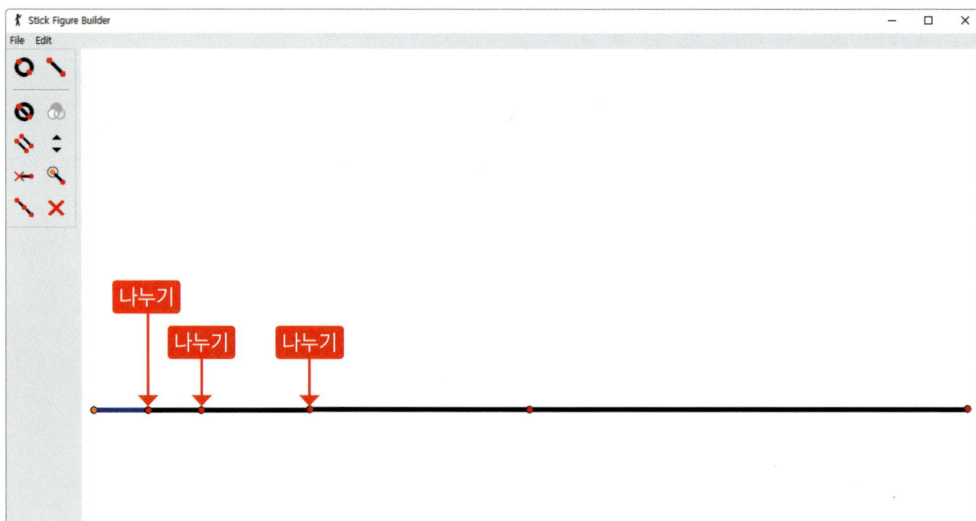를 클릭하여 '선'을 '3'번 더 나눕니다.

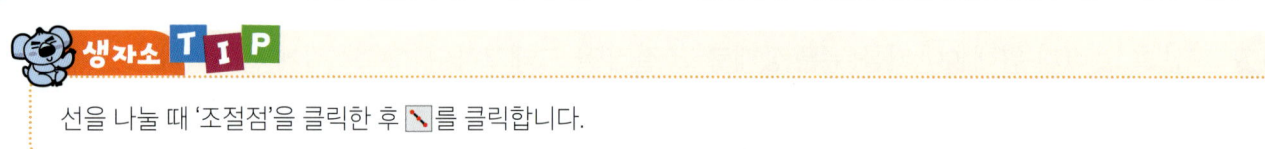
선을 나눌 때 '조절점'을 클릭한 후 를 클릭합니다.

8 '선'으로 건물 모양을 만들기 위해 세 번째 '조절점'을 선택한 후 '조절점'을 위로 드래그하여 '선'을 가로에서 세로로 변경합니다.

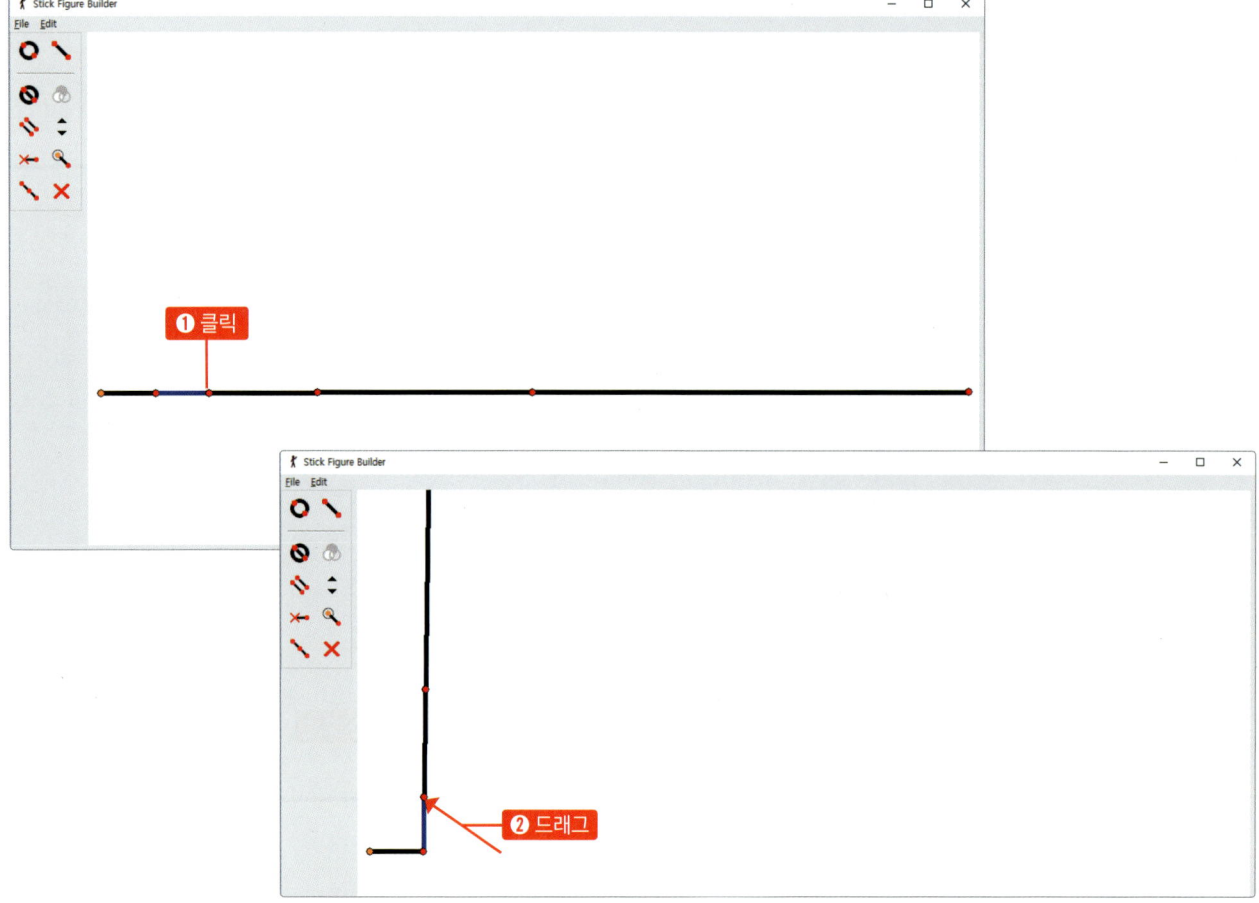

09 **8**과 같은 방법으로 세로 선을 가로로 변경해 봅니다.

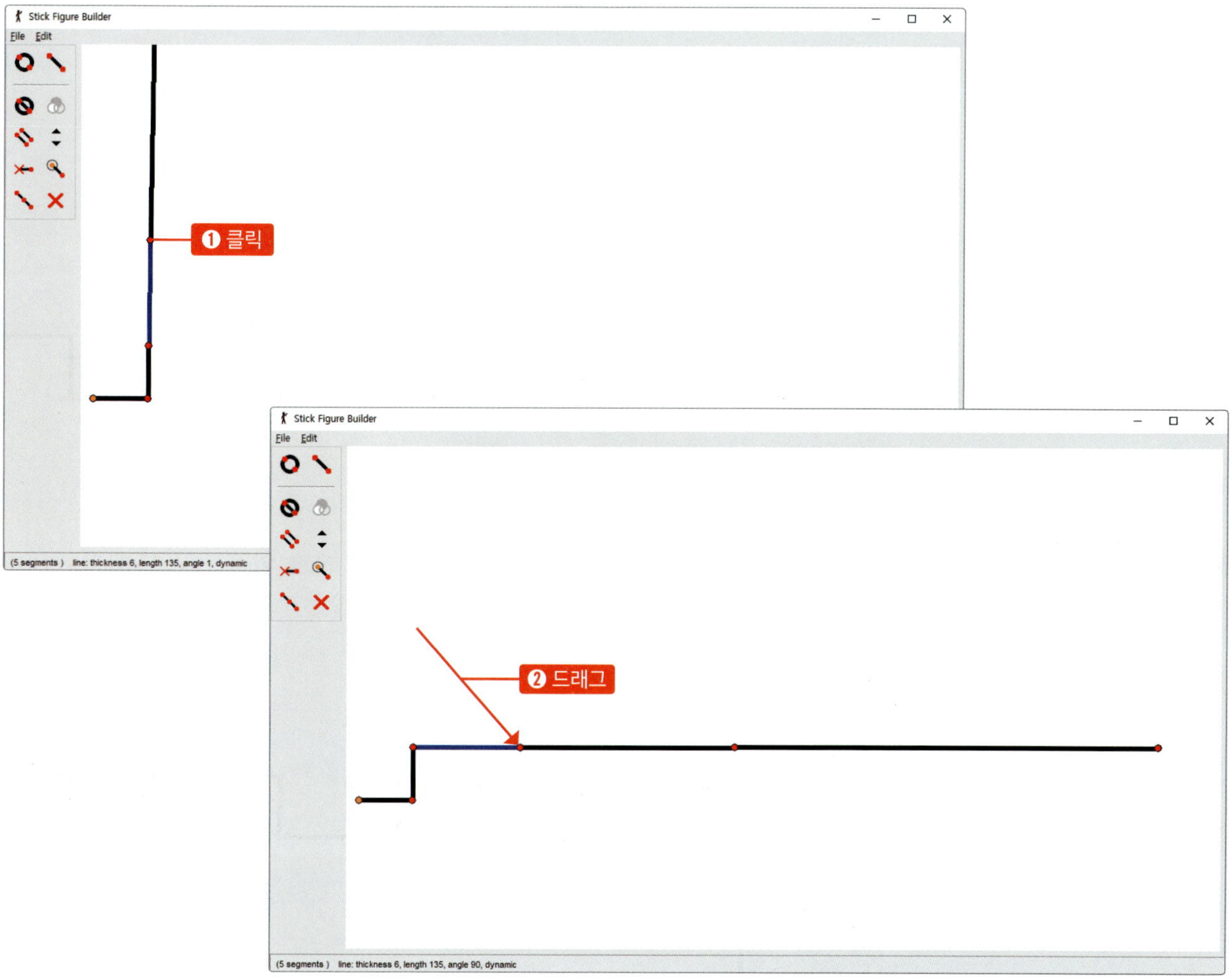

10 를 클릭하여 다시 '선'을 나눕니다.

11 다음 '조절점'을 선택한 후 아래로 드래그하여 '선'을 가로에서 세로로 변경합니다.

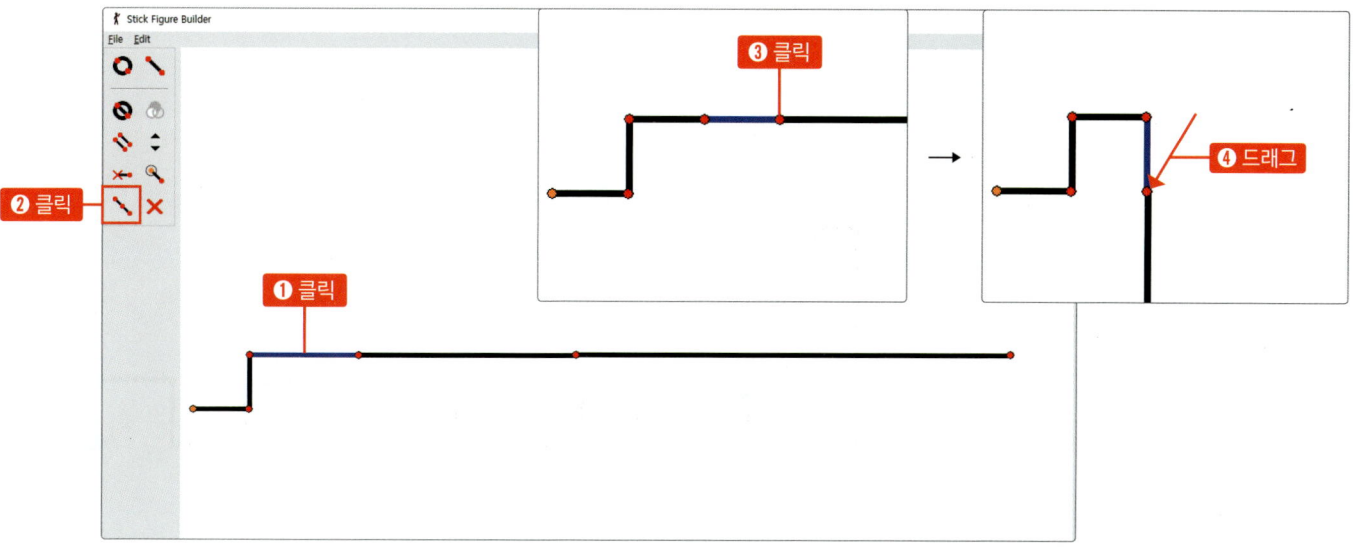

CHAPTER 07 뚝딱뚝딱 건물 세우기 **057**

⑫ ⑥~⑪과 같은 방법으로 건물 모양을 완성합니다.

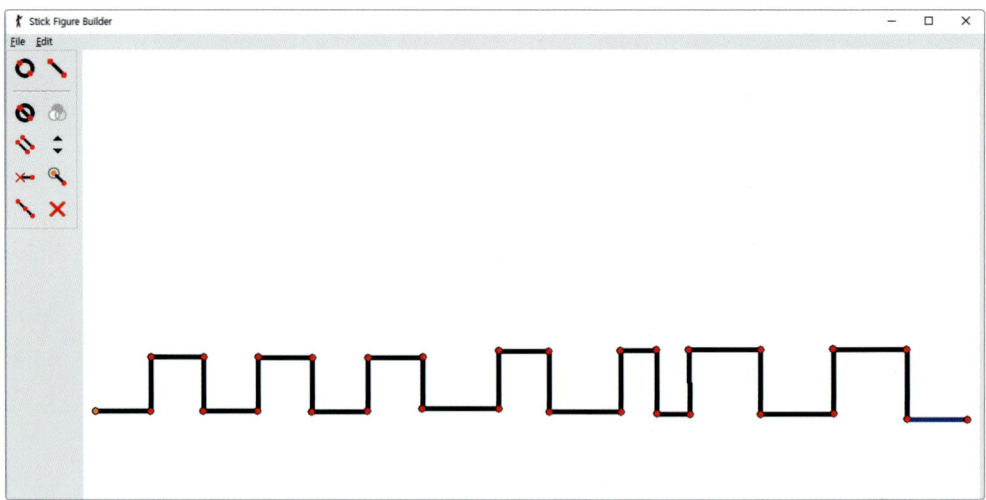

⑬ 건물의 높이를 변경하기 위해 '조절점'을 클릭한 후 Ctrl 키를 누른 상태로 위쪽으로 드래그합니다.

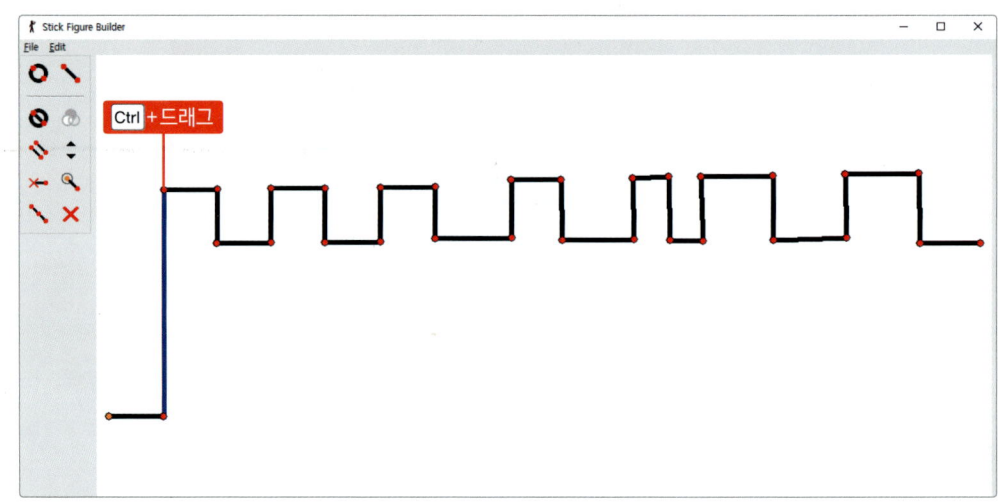

⑭ 이어서 건물 끝 '조절점'을 클릭한 후 Ctrl 키를 누른 상태로 아래쪽으로 드래그하여 건물의 높이를 조절합니다.

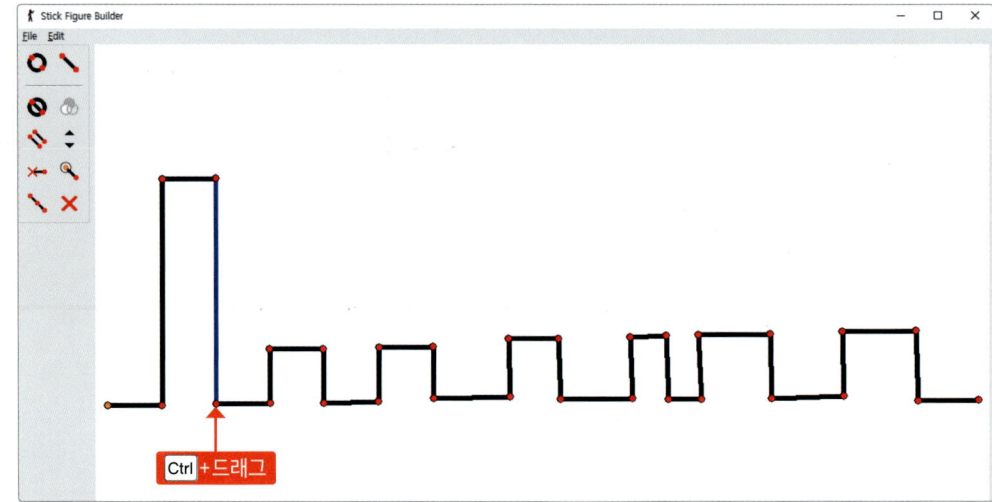

⑮ ⑬, ⑭와 같은 방법으로 건물의 높이를 서로 다르게 표현해 봅니다.

⑯ 완성한 건물을 캔버스 배경에 추가하기 위해 [File]-[Add To Animation]을 클릭합니다.

⑰ [Figure Name] 창이 나타나면 "건물"을 입력한 후 [OK]를 클릭합니다.

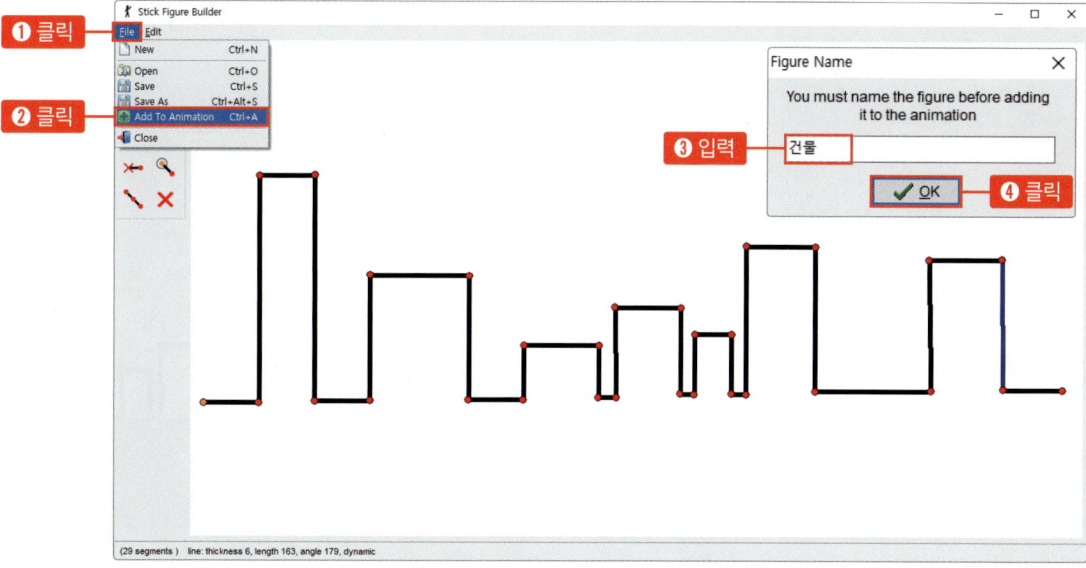

CHAPTER 07 뚝딱뚝딱 건물 세우기

⑱ 건물의 '원점'을 드래그하여 건물을 파란색 선 위로 이동시킵니다.

⑲ '원점'을 캔버스 왼쪽 끝으로 드래그하여 위치를 이동시킵니다.

⑳ 화면을 벗어난 건물의 크기를 조절하기 위해 Shift + Alt 키를 동시에 누른 상태로 '조절점'을 드래그하여 건물을 작게 줄여 봅니다.

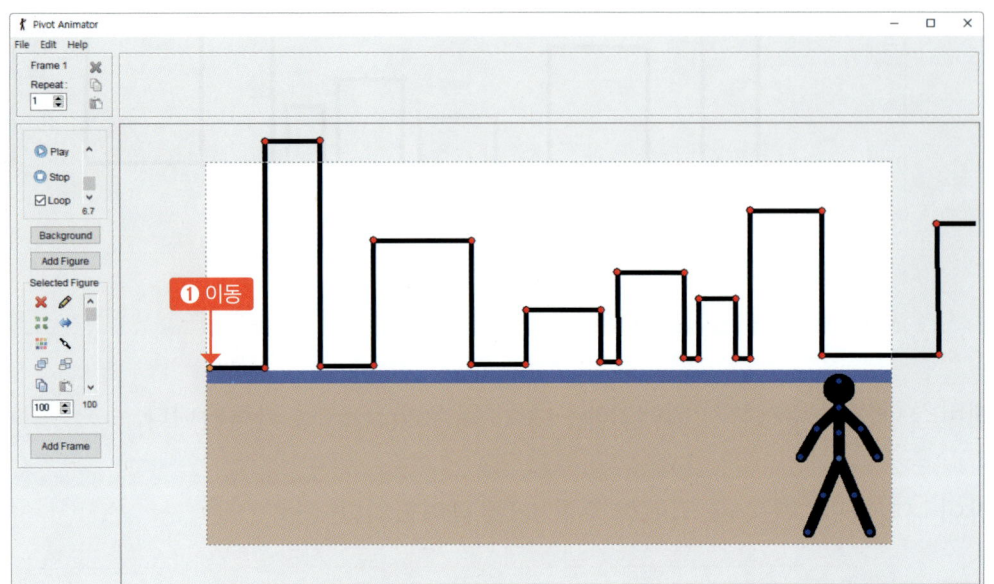

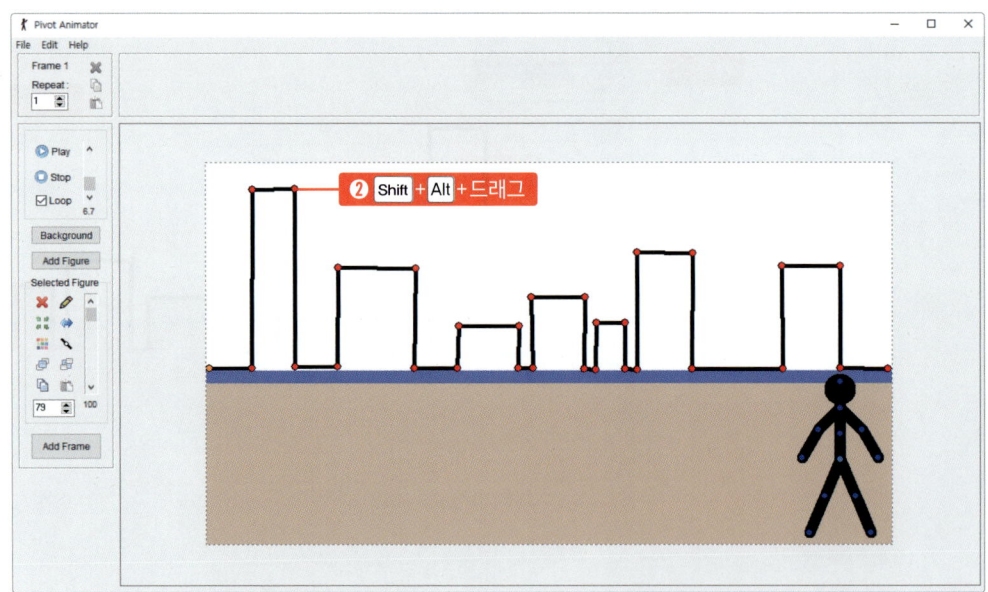

㉑ 완성한 파일을 저장하기 위해 Add Frame 을 클릭하여 '프레임'에 추가한 후 [File]-[Save Animation]을 클릭하여 'piv 파일'로 저장합니다.

뿜뿜! 생각 키우기

미션 1 'Selected Figure' 그룹의 ✏️을 이용하여 별을 만들어 봅니다.

▶ 예제 파일 : 없음 ▶ 완성 파일 : 07_자유완성01.piv

미션 2 'Selected Figure' 그룹의 ✏️을 이용하여 자동차를 만들어 봅니다.

▶ 예제 파일 : 없음 ▶ 완성 파일 : 07_자유완성02.piv

Chapter **08**

팡팡! 뽕망치 선물하기

▶ 예제 파일 : 없음   ▶ 완성 파일 : 08_완성.piv

"피봇에서 제공해 주는 아이템이 이것밖에 없는 거야?"
해람이는 피봇에서 제공되는 외부 개체 목록을 확인하며 말했어요.
"뽕망치는 없나? 스틱맨이 뽕망치를 가지고 놀게 하고 싶은데... 할 수 없지!
내가 직접 뽕망치를 만들어 줘야겠다!"

▶ 완성 애니메이션 파일 : 08_애니메이션.gif

학습목표

- 선을 필요한 만큼 나누어 사용할 수 있습니다.
- 선의 굵기를 변경할 수 있습니다.
- 새로운 개체를 만들 수 있습니다.
- 원점을 제외한 다른 점을 비활성화시킬 수 있습니다.

01 뽕망치 만들기

'선'을 나누고 '굵기'를 조절하여 필요한 개체를 직접 만들어 사용해 봅니다.

① 피봇 아이콘( )을 더블 클릭하여 피봇(Pivot) 프로그램을 실행합니다.

② '뽕망치' 개체를 만들기 위해 'Selected Figure' 그룹에서 을 클릭합니다.

③ [Stick Figure Builder] 창이 나타나면 [File]-[New]를 클릭합니다.

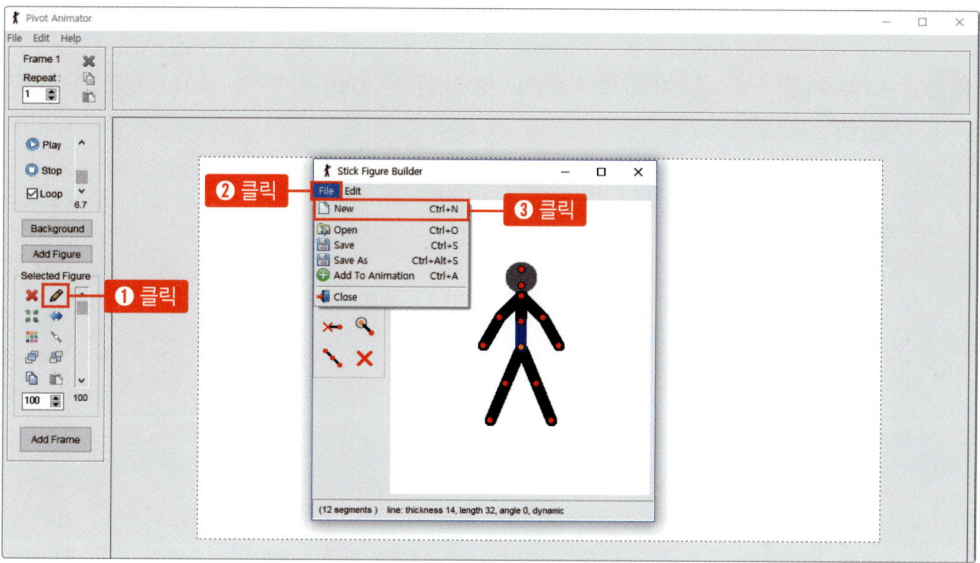

④ '뽕망치'의 손잡이를 만들기 위해 '선'의 '원점'을 아래쪽으로 드래그하여 위치를 이동합니다.

⑤ '선'의 길이를 늘리기 위해 Ctrl 키를 누른 상태로 '선'의 '조절점'을 위쪽으로 드래그합니다.

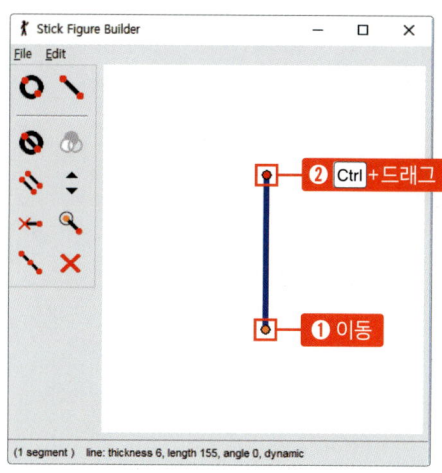

CHAPTER 08 팡팡! 뽕망치 선물하기 **063**

⑥ '뽕망치'의 손잡이 모양을 만들기 위해 를 클릭하여 '선'을 나눕니다.

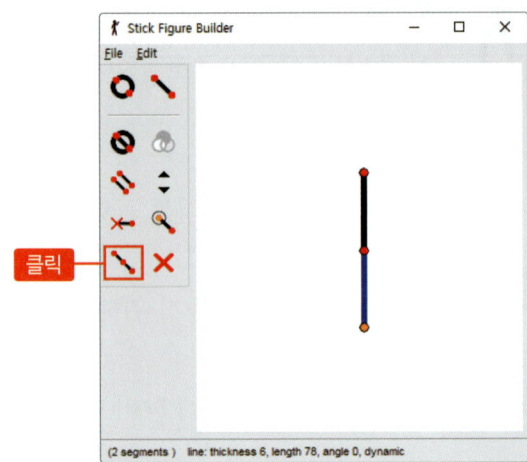

⑦ 나누어진 '선' 중 아래쪽 '선'의 '조절점'을 Ctrl 키를 누른 상태로 아래쪽으로 드래그하여 길이를 줄입니다.

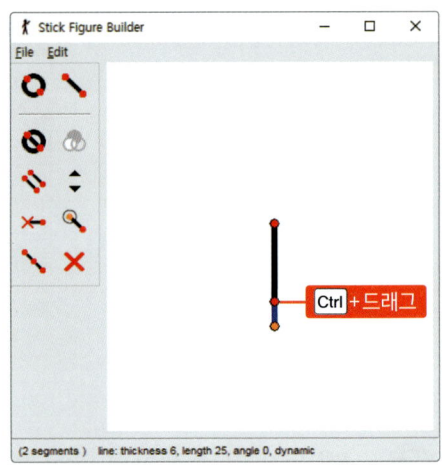

⑧ 손잡이의 굵기를 변경하기 위해 '▲'를 클릭하여 굵기를 두껍게 변경합니다.

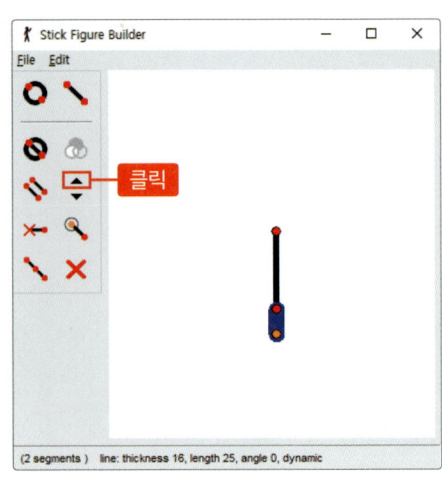

⑨ 나누어진 '선' 중 위쪽 '선'을 선택한 후 '▲'를 클릭하여 아래쪽 선의 굵기보다 두껍게 변경합니다.

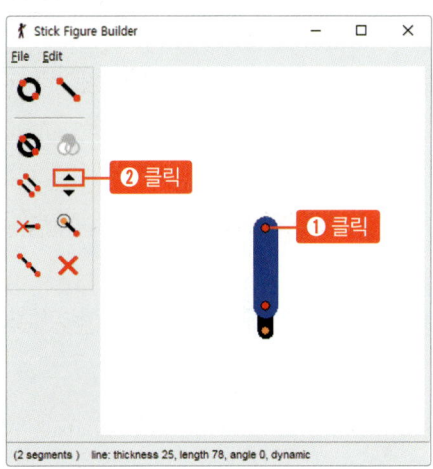

⑩ '뽕망치'의 머리 받침대를 만들기 위해 ✏️를 클릭하여 '선'을 나눕니다.

⑪ 나누어진 '선' 중 위쪽 '선'을 선택한 후 '▲'를 클릭하여 아래쪽 선의 굵기보다 두껍게 변경합니다.

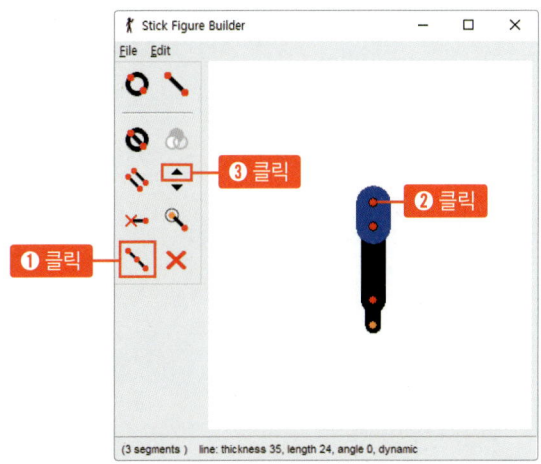

⑫ '뽕망치'의 머리 부분을 만들기 위해 ✏️을 클릭하여 받침대 조절점에서 왼쪽으로 드래그합니다.

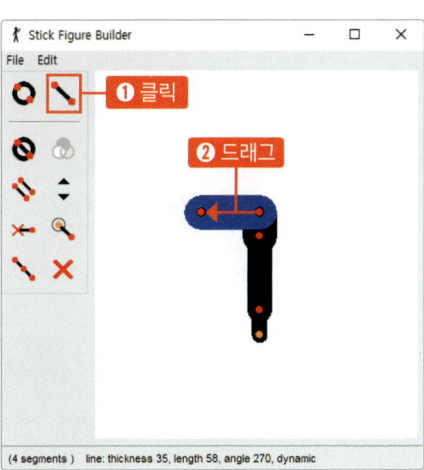

CHAPTER 08 팡팡! 뽕망치 선물하기 **065**

13 '뽕망치'의 반대쪽 머리 부분을 만들기 위해 을 클릭하여 받침대 조절점에서 오른쪽으로 드래그합니다.

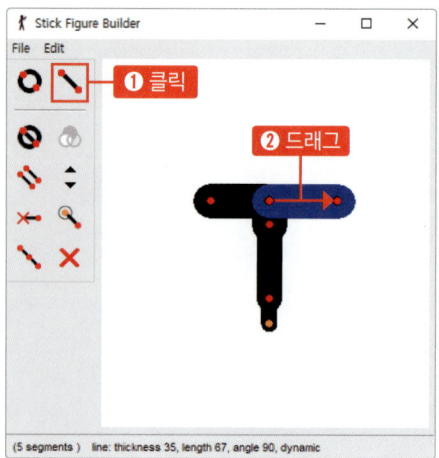

14 '▲'를 클릭하여 '뽕망치' 머리 부분의 '선' 굵기를 두껍게 변경합니다.

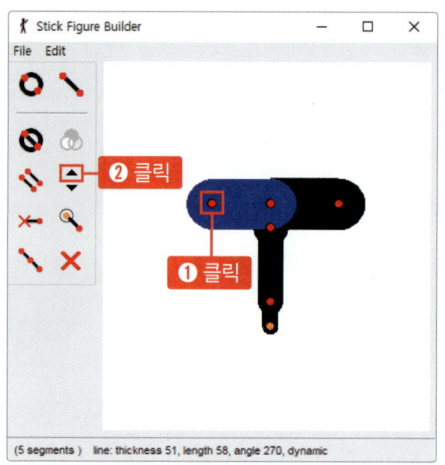

15 Ctrl 키를 누른 상태로 드래그하여 '뽕망치'의 모양을 다듬은 후 '원점'을 제외한 '조절점'은 비활성화하기 위해 '선'을 선택하고 를 클릭하여 '조절점'을 사용하지 못하도록 합니다.

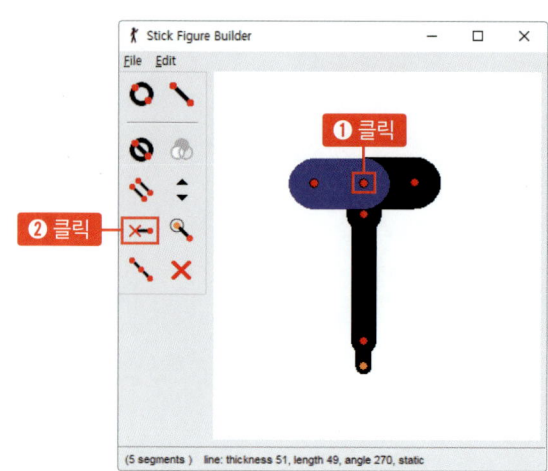

⑯ 다른 '선'들도 ⑮와 같은 방법으로 ▸◂를 클릭하여 '조절점'을 사용하지 못하도록 합니다.

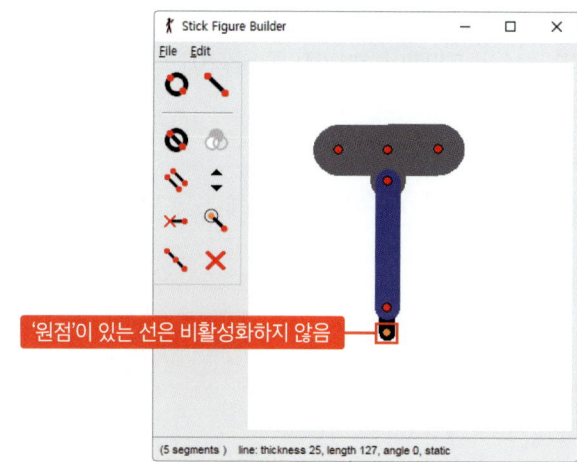

생자소 TIP

회색으로 변한 선은 '캔버스'에서 '조절점'이 사라집니다.

⑰ [File]-[Add To Animation]을 클릭하여 [Figure Name] 창이 나타나면 "뽕망치"를 입력하고 [OK]를 클릭합니다.

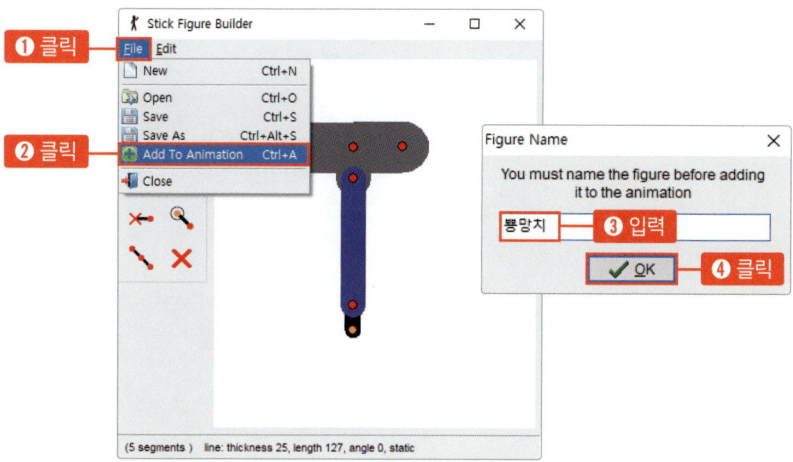

생자소 TIP

'원점'이 있는 '선'은 ▸◂를 클릭하지 않는 이유는 '뽕망치'의 크기를 조절하는 조절점 하나를 남겨 두기 위해서입니다.

CHAPTER 08 팡팡! 뽕망치 선물하기 **067**

02 뽕망치를 바닥에 치는 애니메이션 만들기

'스틱맨'이 '뽕망치'를 바닥에 치는 애니메이션을 완성해 봅니다.

① Shift + Alt 키를 동시에 누른 상태로 '뽕망치'의 '조절점'을 드래그하여 '스틱맨'과 어울리는 크기로 줄입니다.

② '뽕망치'와 '스틱맨'을 연결하기 위해 '뽕망치'를 선택한 후 를 클릭합니다.

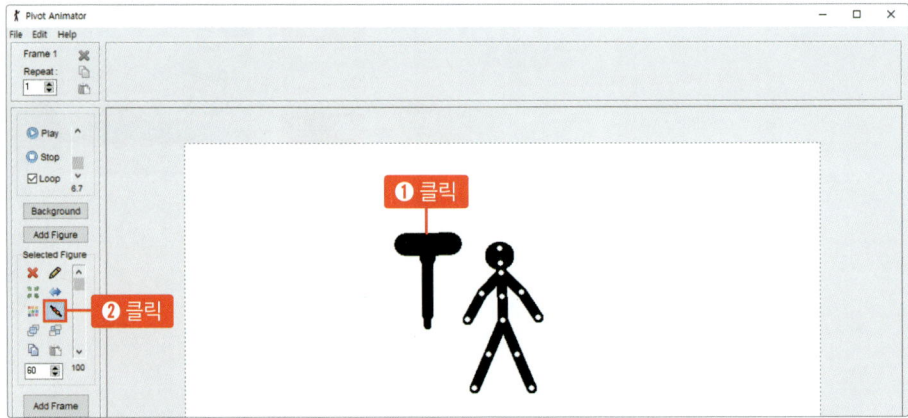

③ '스틱맨'의 '손'을 클릭하여 '스틱맨'이 '뽕망치'를 들고 있는 모습을 표현합니다.

④ Shift + Alt 키를 동시에 누른 상태로 '조절점'을 드래그하여 '스틱맨'의 크기를 키웁니다.

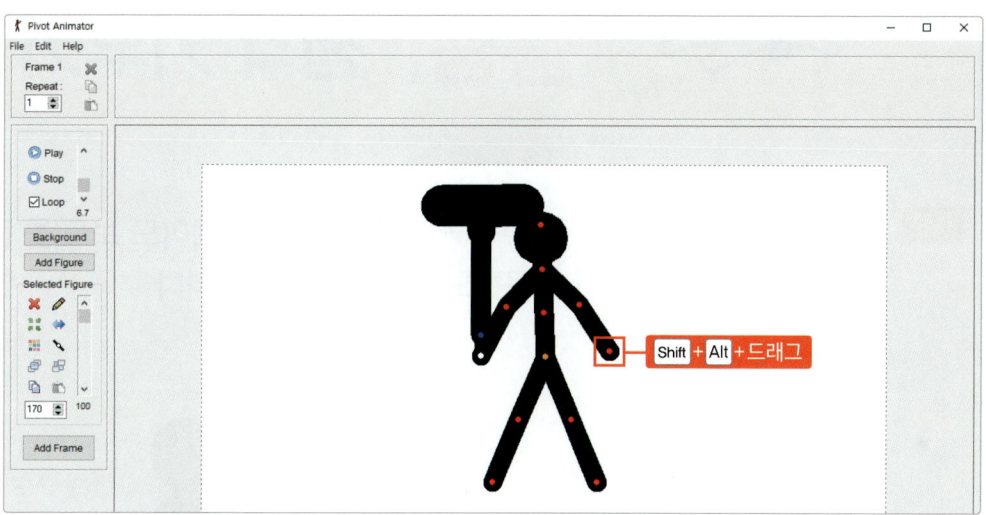

⑤ Add Frame 을 클릭하여 '타임라인'에 '프레임'을 추가하며 '스틱맨'이 '뽕망치'를 바닥에 치는 모습을 표현합니다.

⑥ 완성한 파일은 [File]-[Export Animation]을 클릭하여 'Gif 파일'로 저장합니다.

뿜뿜! 생각 키우기

미션 1   'Selected Figure' 그룹의 ✏️을 사용하여 '스케이드 보드'를 만든 후 '원점'을 제외한 '조절점'을 사용하지 못하도록 비활성화 해봅니다.

▶ 예제 파일 : 없음   ▶ 완성 파일 : 08_자유완성01.piv

미션 2   'Selected Figure' 그룹의 ✏️을 사용하여 '의자'를 만든 후 '원점'을 제외한 '조절점'을 사용하지 못하도록 비활성화 해봅니다.

▶ 예제 파일 : 없음   ▶ 완성 파일 : 08_자유완성02.piv

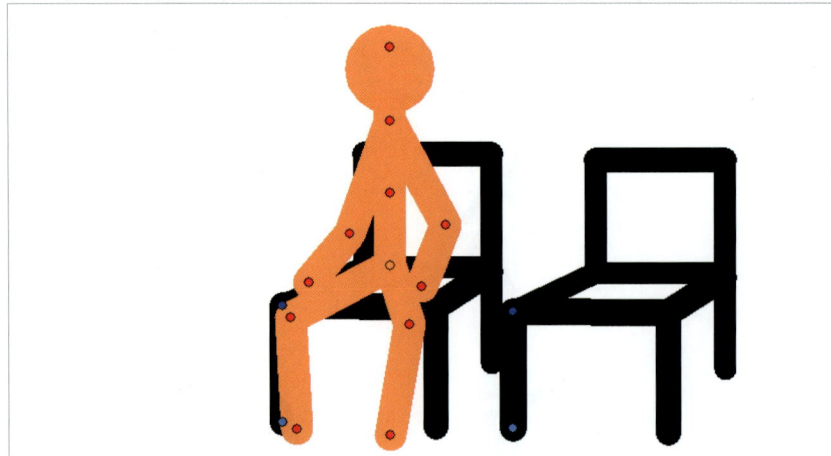

Chapter 09
스틱맨의 덩크슛 플레이

▶ 예제 파일 : 09_예제.piv ▶ 완성 파일 : 09_완성.piv

"오늘은 스틱맨에게 운동을 시켜볼까?"
해람이는 스틱맨에게 어떤 운동을 시키면 좋을지 고민했어요.
"그래! 키가 커야 되니까 농구를 시켜봐야겠다!"
해람이는 농구공과 농구 골대를 만들기 시작했어요. "스틱맨이 좋아하겠지...?"

▶ 완성 애니메이션 파일 : 09_애니메이션.gif

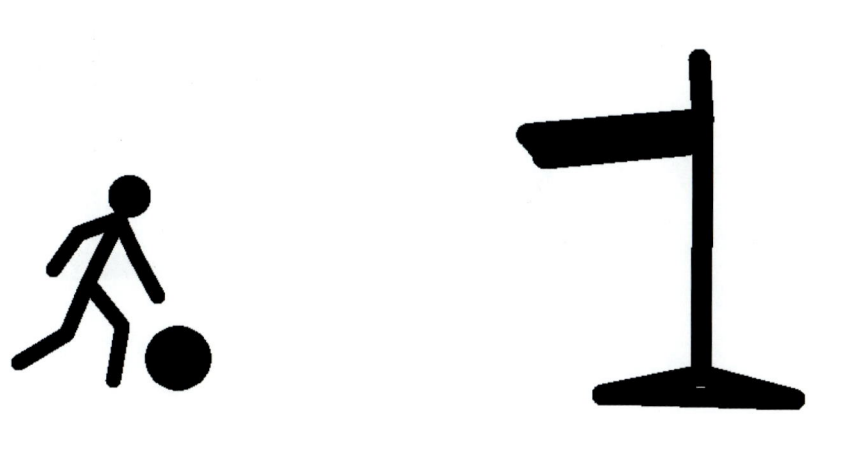

🔍 학습목표

- 개체를 서로 연결할 수 있습니다.
- 프레임을 추가하며 애니메이션을 만들 수 있습니다.

CHAPTER 09 스틱맨의 덩크슛 플레이 **071**

01 드리블하는 스틱맨

'스틱맨'이 농구공을 드리블하는 모습을 표현해 봅니다.

① 피봇 아이콘( )을 더블 클릭하여 피봇(Pivot) 프로그램을 실행한 후 '09_예제.piv'를 불러옵니다.

② '스틱맨'을 드리블하는 포즈로 변경해 봅니다.

③ 변경한 포즈가 변경되지 않도록 Add Frame 을 클릭하여 '프레임'을 '타임라인'에 추가합니다.

④ 기존에 추가되어 있던 'Frame1'을 삭제하기 위해 'Frame1'을 선택한 후 [프레임 컨트롤] 창에서 를 클릭합니다.

⑤ '프레임'을 추가하면서 '스틱맨'이 '농구공'을 드리블하는 모습을 표현해 봅니다.

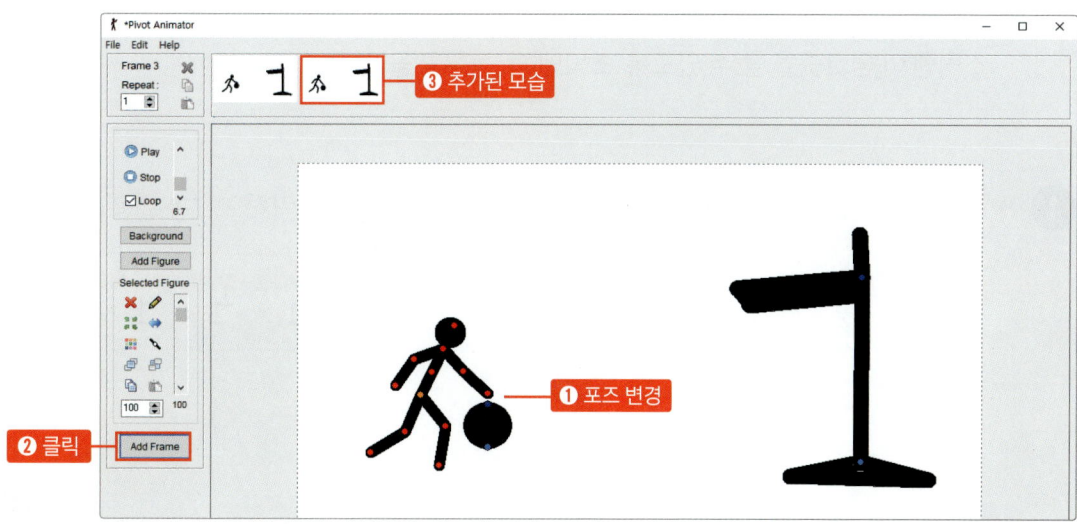

▲ '스틱맨'이 드리블하는 모습

⑥ '스틱맨'이 드리블하는 모습을 반복하기 위해 Shift 키를 누른 상태로 'Frame1'을 클릭한 후 이어서 'Frame8'을 클릭하여 '프레임' 전체를 선택합니다.

⑦ [프레임 컨트롤] 창에서 📋를 클릭한 후 📋를 두 번 클릭하여 같은 '프레임'을 반복시킵니다.

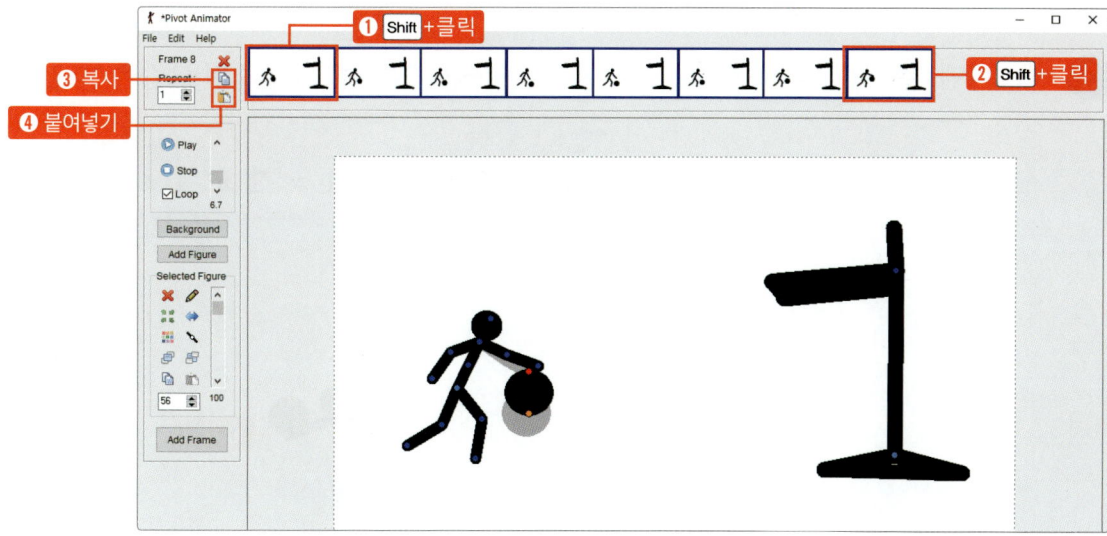

CHAPTER 09 스틱맨의 덩크슛 플레이 **073**

02 스틱맨과 농구공 연결하기

'스틱맨'이 덩크슛을 할 수 있도록 '스틱맨'과 '농구공'을 연결해 봅니다.

① '스틱맨'과 '농구공'을 연결하기 위해 마지막 '프레임'을 클릭하고, '농구공'을 선택합니다.

② 'Selected Figure' 그룹에서 를 클릭합니다.

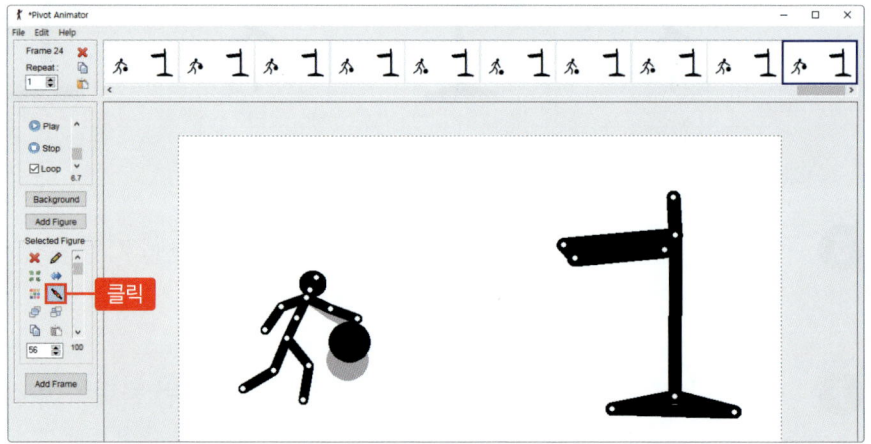

③ '스틱맨' '손' 위치의 '조절점'을 클릭한 후 Add Frame 을 클릭하여 변경된 모습을 '타임라인'에 추가합니다.

03 스틱맨 덩크슛하기

'스틱맨'이 '덩크슛'하는 모습을 표현해 봅니다.

1 '프레임'을 추가하며 '스틱맨'이 '덩크슛'하는 모습을 표현해 봅니다.

'프레임'의 개수는 위 이미지와 상관없이 자유롭게 추가하며 작업해 봅니다.

04 골대에서 떨어지는 농구공

'스틱맨'과 '농구공'의 연결을 해제하여 '골대'를 통과해 바닥으로 떨어지는 '농구공'의 모습을 표현해 봅니다.

① '농구공'을 선택한 후 'Selected Figure' 그룹에서 ![icon]를 클릭하여 연결되어 있는 '농구공'과 '스틱맨'의 연결을 해제합니다.

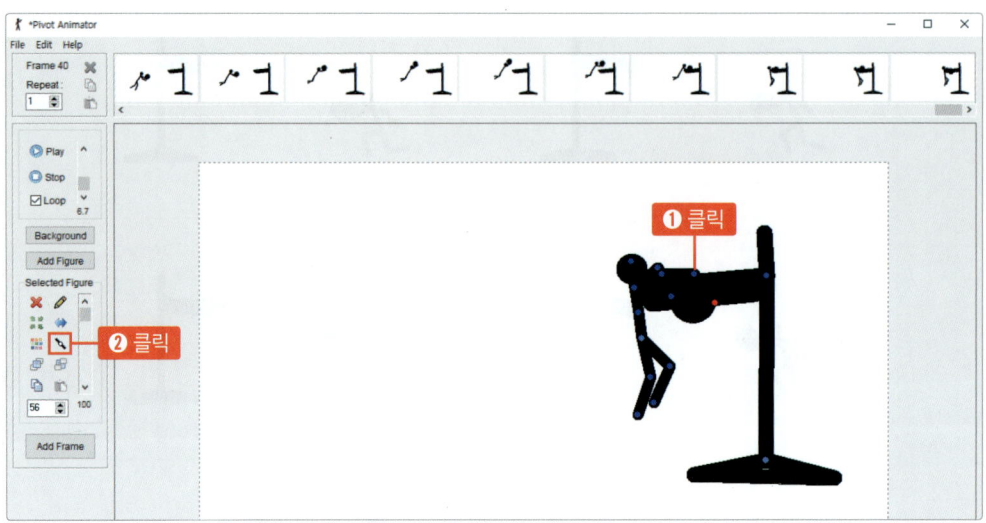

② '프레임'을 추가하며 '농구공'이 바닥으로 떨어지는 모습을 표현해 봅니다.

05 골대에서 내려오는 스틱맨

'덩크슛'을 한 '스틱맨'이 골대에서 바닥으로 내려오는 모습을 표현해 봅니다.

① '농구공'과 '스틱맨'의 연결을 해제한 '프레임'을 찾아 선택합니다.

② '프레임'을 이동하며 '스틱맨'이 골대에서 바닥으로 내려오는 모습을 표현해 봅니다.

③ 완성한 파일은 [File]-[Export Animation]을 클릭하여 'Gif 파일'로 저장합니다.

뿜뿜! 생각 키우기

미션 1 'Selected Figure' 그룹의 ✏️을 사용하여 '역기'를 만든 후 '원점'을 제외한 '조절점'을 사용하지 못하도록 비활성화 해봅니다.

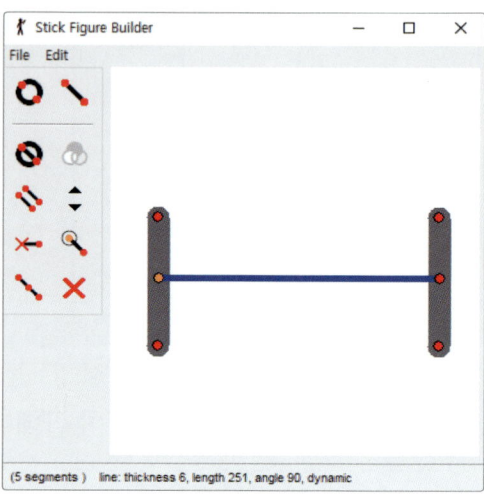

미션 2 '프레임'을 추가하며 '역기'를 드는 '스틱맨'을 표현해 봅니다.

Chapter 10

▶ 예제 파일 : 없음 ▶ 완성 파일 : 10_완성.piv

바닥을 기어다니는 지렁이

신나게 놀고 있는 스틱맨을 구경하던 해람이는 장난끼가 발동했어요.
"바닥에 지렁이가 기어다니게 만들어야지!"
해람이는 원형 개체를 이어 붙여 지렁이를 만들어 바닥을 기어다니도록 했어요.
"아악! 깜짝이야! 이게 뭐야!" 스틱맨은 기어다니는 지렁이를 발견하고 화들짝 놀랐어요.
"크크크" 해람이는 스틱맨 몰래 웃었어요.

▶ 완성 애니메이션 파일 : 10_애니메이션.gif

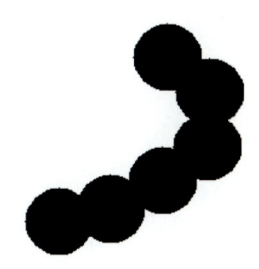

🔍 **학습목표**

● 둥근 모양의 개체를 만들 수 있습니다.
● 관절이 나뉘어 있는 모습의 개체를 만들 수 있습니다.

CHAPTER 10 바닥을 기어다니는 지렁이 **079**

01 지렁이 만들기

'원'을 이용하여 관절이 있는 '지렁이'를 만들어 봅니다.

① 피봇 아이콘( )을 더블 클릭하여 피봇(Pivot) 프로그램을 실행합니다.

② 관절이 있는 '지렁이'를 만들기 위해 'Selected Figure' 그룹의 을 클릭합니다.

③ [Stick Figure Builder] 창이 나타나면 [File]-[New]를 클릭합니다.

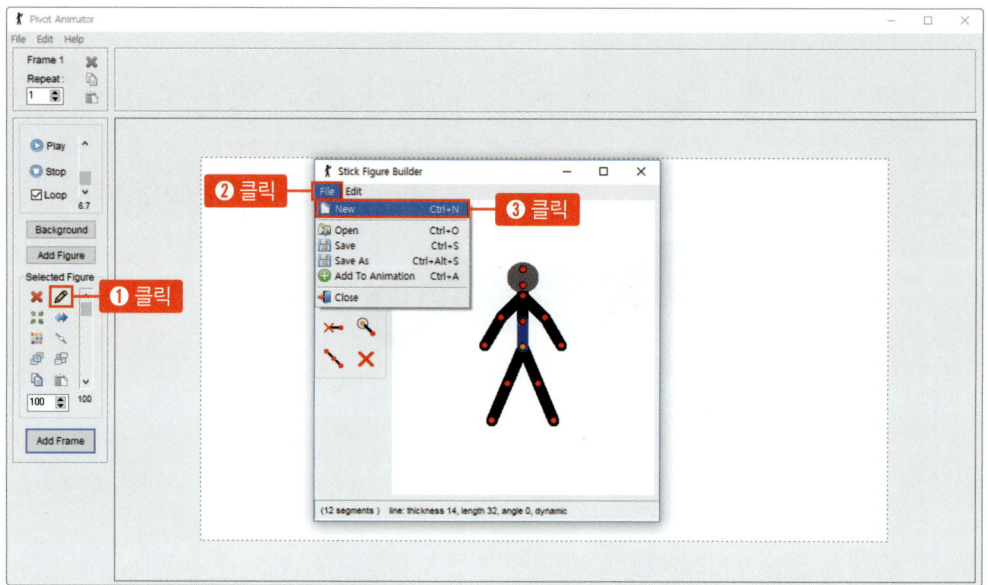

④ '선'을 '원'으로 바꾸기 위해 도구에서 을 클릭합니다.

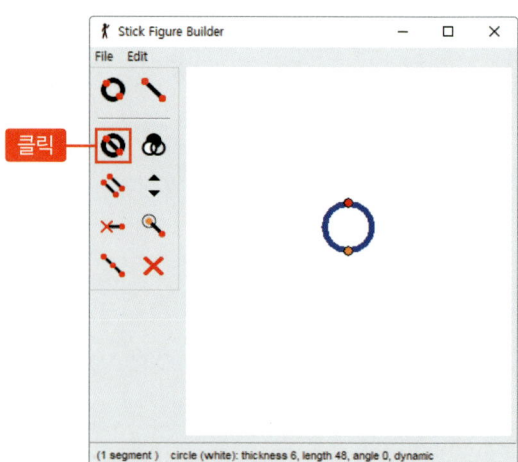

은 '직선'은 '원'으로, '원'은 '직선'으로 바꿔주는 도구입니다.

⑤ '원' 모양에 '색깔'을 채우기 위해 도구에서 ⬤를 클릭합니다.

⑥ '원' 위에 '원'을 하나 더 추가하기 위해 도구에서 ⭕을 클릭합니다.

⑦ '캔버스'에 그려져 있는 '원' 위에서 드래그하여 '원'을 하나 더 그려 넣습니다.

⑧ 추가한 '원' 모양에 '색깔'을 채우기 위해 도구에서 ⬤를 클릭합니다.

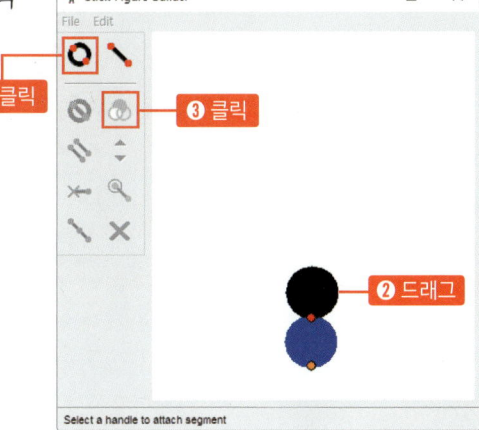

⑨ ⑥~⑧과 같은 방법으로 '지렁이' 모양을 완성해 봅니다.

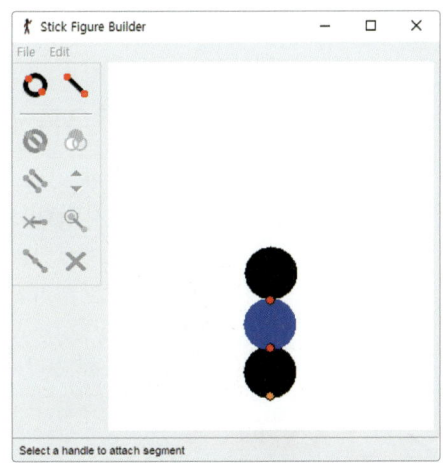 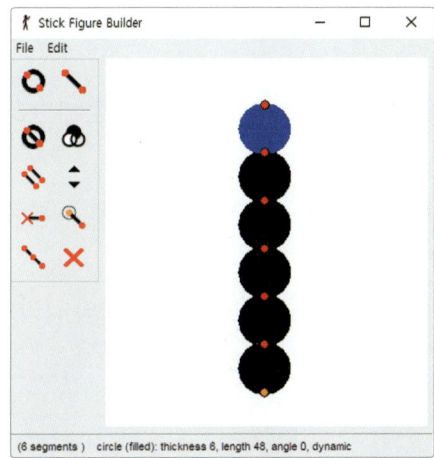

⑩ [File]-[Add To Animation]을 클릭하고 [Figure Name] 창이 나타나면 "지렁이"를 입력한 후 [OK]를 클릭합니다.

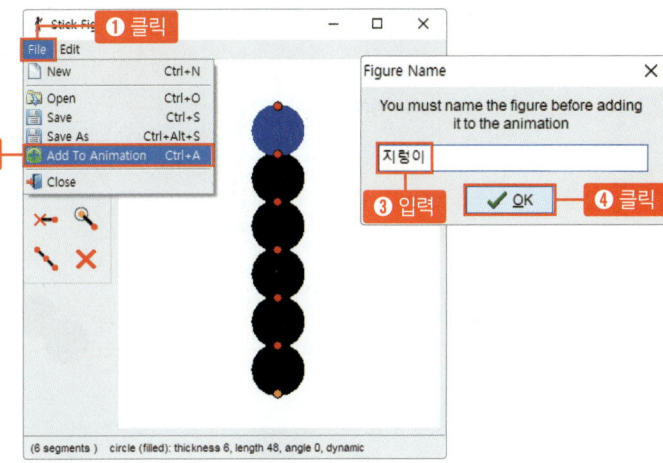

CHAPTER 10 바닥을 기어다니는 지렁이 **081**

02 기어다니는 지렁이 만들기

바닥을 기어다니는 '지렁이'를 표현해 봅니다.

1 불필요한 '스틱맨'을 선택한 후 Delete 키를 눌러 삭제합니다.

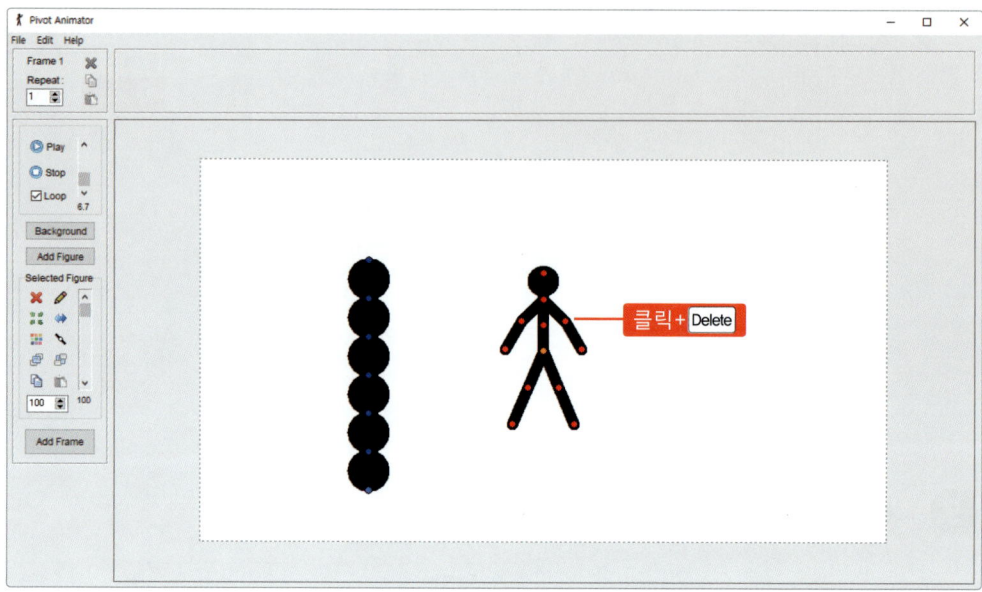

2 '지렁이'의 '원점'을 드래그하여 '지렁이'의 위치를 왼쪽 하단으로 이동시킵니다.

3 Ctrl + Alt 키를 동시에 누른 상태로 '조절점'을 드래그하여 '지렁이'의 방향을 대각선으로 회전시킵니다.

4 Add Frame 을 클릭하여 '타임라인'에 '프레임'을 추가합니다.

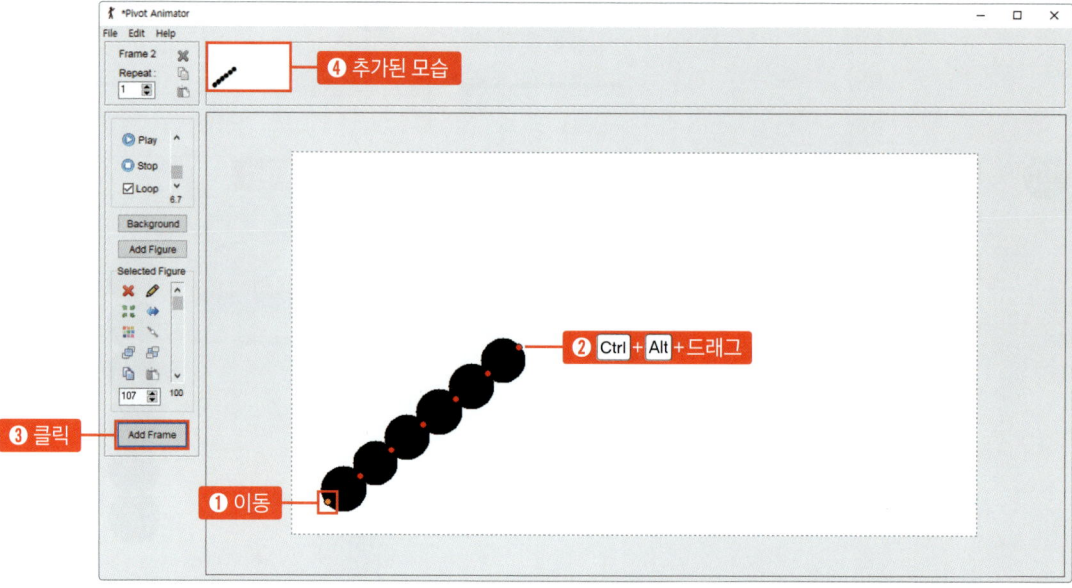

⑤ '지렁이'가 기어가는 모습으로 변경한 후 Add Frame 을 클릭하여 '타임라인'에 '프레임'을 추가합니다.

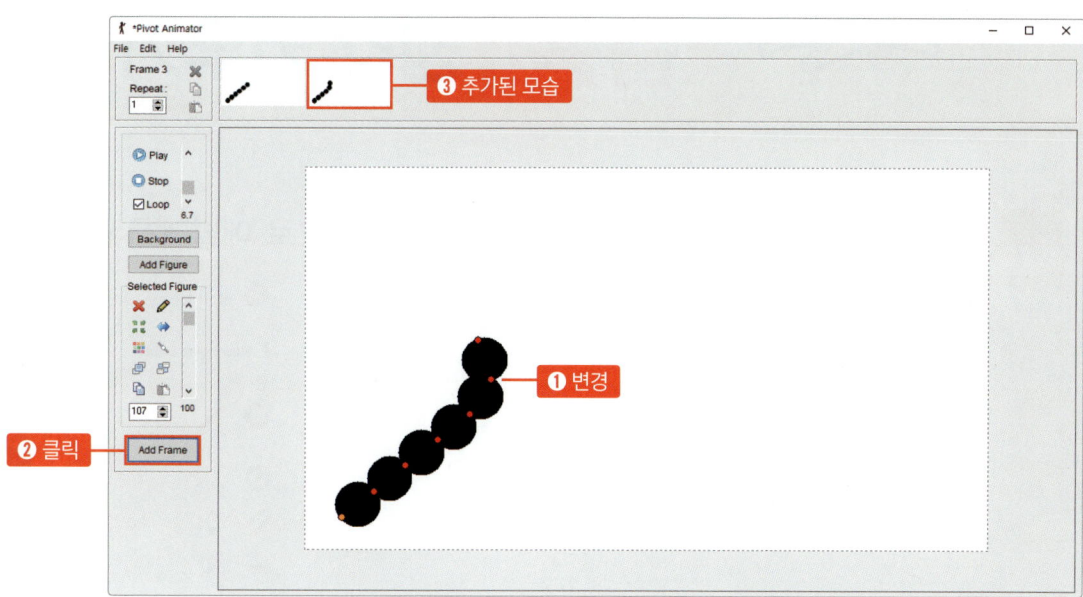

⑥ ⑤와 같은 방법으로 '프레임'을 추가하며 '지렁이'가 기어가는 모습을 표현해 봅니다.

⑦ 완성한 파일은 [File]-[Export Animation]을 클릭하여 'Gif 파일'로 저장합니다.

Chapter 10

뿜뿜! 생각 키우기

미션 1 'Selected Figure' 그룹의 ✏️ 을 클릭하여 '선'으로 '애벌레'를 만들어 봅니다.

▶ 예제 파일 : 없음 ▶ 완성 파일 : 10_자유완성01.piv

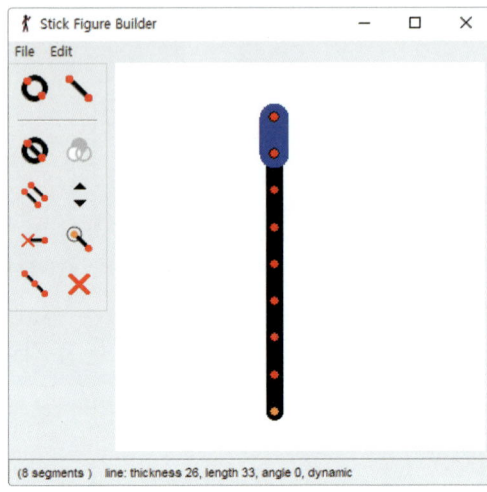

미션 2 '애벌레'가 기어가는 모습을 표현해 봅니다.

▶ 예제 파일 : 10_자유예제02.piv ▶ 완성 파일 : 10_자유완성02.piv

▶ 예제 파일 : 없음　▶ 완성 파일 : 11_완성.piv

비보이가 된 스틱맨

침대에 누워 음악을 듣던 해람이는 자리에서 일어나 컴퓨터를 켰어요.
"오늘은 스틱맨한테 춤을 가르쳐볼까?" 해람이는 캔버스에 스틱맨을 불러와 춤을 가르쳤어요.
"어때? 재미있지?"
"흥이 하나도 안 나! 춤은 군무가 포인트지!"
"어? 혼자가 싫어? 그럼 내가 친구들 불러줄게!"

▶ 완성 애니메이션 파일 : 11_애니메이션.gif

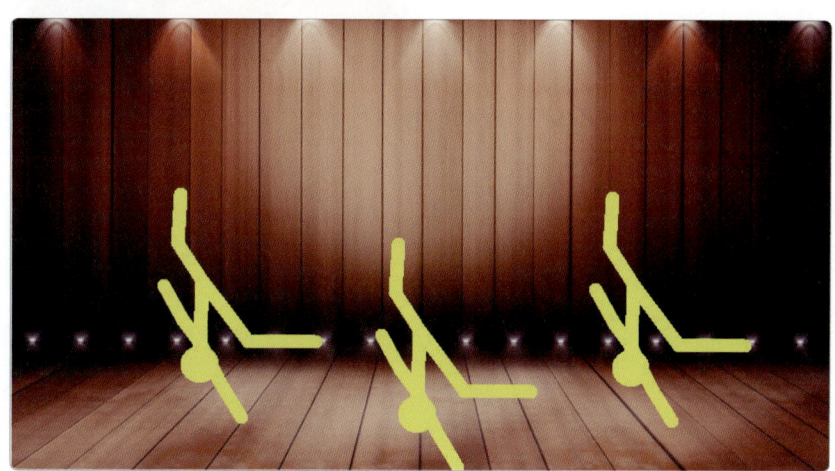

학습목표

- 스틱맨을 복제할 수 있습니다.
- 같은 춤을 추는 스틱맨들을 만들 수 있습니다.

01 무대 불러오기

외부에서 '스틱맨'이 춤을 출 수 있는 무대 배경을 가져옵니다.

① 피봇 아이콘( )을 더블 클릭하여 피봇(Pivot) 프로그램을 실행합니다.

② 프로그램이 실행되면 [File]-[Load Background]를 클릭합니다.

③ [열기] 창이 나타나면 [11강] 폴더에서 '배경' 파일을 선택한 후 [열기]를 클릭합니다.

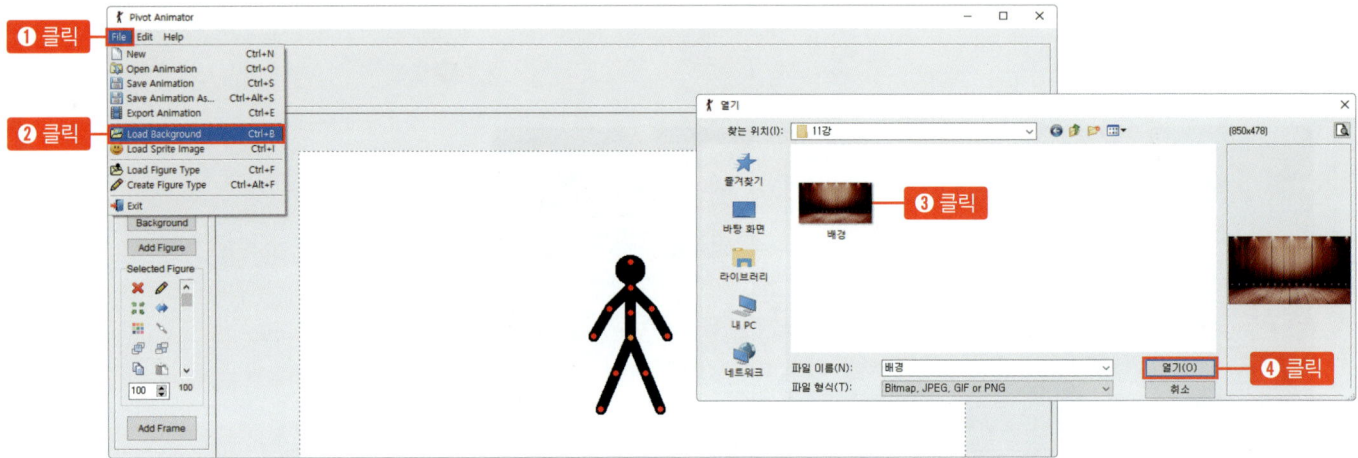

④ '배경' 이미지가 캔버스에 삽입되면 '스틱맨'의 위치를 무대 중앙으로 이동시킵니다.

⑤ 'Selected Figure' 그룹에서 을 클릭하여 '스틱맨'을 원하는 색상으로 변경합니다.

⑥ Add Frame 을 클릭하여 '타임라인'에 변경된 내용의 '프레임'을 추가합니다.

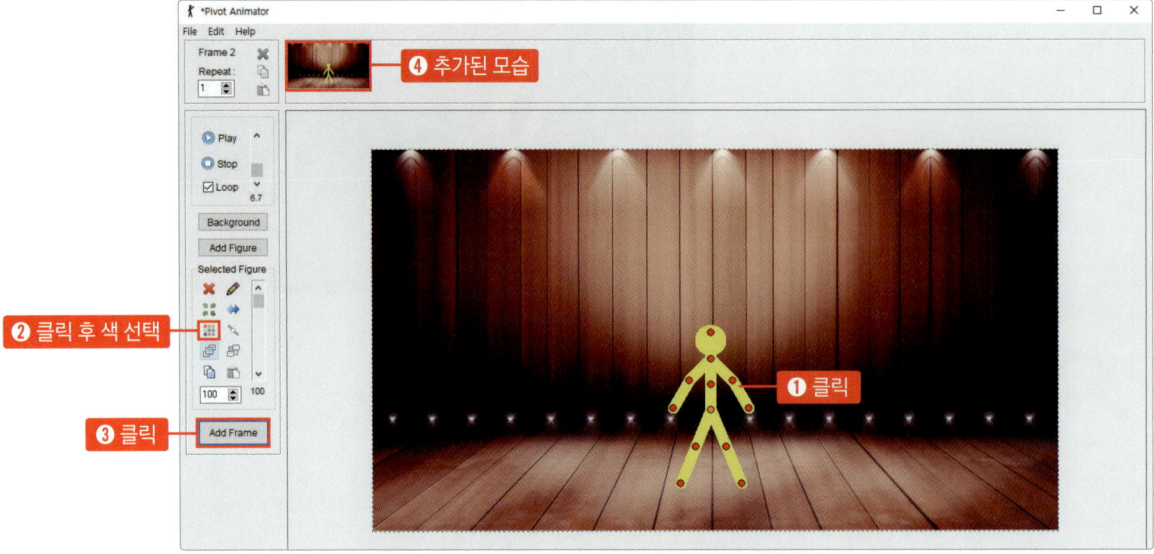

02 헤드스핀 하는 스틱맨

'스틱맨'이 '헤드스핀' 하는 모습을 표현해 봅니다.

1 '스틱맨'이 '헤드스핀'을 할 수 있도록 Ctrl + Alt 키를 동시에 누른 상태로 '조절점'을 드래그하여 '스틱맨'을 회전하여 뒤집습니다.

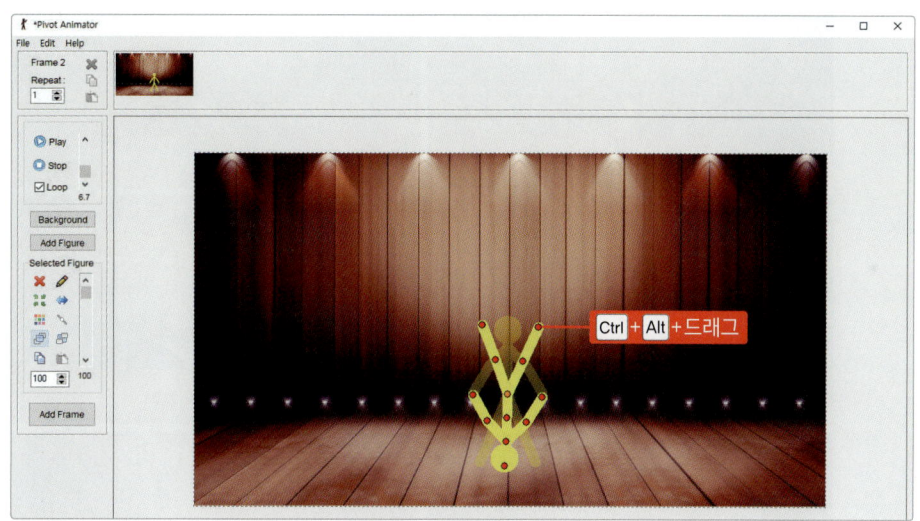

2 '스틱맨'의 모습을 '헤드스핀'을 시작할 때의 모습으로 변경한 후 Add Frame 을 클릭하여 변경한 내용을 '타임라인'에 추가합니다.

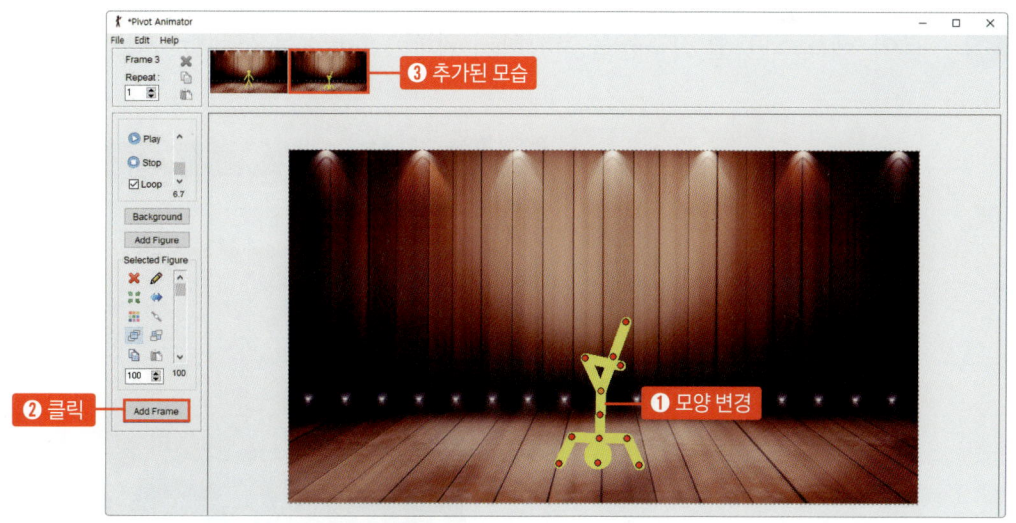

3 처음에 추가된 'Frame1'은 [프레임 컨트롤] 창에서 ❌를 클릭하여 삭제합니다.

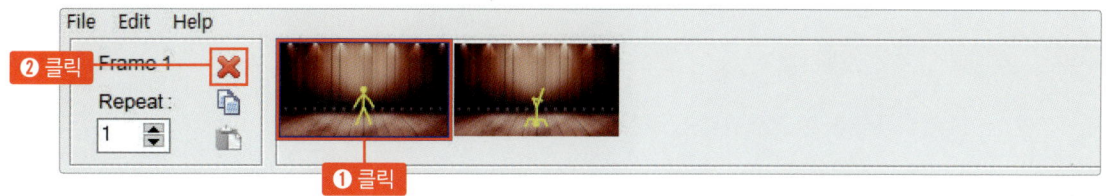

④ '프레임'을 추가하며 '스틱맨'이 '헤드스핀'을 하는 모습을 표현해 봅니다.

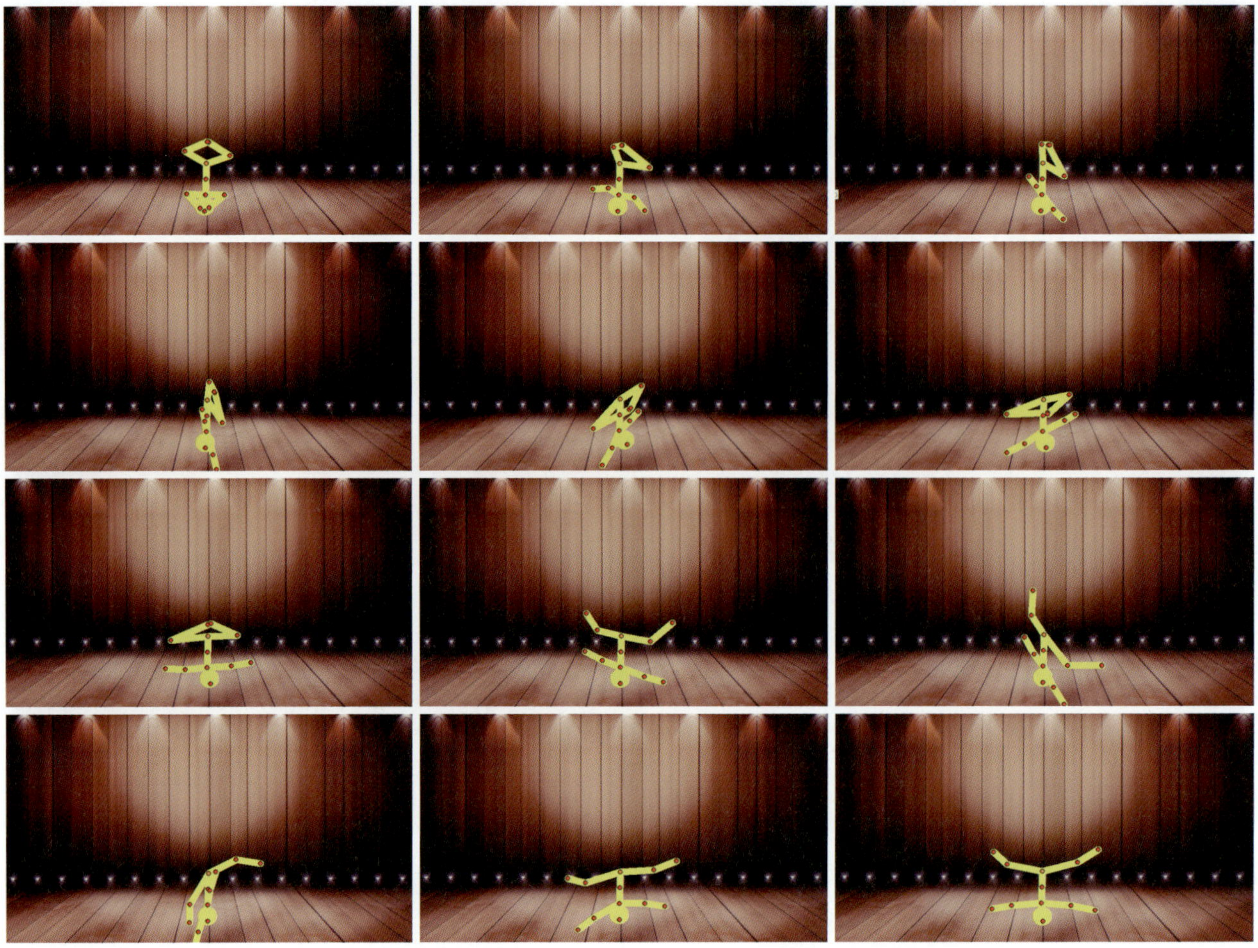

⑤ 같이 '헤드스핀' 할 친구들을 추가하기 위해 'Frame1'을 선택합니다.

03 동료 스틱맨 추가하기

'스틱맨'과 함께 춤을 추는 '동료 스틱맨'을 추가해 봅니다.

① 똑같은 춤을 추는 '스틱맨'을 추가하기 위해 '스틱맨'을 선택한 후 Ctrl + C 키를 눌러 개체를 복사한 후 Ctrl + V 키를 눌러 복사한 '스틱맨'을 붙여 넣습니다.

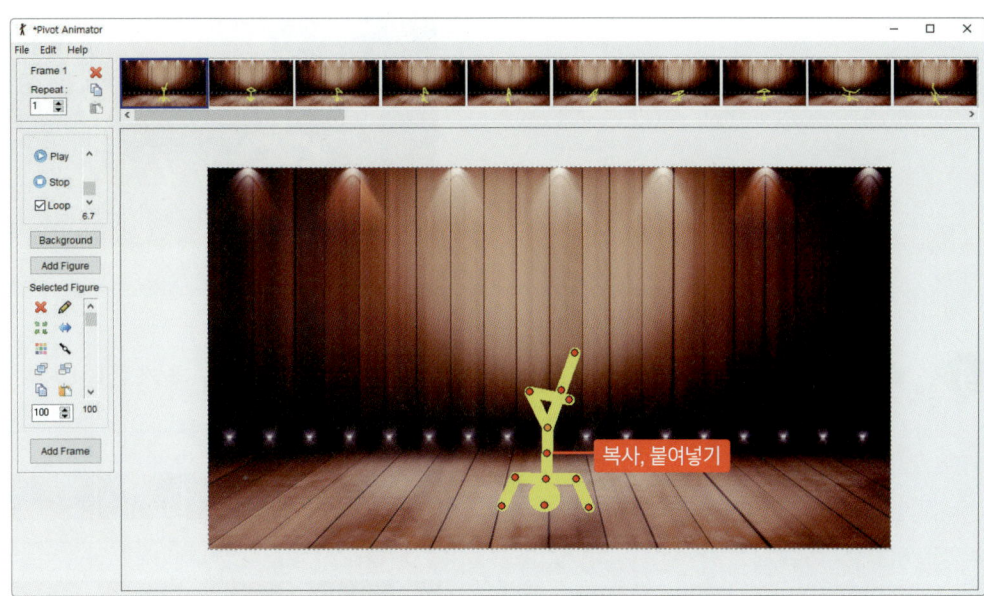

 체크
'스틱맨'이 복사되면 개체가 겹쳐 있어 한 개체로 보입니다.

② 복사한 '스틱맨'의 '원점'을 왼쪽으로 드래그하여 위치를 이동시킵니다.

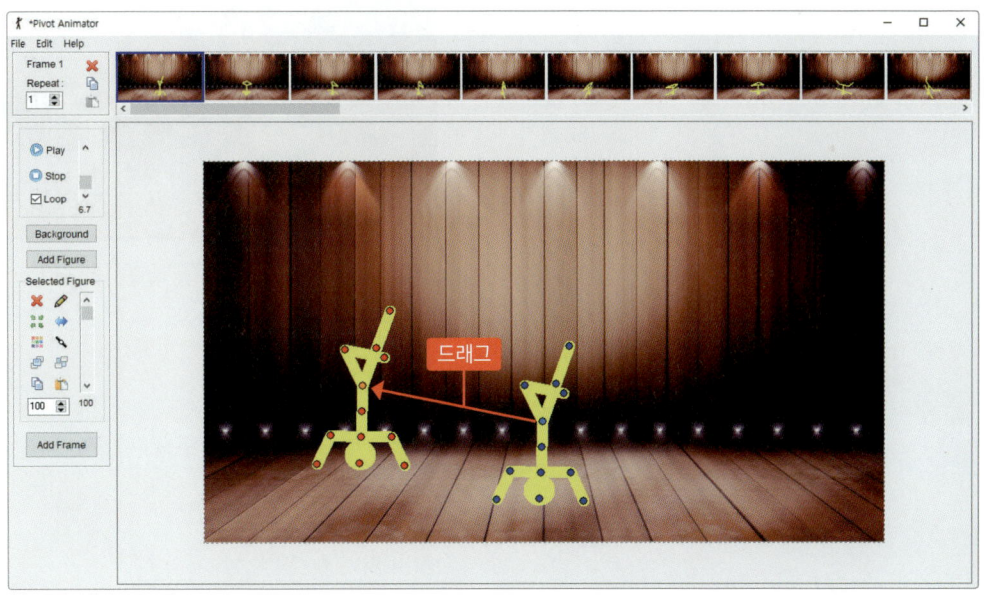

③ ❶, ❷와 같은 방법으로 오른쪽에도 같은 '스틱맨'을 복사하여 추가합니다.

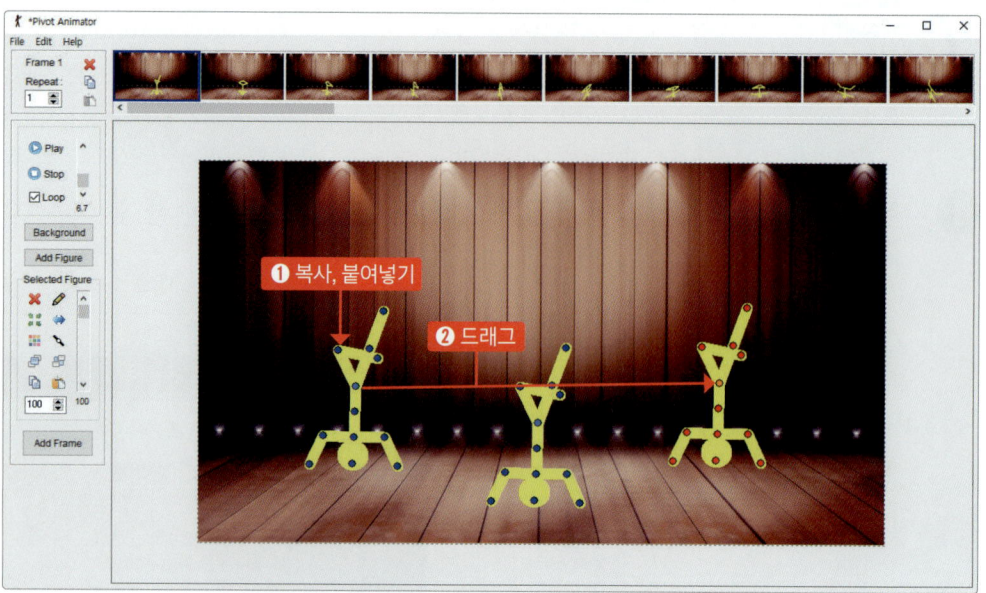

④ ❶~❸의 과정을 반복하여 모든 '프레임'에 '동료 스틱맨'을 추가합니다.

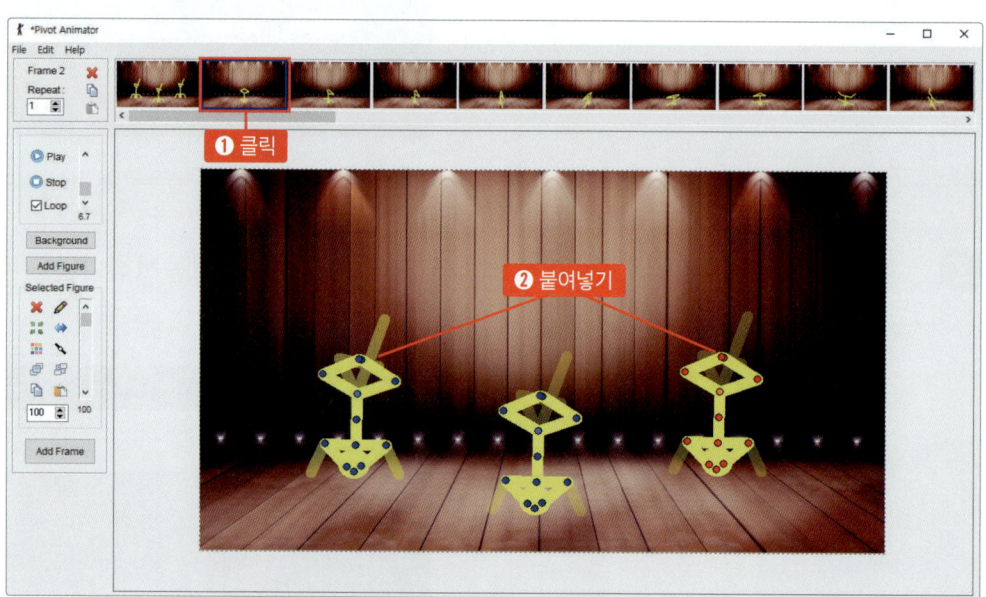

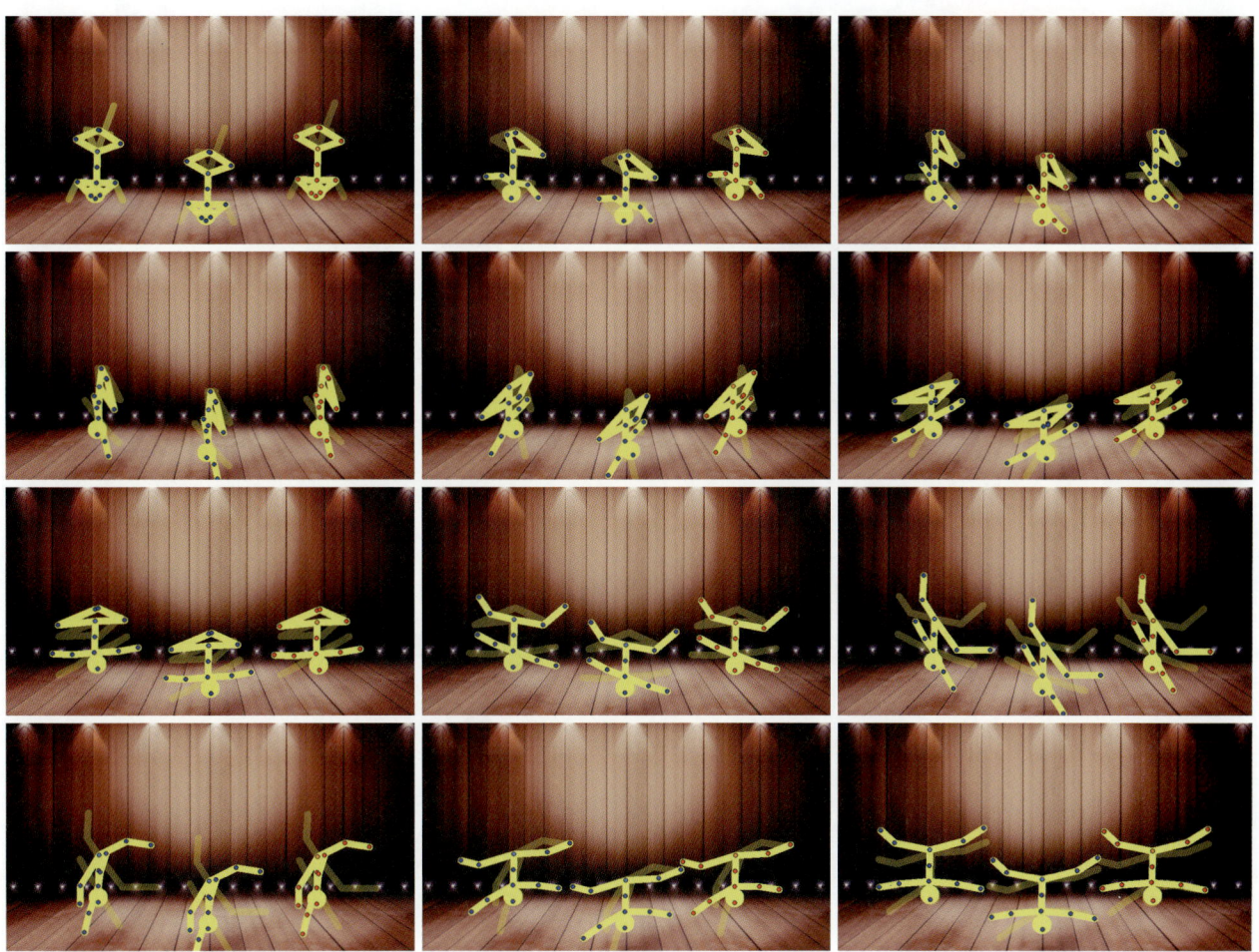

▲ '동료 스틱맨' 추가된 모습

5. 완성한 파일은 [File]-[Export Animation]을 클릭하여 'Gif 파일'로 저장합니다.

뿜뿜! 생각 키우기

미션 1 '박수'를 치는 '스틱맨'을 표현해 봅니다.

▶ 예제 파일 : 없음   ▶ 완성 파일 : 11_자유완성01.piv

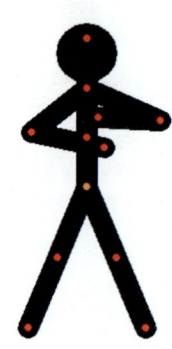

미션 2 '동료 스틱맨'을 추가하여 여러 명의 '스틱맨'이 '박수'를 치는 모습을 표현해 봅니다.

▶ 예제 파일 : 11_자유예제02.piv   ▶ 완성 파일 : 11_자유완성02.piv

Chapter 12

풀숲을 기어가는 거미

▶ 예제 파일 : 12_예제.piv   ▶ 완성 파일 : 12_완성.piv

해람이는 인터넷에서 다양한 사진들을 검색하고 있었어요.
"여기에는 뭘 키우면 어울릴까?" 해람이는 낙엽이 떨어진 풀숲 사진을 보고 생각했어요.
"아! 거미! 그래 풀숲이니까 거미를 만들어 줘야겠다!"
해람이는 피봇을 이용하여 열심히 거미 한 마리를 그렸어요.
"아, 됐다! 이제 거미가 기어가도록 만들어야지!"

▶ 완성 애니메이션 파일 : 12_애니메이션.gif

학습목표

- 'Repeat' 기능을 이용하여 장면을 반복시킵니다.
- 장면을 반복시켜 장면을 멈춘 듯한 효과를 낼 수 있습니다.

01 거미줄 만들기

'거미'가 '풀숲'을 기어다니면 '거미줄'이 나타나도록 거미줄을 만들어 봅니다.

① 피봇 아이콘( )을 더블 클릭하여 피봇(Pivot) 프로그램을 실행한 후 '12_예제.piv'를 불러옵니다.

② '거미줄'을 만들기 위해 'Selected Figure' 그룹에서 을 클릭합니다.

③ [Stick Figure Builder] 창이 나타나면 [File]-[New]를 클릭합니다.

④ 긴 거미줄을 만들기 위해 '원점'을 아래쪽으로 드래그하여 이동시킨 후 Ctrl 키를 누른 상태로 '조절점'을 드래그하여 '선'을 늘립니다.

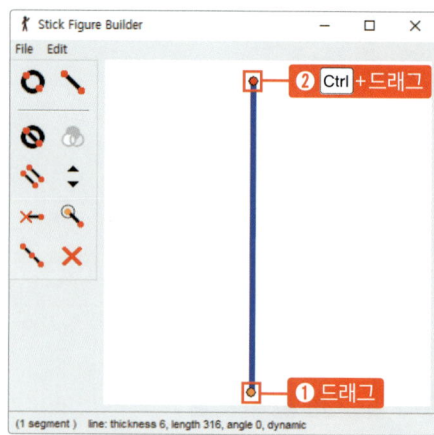

⑤ '거미줄'을 나누기 위해 도구에서 ⬚를 클릭하여 '선'을 여러 개로 나눕니다.

> 선은 자유롭게 나눠 봅니다.

⑥ 완성한 '거미줄'을 저장하기 위해 [File]-[Add To Animation]을 클릭합니다.

⑦ [Figure Name] 창이 나타나면 "거미줄"을 입력한 후 [OK]를 클릭합니다.

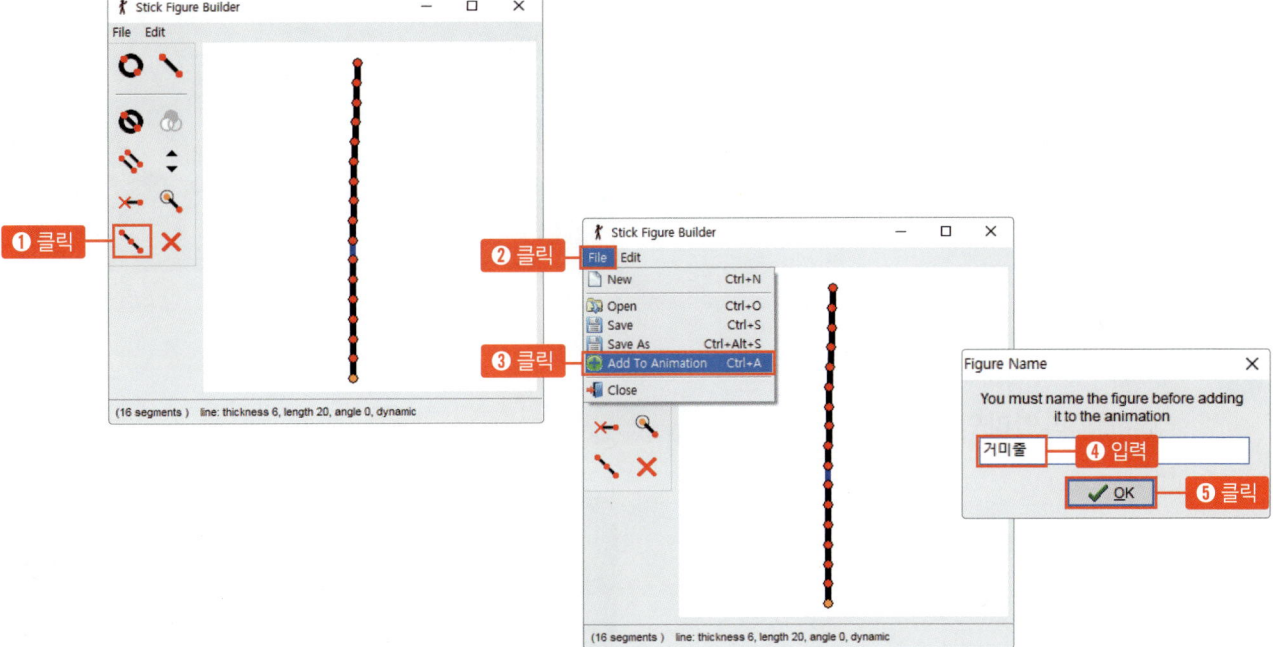

⑧ '거미줄'을 선택한 후 'Selected Figure' 그룹에서 ⬚를 클릭하고 '거미'의 몸통 끝 '조절점'을 클릭하여 '거미줄'과 '거미'를 연결합니다.

CHAPTER 12 풀숲을 기어가는 거미

02 거미 움직임 만들기

'거미'가 '풀숲'을 기어다니면 '거미줄'도 따라 움직일 수 있도록 표현해 봅니다.

① '거미줄'을 선택하고 Ctrl + Alt 키를 누른 상태로 왼쪽 하단으로 드래그하여 '거미줄'을 '거미' 뒷부분으로 내립니다.

② Add Frame 을 클릭하여 변경된 '프레임'을 '타임라인'에 추가합니다.

③ 불필요한 'Frame1'을 삭제하기 위해 'Frame1'을 선택한 후 [프레임 컨트롤] 창에서 ❌를 클릭합니다.

④ '프레임'을 추가하며 '거미'와 '거미줄'의 모양을 변경하여 '거미'가 '풀숲'을 돌아다니는 모습을 표현해 봅니다.

⑤ '거미'가 이동하다가 중간에 멈추는 효과를 내기 위해 'Frame4'를 선택한 후 [프레임 컨트롤] 창에서 'Repeat'를 '1'에서 '10'으로 변경해 봅니다.

⑥ 이어서 Add Frame 을 클릭하여 변경된 'Repeat'를 '프레임'에 적용합니다.

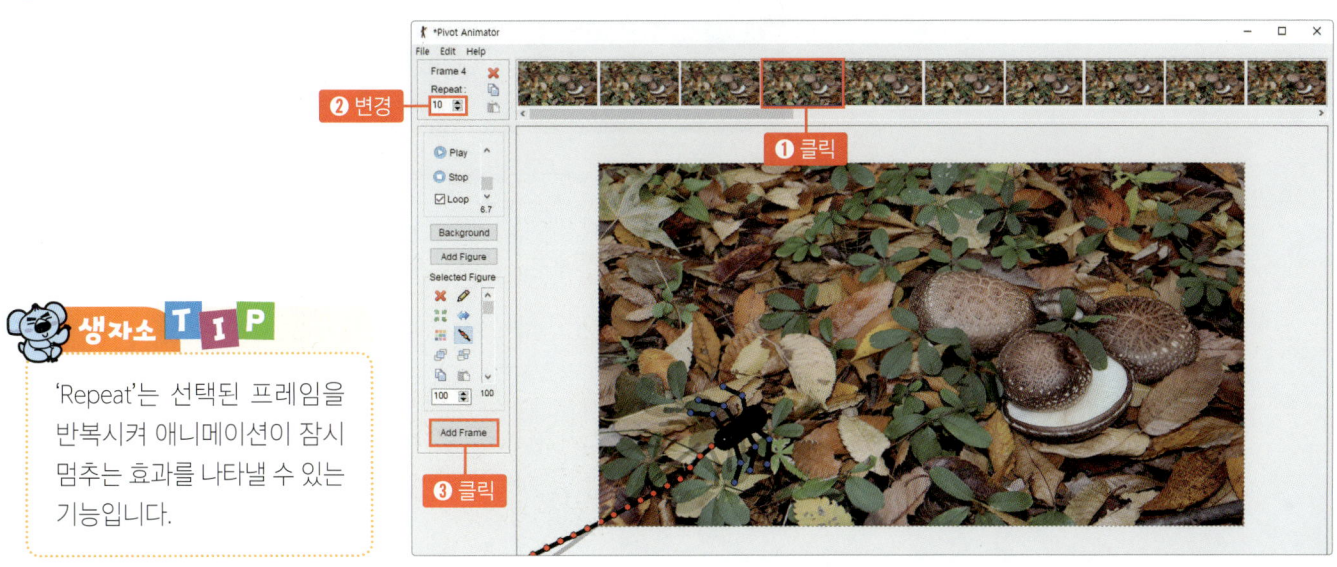

생자소 TIP

'Repeat'는 선택된 프레임을 반복시켜 애니메이션이 잠시 멈추는 효과를 나타낼 수 있는 기능입니다.

CHAPTER 12 풀숲을 기어가는 거미 **097**

⑦ `▶ Play`를 클릭하여 애니메이션을 실행시킨 후 애니메이션이 잠시 멈춰지는 부분이 있는지 확인해 봅니다.

⑧ 다른 '프레임'에도 'Repeat'를 적용하여 '거미'가 기어가다가 잠시 멈추는 모습을 표현해 봅니다.

⑨ 완성한 파일은 [File]-[Export Animation]을 클릭하여 'Gif 파일'로 저장합니다.

뿜뿜! 생각 키우기

미션 1 외부 개체 'LOVE'를 불러와 캔버스에 배치해 봅니다.

▶ 예제 파일 : L, O, V, E.stk   ▶ 완성 파일 : 12_자유완성01.piv

미션 2 'Repeat' 기능을 이용하여 'LOVE'의 색상이 천천히 변경되는 애니메이션을 완성해 봅니다.

▶ 예제 파일 : 12_자유예제02.piv   ▶ 완성 파일 : 12_자유완성02.piv

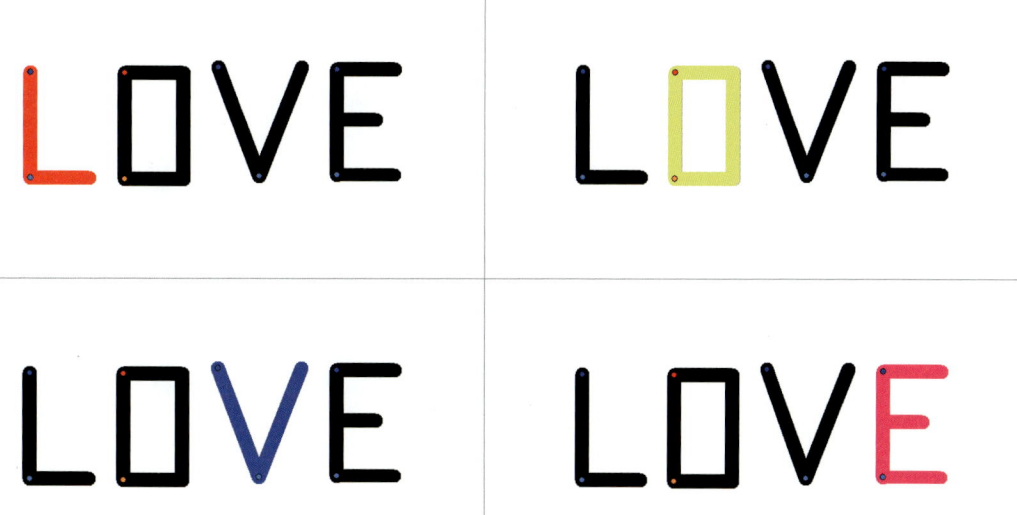

Chapter 13

펭수가 사는 빙하 나라!

▶ 예제 파일 : 13_새 이미지.png   ▶ 완성 파일 : 13_새 이미지(완성).png

"꺄악! 너무 귀여워! 펭하!" 해람이는 유튜브를 보다가 자이언트 펭TV 채널을 우연히 발견하고, 하루 종일 펭수 영상을 보고 있었어요.
"너무 귀엽잖아!!" 펭수에 푹 빠져서 영상을 보던 해람이는 침대에서 일어나며 말했어요.
"나도 스틱맨을 펭수로 만들어야겠다. 그럼 우선 빙하를 그려야겠지?"

학습목표

- 그림판을 이용하여 배경을 그릴 수 있습니다.
- 그린 배경을 피봇 배경에 추가할 수 있습니다.
- 피봇 파일을 저장할 수 있습니다.

01 그림판에 배경 그리기

배경을 그리기 위해 그림판을 실행합니다.

① 바탕화면에서 [] - [windows 보조프로그램] - [그림판]을 클릭합니다.

② 그림판이 실행되면 [파일]-[열기]를 클릭하고 [예제 파일]-[13강] 폴더에서 '13_새 이미지.png'를 불러옵니다.

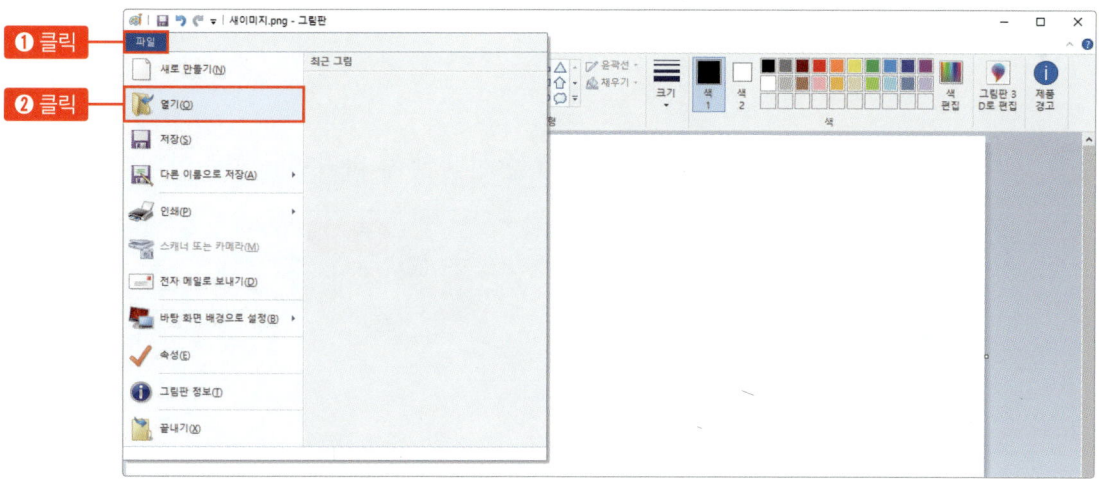

③ '펭수'가 사는 '빙하'를 그리기 위해 🖌를 클릭합니다.

④ 이어서 색에서 '하늘색( )'을 선택한 후 브러시 크기를 '8px'로 선택합니다.

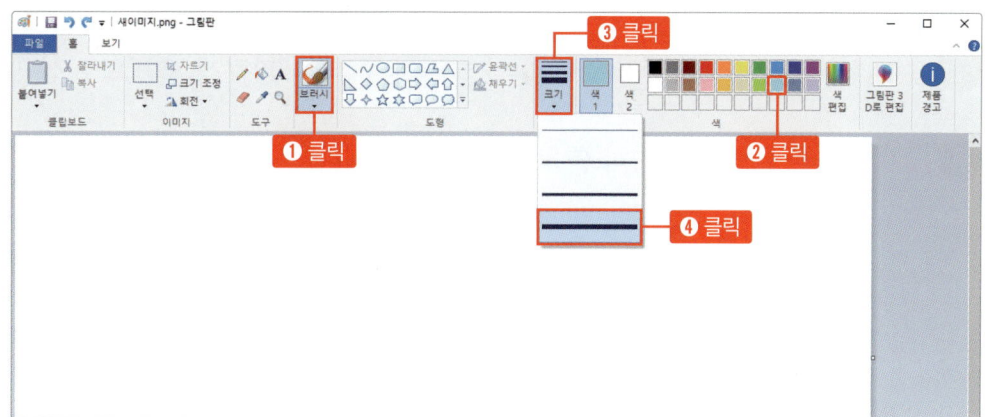

 생자소 TIP

그림판에서 색을 선택할 땐 전경색과 배경색을 따로 선택할 수 있습니다.
- **색1[전경색]** : 마우스 왼쪽 버튼으로 그림을 그릴 수 있습니다.
- **색2[배경색]** : 마우스 오른쪽 버튼으로 그림을 그릴 수 있습니다.

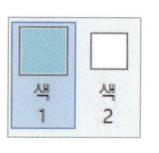

⑤ 캔버스에서 마우스 왼쪽 버튼을 클릭하여 '빙하'의 바닥면을 그립니다.

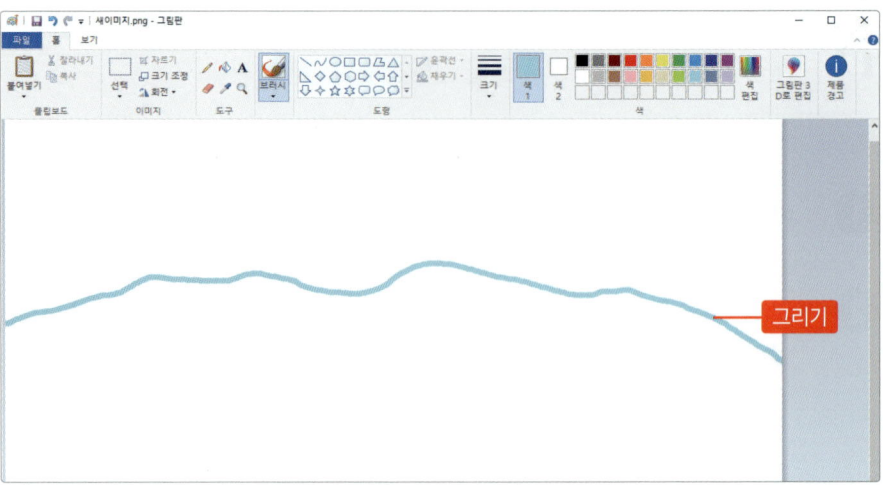

⑥ 바닥면을 색칠하기 위해 '페인트통( )'을 선택한 후 바닥면을 클릭합니다.

⑦ '빙하'를 3D로 표현하기 위해 를 클릭한 후 색을 '파란색( )'으로 선택합니다.

⑧ 마우스를 클릭하여 '빙하'를 3D로 표현해 봅니다.

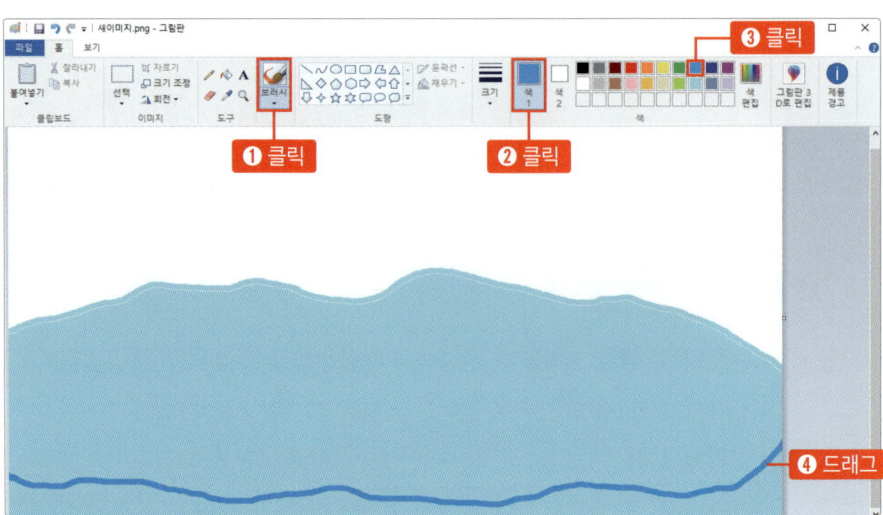

⑨ 이어서 '페인트통( )'을 선택한 후 '파란색 선' 아래쪽을 클릭합니다.

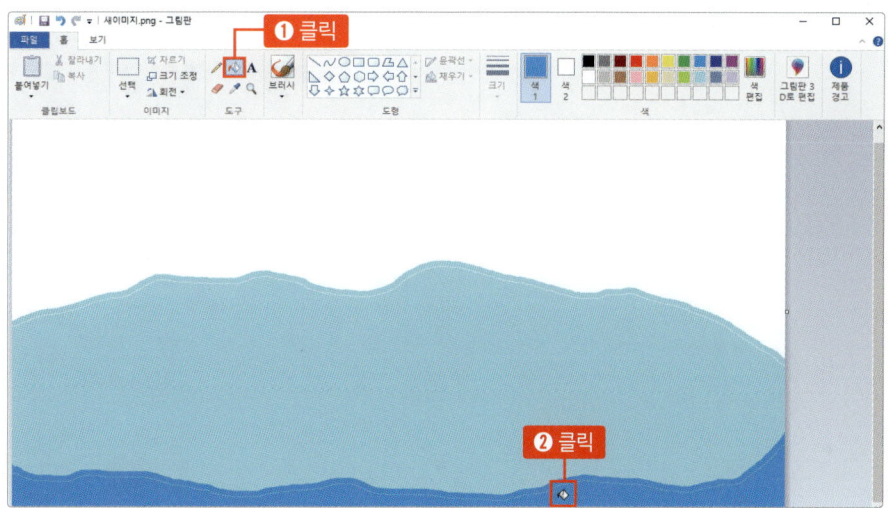

⑩ '빙하' 아래쪽에 얼음 느낌을 표현하기 위해 다시 를 클릭한 후 브러시의 색상과 크기를 자유롭게 선택하여 '빙하'의 옆면을 꾸며 봅니다.

⑪ 이어서 '빙하' 바닥면이 갈라진 모습을 표현해 봅니다.

CHAPTER 13 펭수가 사는 빙하 나라! **103**

⑫ 바다에 떠 있는 다른 '빙하'도 만들기 위해 🌈을 클릭하여 연한 하늘색을 선택하고 [확인]을 클릭합니다.

⑬ 이어서 '페인트통(🪣)'을 클릭한 후 캔버스 흰색 부분을 클릭합니다.

⑭ ④~⑪의 과정을 반복하여 하늘에 떠 있는 다른 '빙하'들도 그려 봅니다.

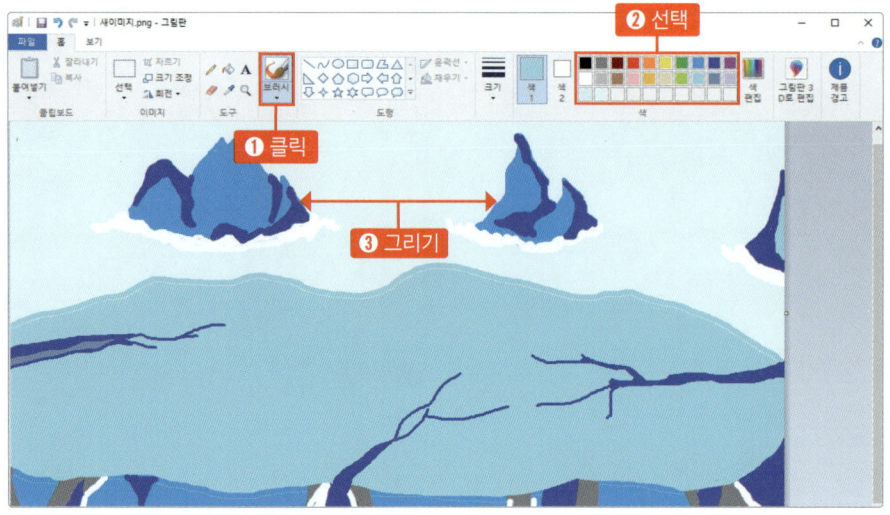

02 피봇에 배경 추가하기

그림판으로 그린 그림을 피봇 배경에 추가합니다.

① 완성한 그림을 저장하기 위해 [파일]-[다른 이름으로 저장]-[PNG 그림]을 클릭합니다.

② [다른 이름으로 저장] 창이 나타나면 저장 위치와 이름을 입력한 후 [저장]을 클릭합니다.

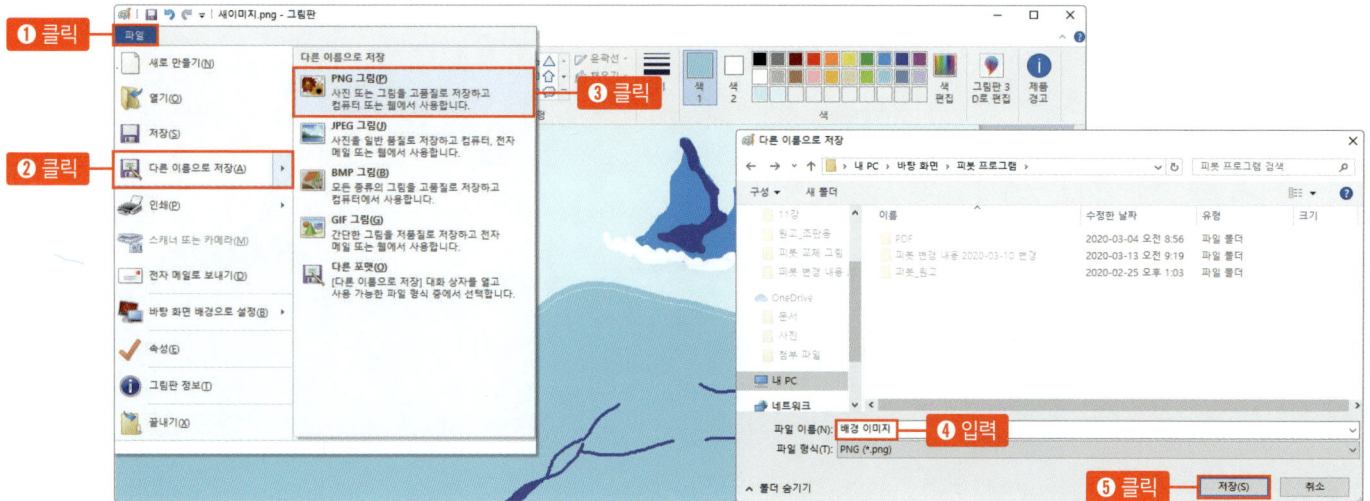

③ 피봇(Pivot) 프로그램을 실행한 후 [File]-[Load Background]를 클릭하여 저장한 '배경 이미지' 파일을 불러옵니다.

④ 삽입한 배경을 '프레임'에 추가하기 위해 Add Frame 을 클릭합니다.

⑤ 완성한 파일은 [File]-[Save Animation AS]을 클릭하여 원하는 위치에 '13_완성.piv' 파일로 저장합니다.

CHAPTER 13 펭수가 사는 빙하 나라! **105**

13 Chapter

뿜뿜! 생각 키우기

▶ 예제 파일 : 13_자유예제.png   ▶ 완성 파일 : 13_자유완성.png

미션 1   그림판을 실행한 후 '도형' 도구를 이용하여 바다에 떠 있는 '바위섬'을 그려 봅니다.

미션 2   전경색과 배경색을 변경한 후 '도형' 도구를 이용하여 '돛단배'를 그려 봅니다.

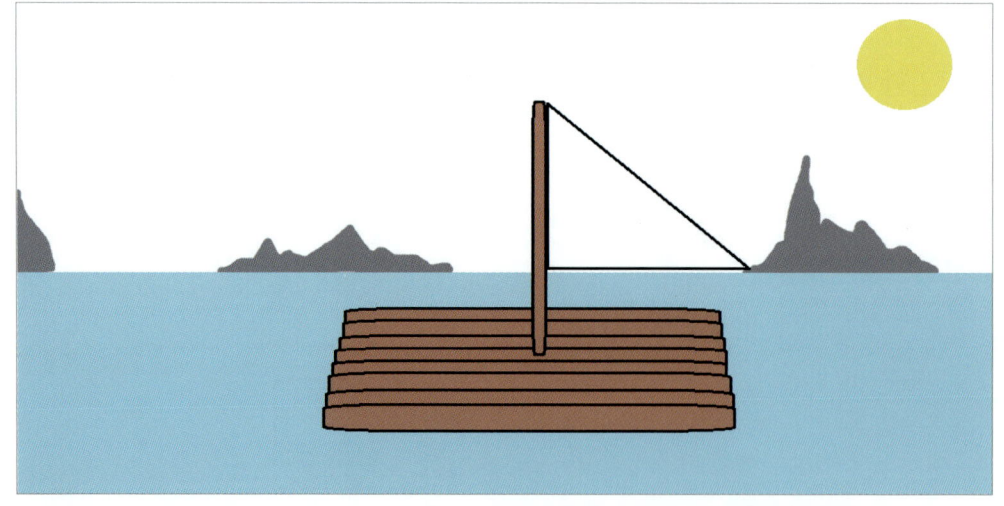

나와라, 힌트! → 채우기를 단색으로 설정합니다.

Chapter 14

▶ 예제 파일 : 14_예제.piv   ▶ 완성 파일 : 14_완성.piv

빙하 마을에 나타난 펭수!

"배경을 그렸으니까 빙판 위에 서 있는 펭수를 만들어 볼까? 스틱맨, 이리와 봐!"
해람이는 스틱맨을 다급하게 불렀어요.
"스틱맨 이제부터 넌 펭수가 되는 거야!"
해람이는 스틱맨을 펭수로 만들기 위해 이것 저것 도구를 클릭했어요.

🔍 학습목표

- 새로운 개체를 만들 수 있습니다.
- 사용한 선이 움직이지 않도록 고정시킬 수 있습니다.
- 완성한 개체를 캔버스에 추가할 수 있습니다.

CHAPTER 14 빙하 마을에 나타난 펭수! **107**

01 새로운 개체 만들기

'Create Figure Type' 창을 실행하고 새로운 개체를 만들어 봅니다.

① 피봇 아이콘( )을 더블 클릭하여 피봇(Pivot) 프로그램을 실행한 후 '14_예제.piv'를 불러옵니다.

② '펭수' 캐릭터를 만들기 위해 [File]-[Create Figure Type]을 클릭합니다.

③ [Create Figure Type] 창이 나타나면 '최대화(□)'를 클릭하여 창의 크기를 키웁니다.

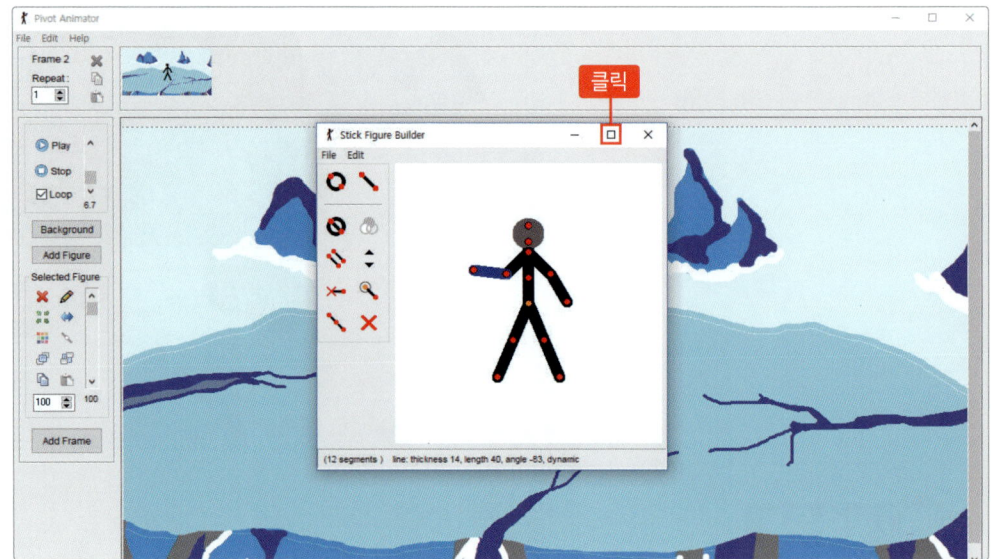

 생자소 TIP

[Create Figure Type] 창을 꼭 최대화 할 필요는 없으나 창의 크기를 키우면 개체를 만들 때 편리합니다.

④ 새로운 개체를 만들기 위해 [File]-[New]를 클릭합니다.

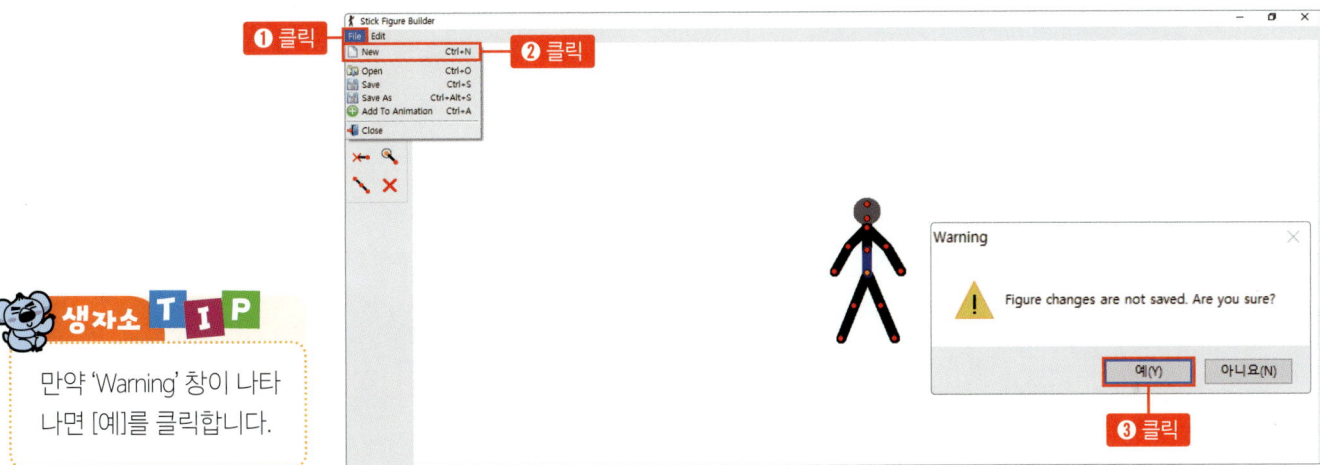

생자소 TIP
만약 'Warning' 창이 나타나면 [예]를 클릭합니다.

⑤ '펭수'의 몸을 만들기 위해 화면 중간에 그려진 '선'의 '원점'을 클릭하여 '선'의 위치를 아래쪽으로 이동시킵니다.

⑥ Ctrl 키를 누른 상태로 '조절점'을 왼쪽 하단으로 드래그하여 수평을 맞춰 눕힙니다.

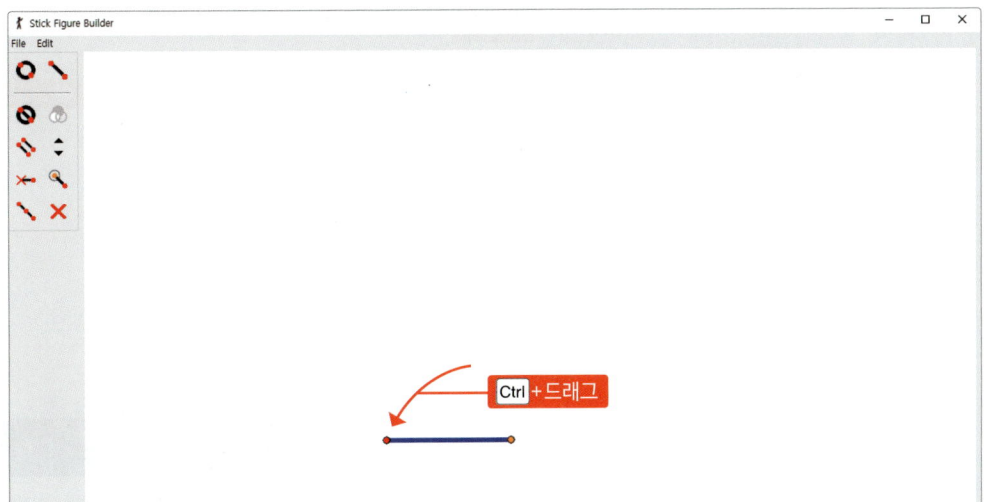

CHAPTER 14 빙하 마을에 나타난 펭수! **109**

⑦ '선'의 굵기를 변경하기 위해 도구에서 '▲'를 클릭하여 '선'의 굵기를 두껍게 변경합니다.

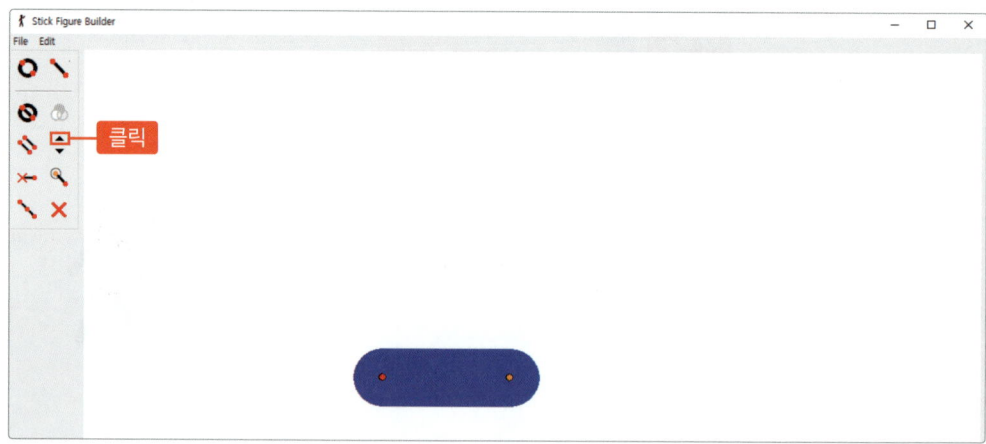

⑧ 반대쪽에도 '펭수'의 바닥면을 만들기 위해 ◥을 클릭한 후 '원점'에서 오른쪽으로 드래그하여 '선' 하나를 더 그립니다.

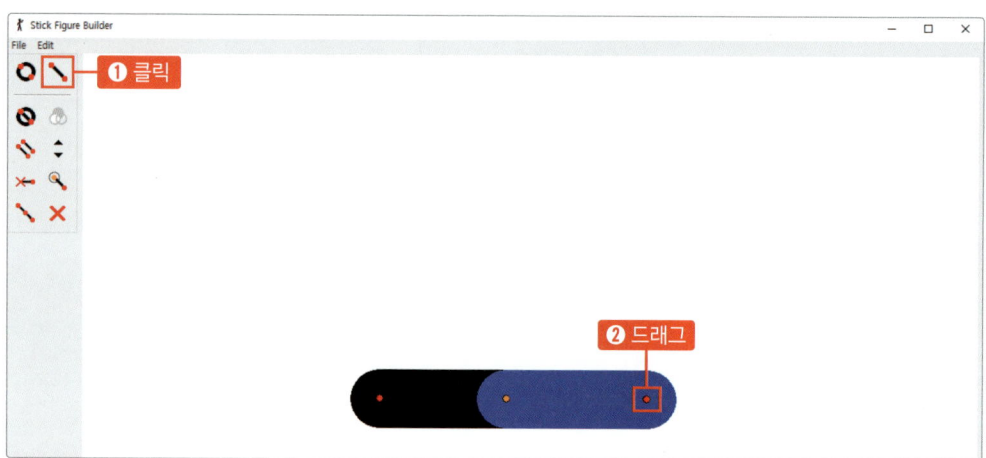

⑨ '펭수'의 몸을 세우기 위해 도구의 ◥을 클릭한 후 '원점'에서 위쪽으로 드래그하여 '선' 하나를 그립니다.

⑩ '펭수'의 몸을 두껍게 만들기 위해 을 클릭한 후 왼쪽 조절점에서 위쪽 대각선으로 드래그하여 왼쪽에 '선'을 그립니다.

⑪ 이어서 을 클릭한 후 오른쪽 조절점에서 위쪽 대각선으로 드래그하여 오른쪽에도 '선'을 그립니다.

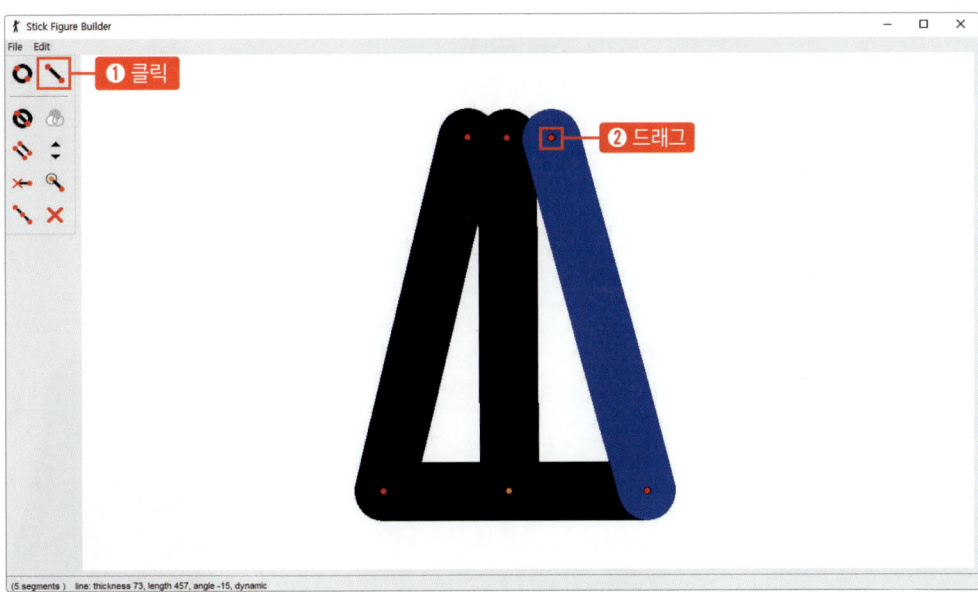

⑫ 계속해서 ✏️을 이용하여 '펭수'의 몸을 채웁니다.

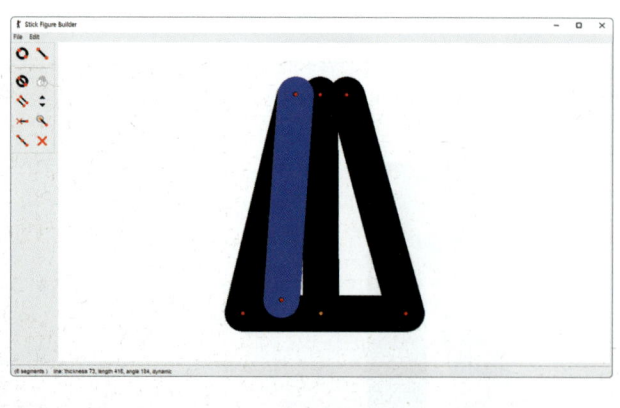 

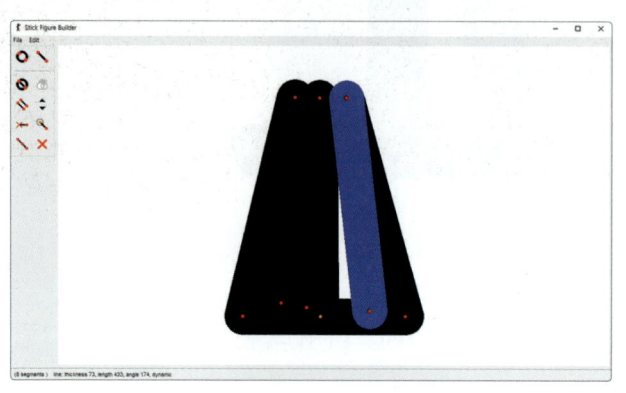 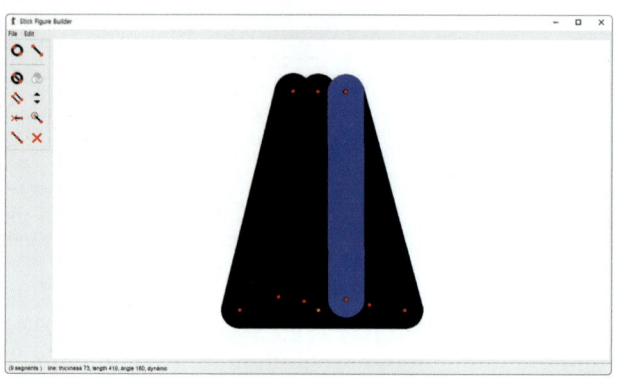

⑬ '원점'을 클릭하여 그려진 개체를 아래쪽으로 이동시킨 후 도구의 ⭕을 클릭하고 위쪽 조절점에서 드래그하여 '원' 하나를 그려 넣습니다.

⑭ 이어서 '원'을 채우기 위해 🎨를 클릭합니다.

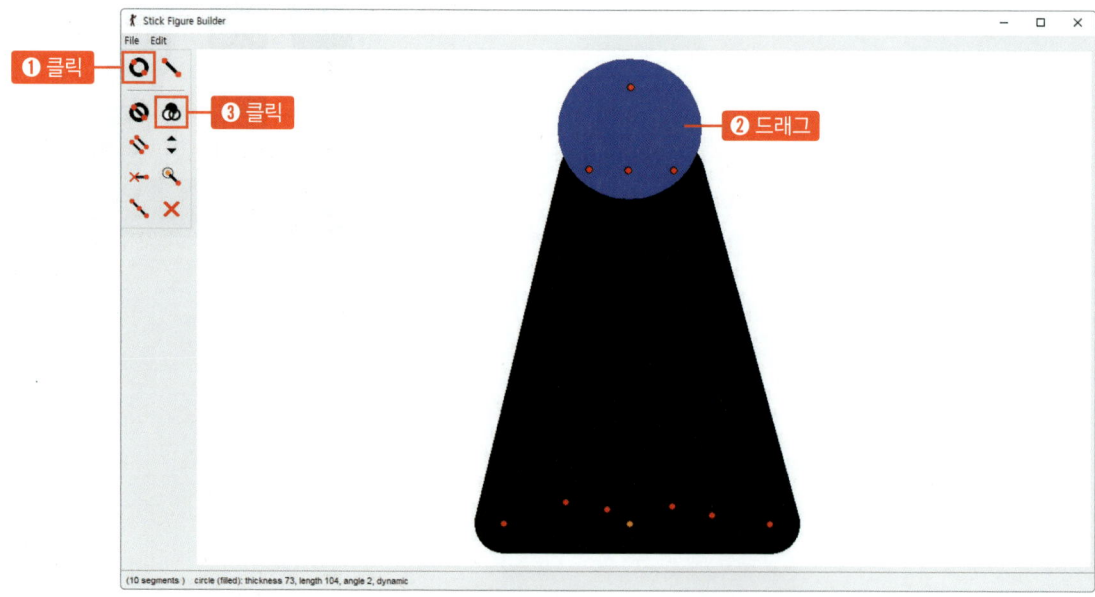

112 스틱맨과 놀며 배우는 피봇 애니메이터

⑮ '펭수'의 팔을 만들기 위해 중간에 있는 '조절점'을 선택한 후 도구의 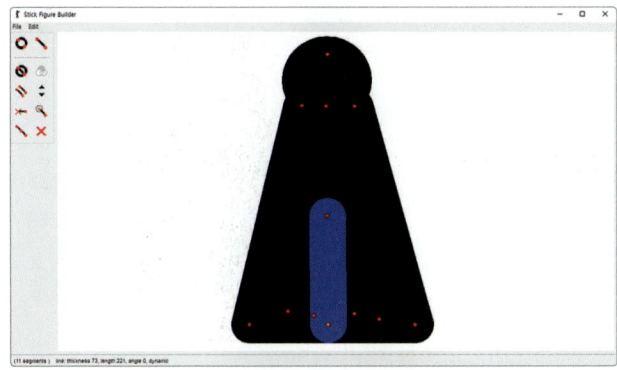를 클릭하여 중간선을 두 번 나눕니다.

 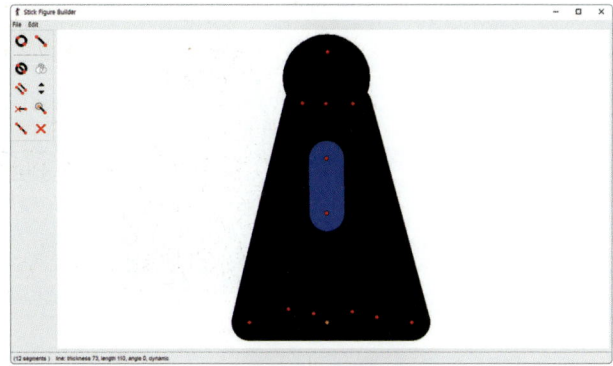

⑯ '선'을 그리고 굵기를 조절하여 '펭수'의 팔을 만듭니다.

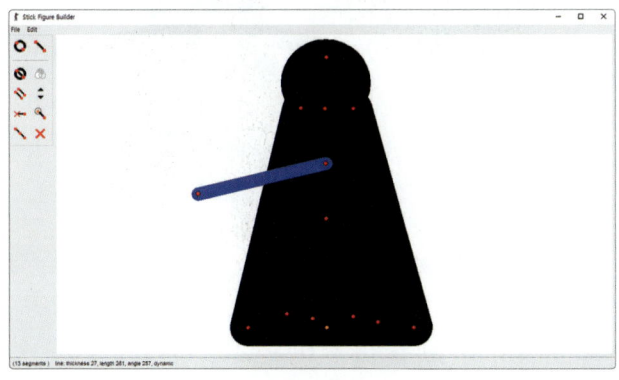 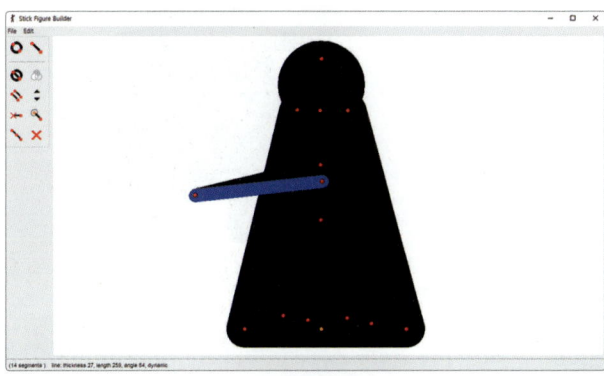

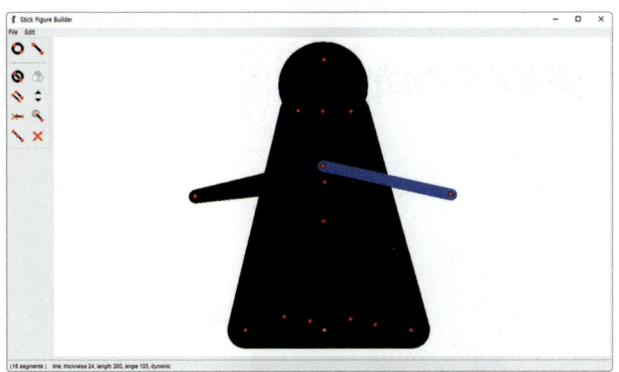 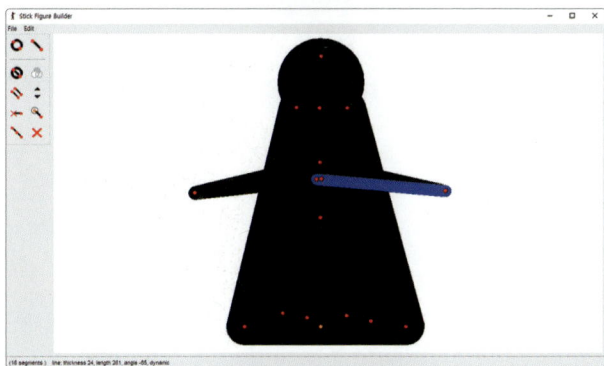

CHAPTER 14 빙하 마을에 나타난 펭수! **113**

17 이어서 '원점'을 위쪽으로 드래그하여 개체를 위쪽으로 이동시킨 후 도구의 '선'을 이용하여 '펭수'의 다리와 발을 만듭니다.

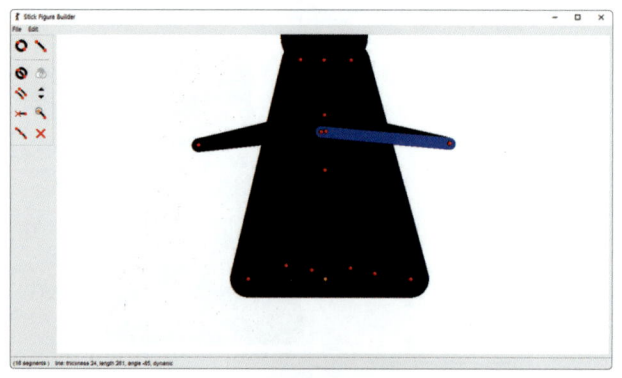 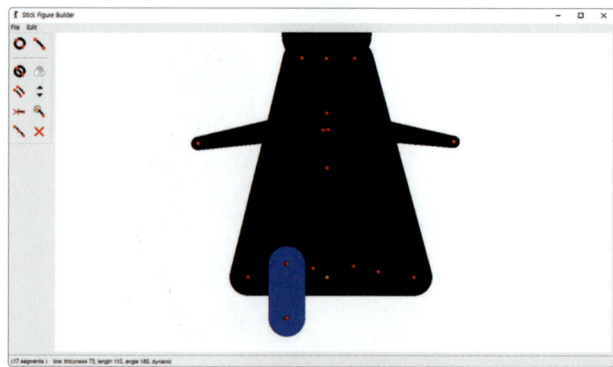

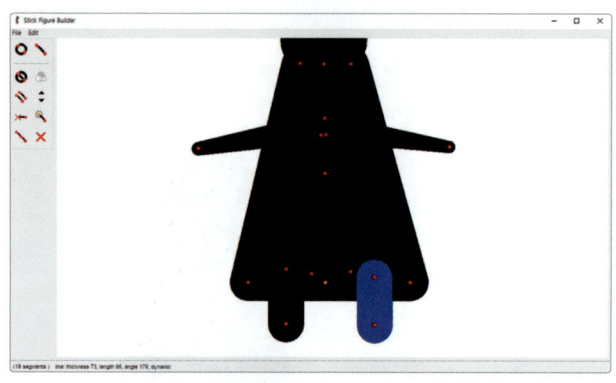 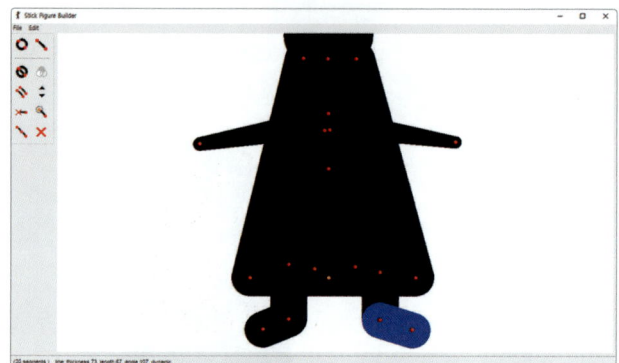

18 Ctrl 키를 누른 상태로 '선'의 길이와 '원'의 크기를 조절하여 '펭수'의 모양을 수정합니다.

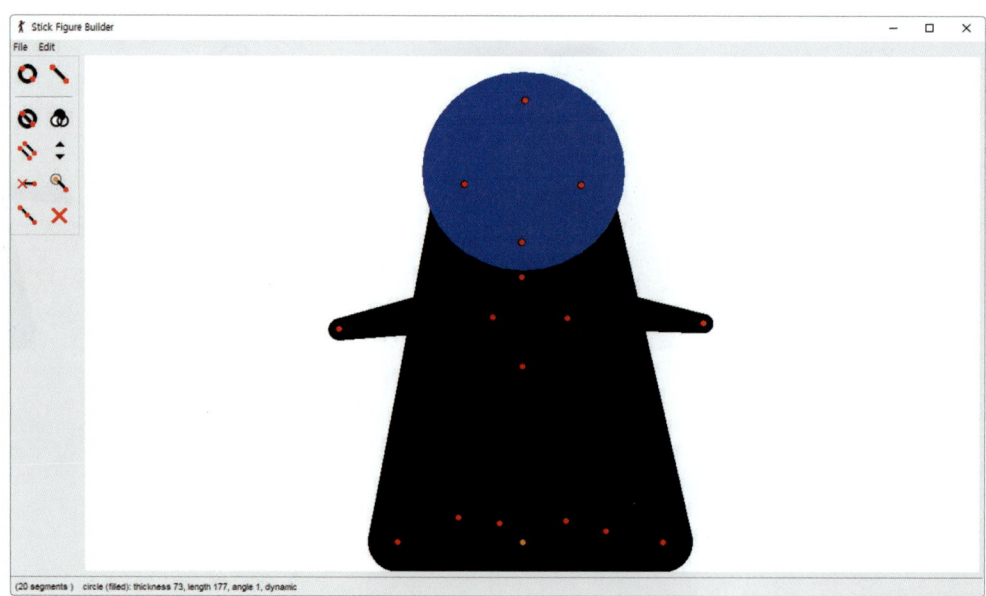

Ctrl 키를 누른 상태로 '조절점'을 드래그하면 선의 길이나 도형의 크기를 변경할 수 있습니다.

114 스틱맨과 놀며 배우는 피봇 애니메이터

19 다른 '선'은 움직이지 않고 발과 팔만 움직일 수 있도록 '원'을 선택한 후 를 선택합니다.

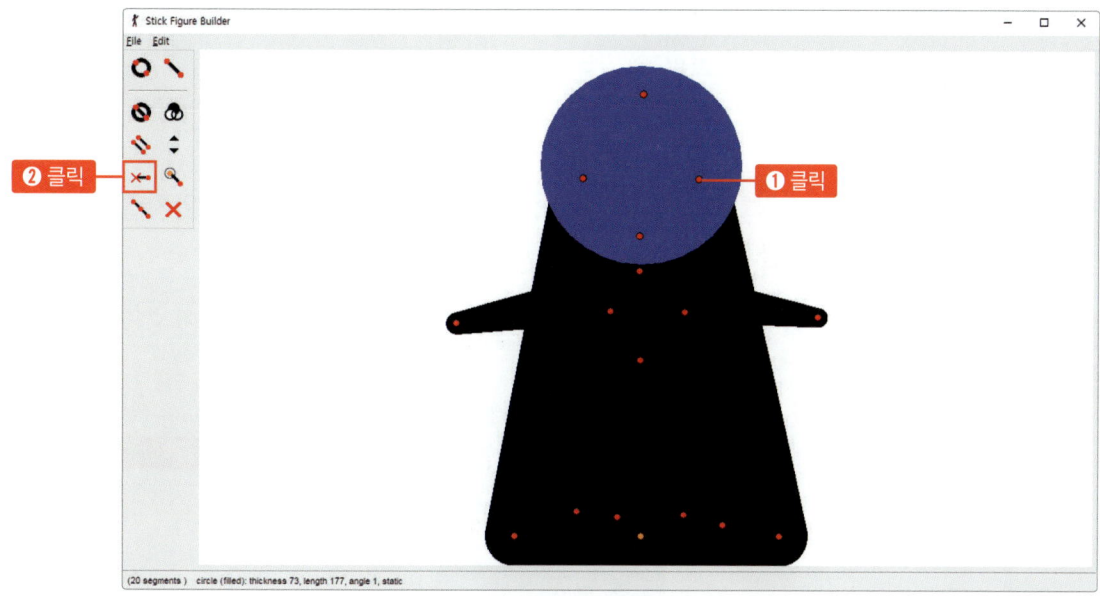

20 그림과 같이 '팔'과 '다리'를 제외한 나머지 '선'은 도구의 를 클릭하여 고정시킵니다.

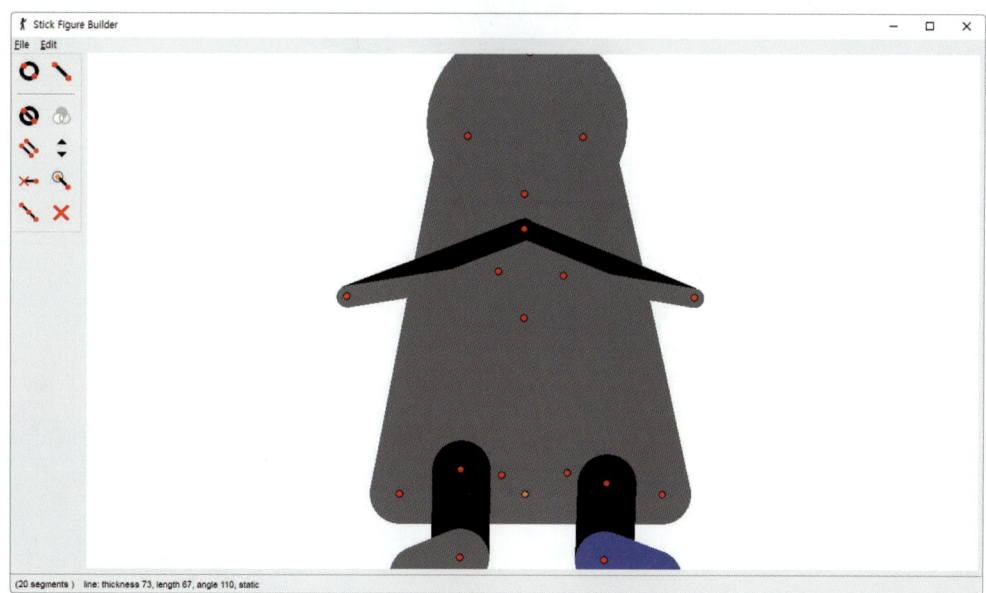

고정되어 있는 '선'을 다시 연결할 때도 를 클릭하면 됩니다.

CHAPTER 14 115

02 개체 저장하기

완성한 개체를 저장하여 활용할 수 있도록 합니다.

① 완성한 '펭수'를 저장하기 위해 [File]-[Save]를 클릭하여 원하는 위치를 지정한 후 이름을 "펭수"로 입력하고 [저장]을 클릭합니다.

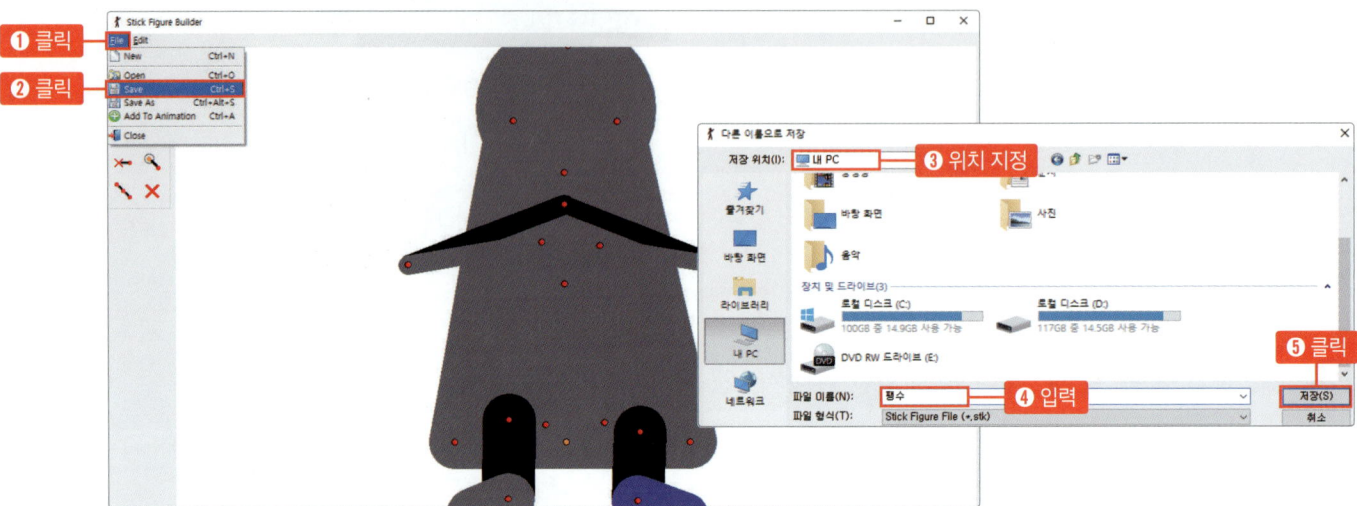

② '닫기(✕)'를 클릭한 후 '피봇' 창으로 돌아와 '스틱맨'을 선택하고 Delete 키를 눌러 삭제합니다. 이어서 [File]-[Load Figure Type]을 클릭하여 저장한 '펭수'를 불러옵니다.

③ 이어서 Add Frame 를 클릭하여 '펭수'를 추가한 '프레임'을 추가한 후 완성한 파일은 [File]-[Save Animation As]를 클릭하여 원하는 위치에 '14_완성.piv' 파일로 저장합니다.

116 스틱맨과 놀며 배우는 피봇 애니메이터

Chapter 14

뿜뿜! 생각 키우기

▶ 예제 파일 : 없음 ▶ 완성 파일 : 14_자유완성.piv

미션 1 새 파일을 열어 모자와 허리띠를 찬 '스틱맨'을 만들어 봅니다.

미션 2 '스틱맨'의 동그란 손과 허리띠에 걸려 있는 총을 만들어 봅니다.

Chapter 15

나와라, 펭수의 눈, 코, 입!

▶ 예제 파일 : 15_예제.piv   ▶ 완성 파일 : 15_완성.piv

"우왓! 너무 귀여운데! 그럼 스틱맨 얼굴에 펭수 얼굴하고 배도 그려서 붙여볼까?"
해람이는 피봇 프로그램을 이용하여 스틱맨의 얼굴과 배를 그리려다가 생각했어요.
"얼굴하고 배는 피봇으로 그리기 힘들 것 같은데.. 그래! 그림판으로 그리자!"
해람이는 그림판을 실행하고 펭수의 눈, 코, 입을 그리기 시작했어요.

학습목표

● 그림판을 이용하여 펭수 얼굴을 그릴 수 있습니다.
● 완성해 놓은 펭수 몸에 펭수의 얼굴을 붙일 수 있습니다.
● 완성한 파일을 저장할 수 있습니다.

01 그림판에 펭수 얼굴 그리기

그림판을 실행하고 '펭수'의 얼굴을 그려 봅니다.

① 바탕화면에서 [⊞]-[windows 보조프로그램]-[그림판]을 클릭하여 그림판을 실행합니다.

② 그림판이 실행되면 [파일]-[열기]를 클릭하여 '15_새 이미지.png'를 불러옵니다.

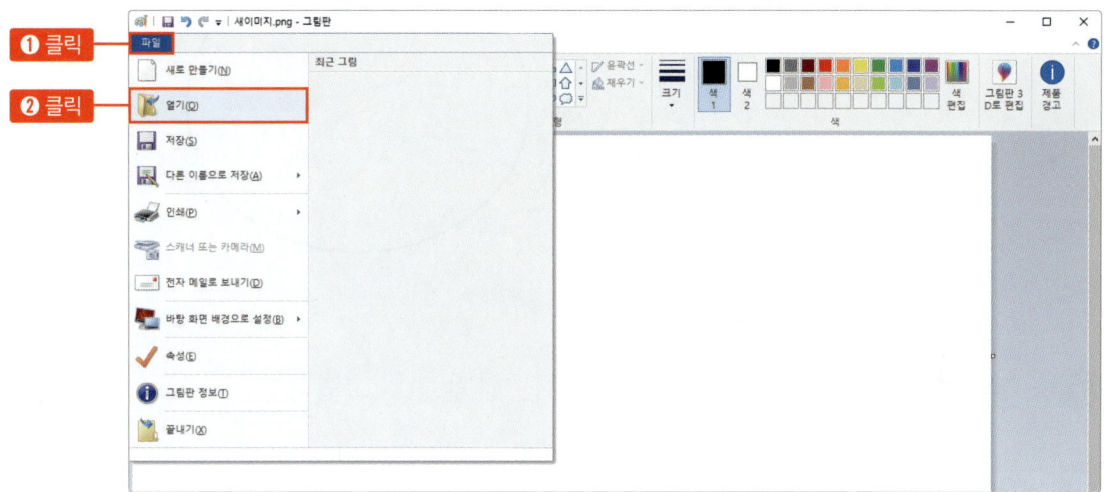

③ '펭수'의 얼굴을 그리기 위해 [도형]에서 '원'을 선택합니다.

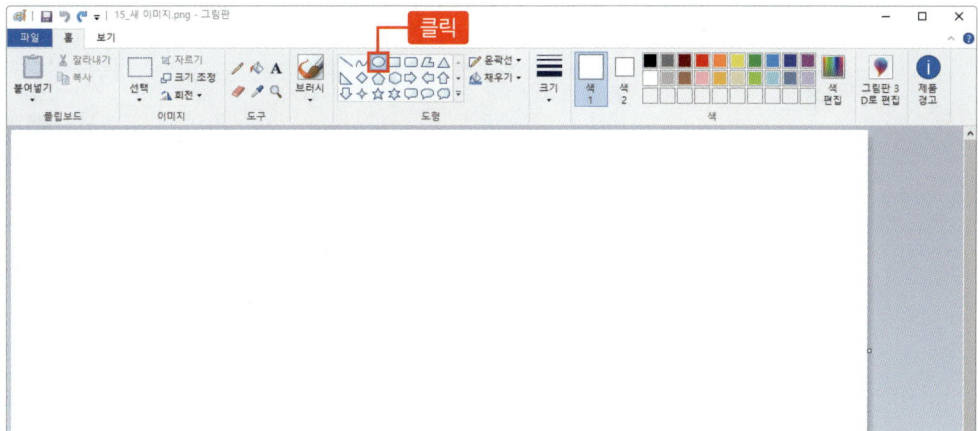

④ 테두리를 만들기 위해 [윤곽선]의 [단색]을 클릭합니다.

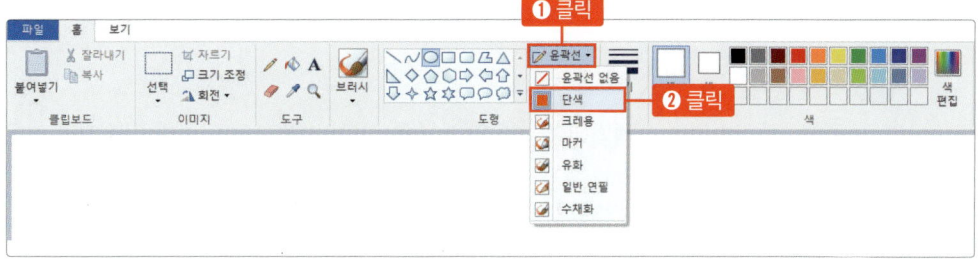

CHAPTER 15 나와라, 펭수의 눈, 코, 입! **119**

⑤ [색1]을 선택한 후 색을 '검정색'으로 선택합니다.

⑥ 캔버스에서 마우스를 드래그하여 '원' 하나를 그려 넣습니다.

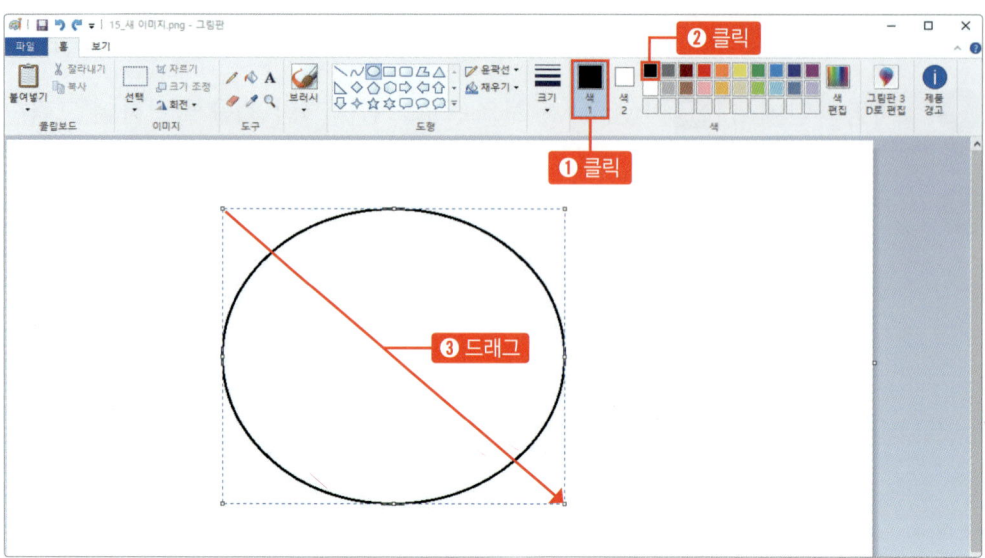

⑦ '펭수'의 '눈'을 그리기 위해 '원' 밖에 작은 '원'을 하나 그립니다.

⑧ 이어서 '눈동자'를 만들기 위해 '원' 안에 '작은 원' 하나를 더 그립니다.

⑨ '눈동자'를 검정색으로 채우기 위해 그린 '원'이 선택되어 있는 상태에서 [색2]를 선택한 후 색을 '검정색'으로 선택합니다.

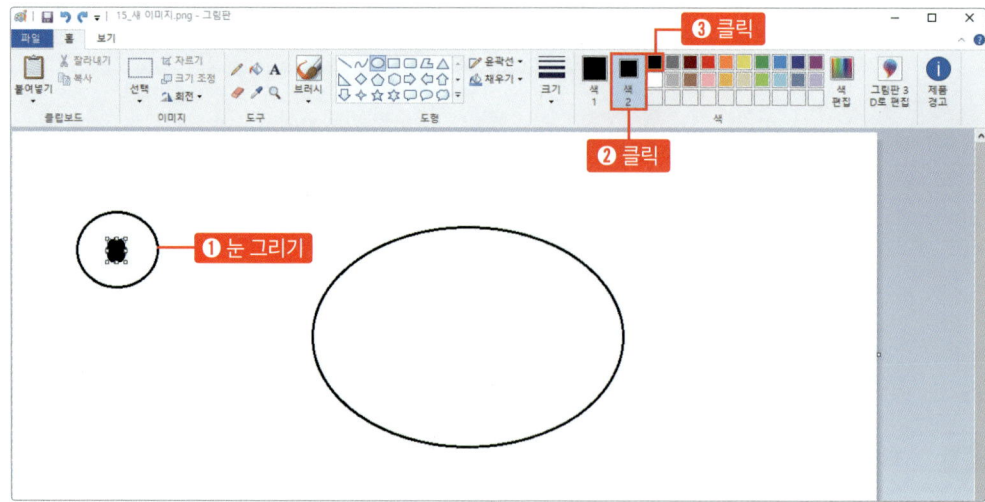

생자소 TIP

- 원을 그린 후 원이 선택되어 있는 상태에서 [색1]과 [색2]의 색상을 바꾸면 그려 놓은 원의 색상이 바뀝니다.
- 색상이 변하는 것을 원치 않을 경우 캔버스 아무 곳이나 클릭하면 선택된 영역이 해제되어 [색1]과 [색2]의 색상을 바꿔도 그려 놓은 원에 적용되지 않습니다.

⑩ '펭수'의 얼굴로 '눈'을 이동시키기 위해 [선택]을 클릭한 후 그린 '눈'의 영역을 드래그하여 선택합니다.

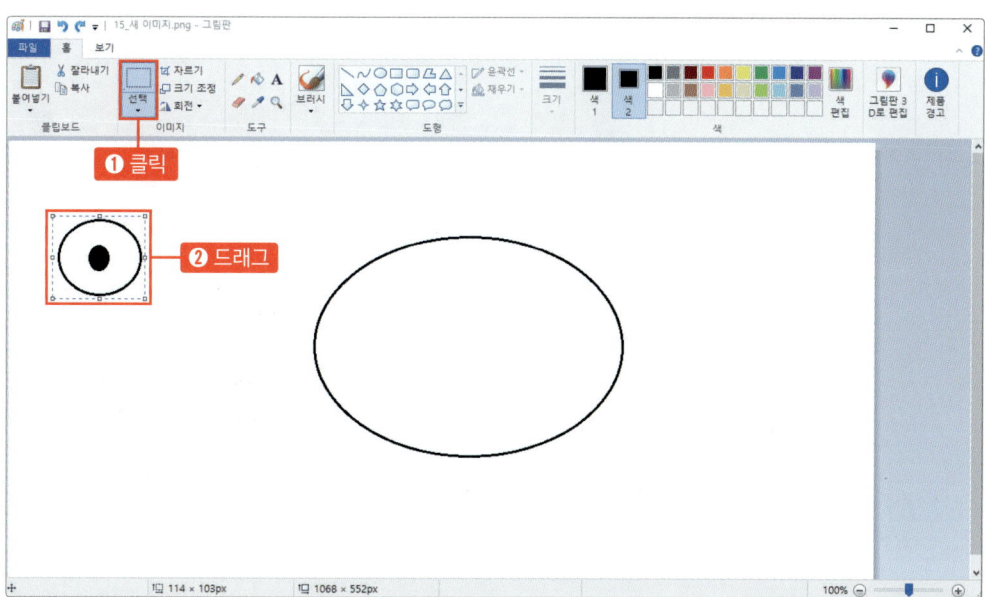

생자소 TIP

눈의 영역을 선택할 때는 최대한 눈에 가깝게 영역을 지정해야 펭수 얼굴로 눈을 옮겼을 때 눈 주변의 흰색 배경이 얼굴을 가리지 않습니다.

⑪ [색2]의 색을 '흰색'으로 변경한 후 '펭수' 얼굴로 '눈'을 드래그하여 이동시킵니다.

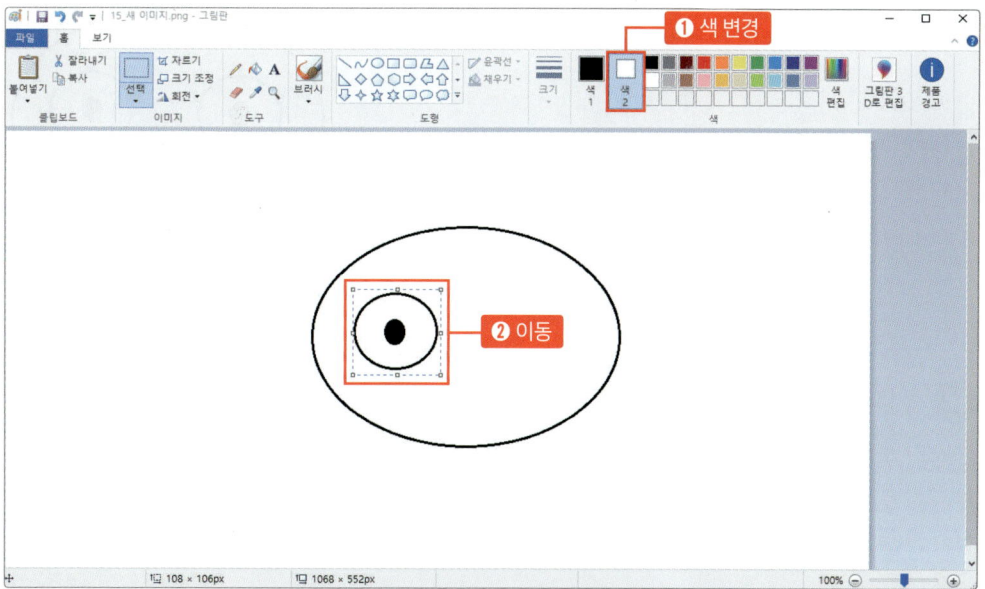

생자소 TIP

[색2]의 색상을 바꾸지 않으면 눈을 이동시킨 후 눈이 위치해 있던 자리가 검정색으로 칠해집니다.

⑫ 오른쪽 '눈'도 만들기 위해 Ctrl + C 키를 눌러 옮긴 '눈'을 복사한 후 Ctrl + V 키를 눌러 복사한 '눈'을 붙여 넣고 펭수 얼굴로 이동시킵니다.

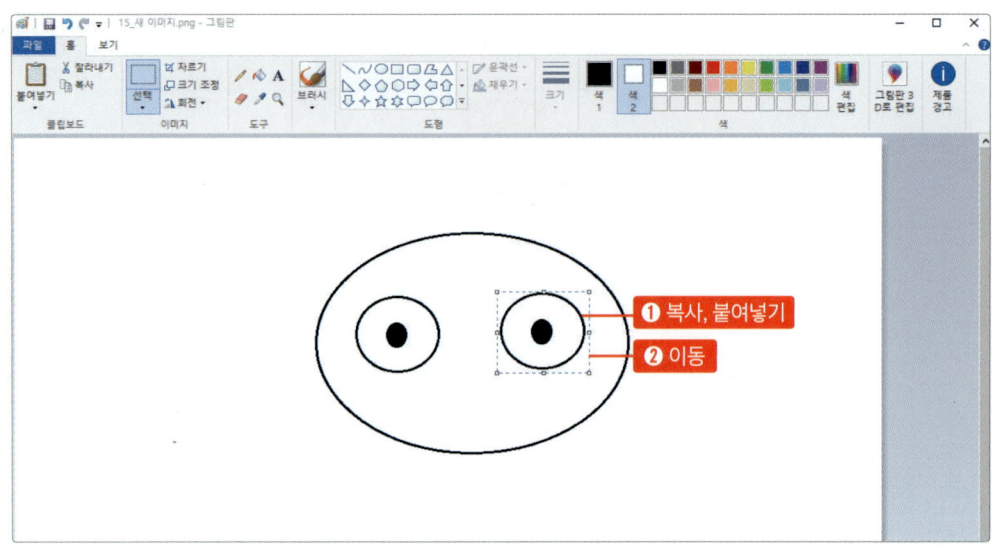

⑬ '펭수'의 '부리'를 만들기 위해 [붙여넣기]-[파일로부터 붙여넣기]를 클릭합니다.

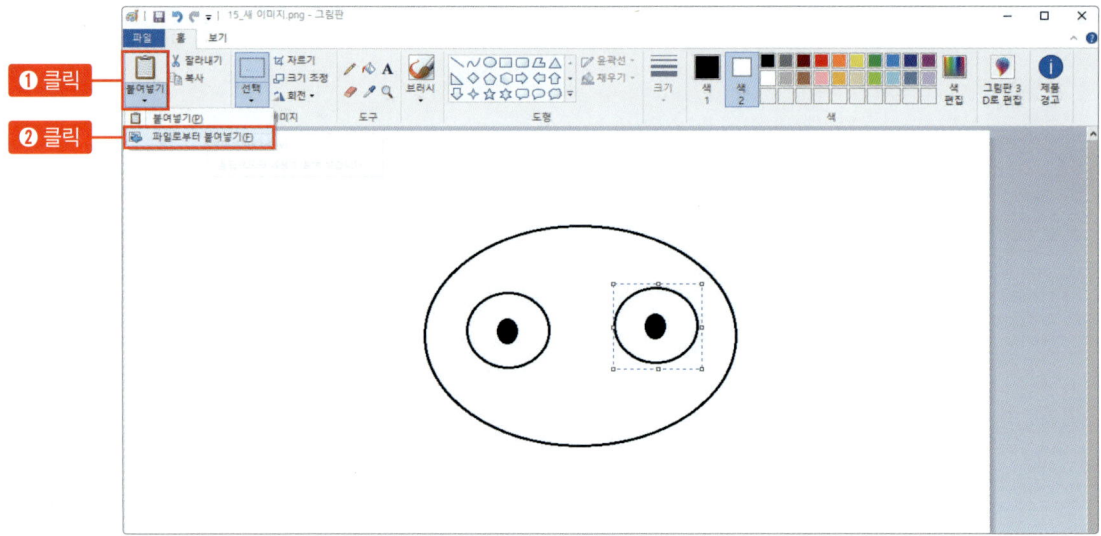

⑭ [파일로부터 붙여넣기] 창이 열리면 [15강] 폴더에서 '부리.png' 파일을 클릭하고 [열기]를 클릭합니다.

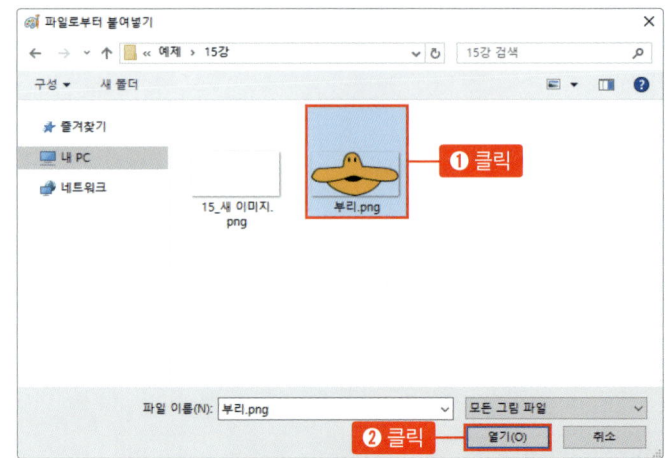

15 '부리'를 '펭수' 얼굴로 옮기기 위해 [선택]-[자유형으로 선택]을 클릭한 후 '부리' 모양을 따라 선택하고 선택된 '부리'를 '펭수' 얼굴로 이동시킵니다.

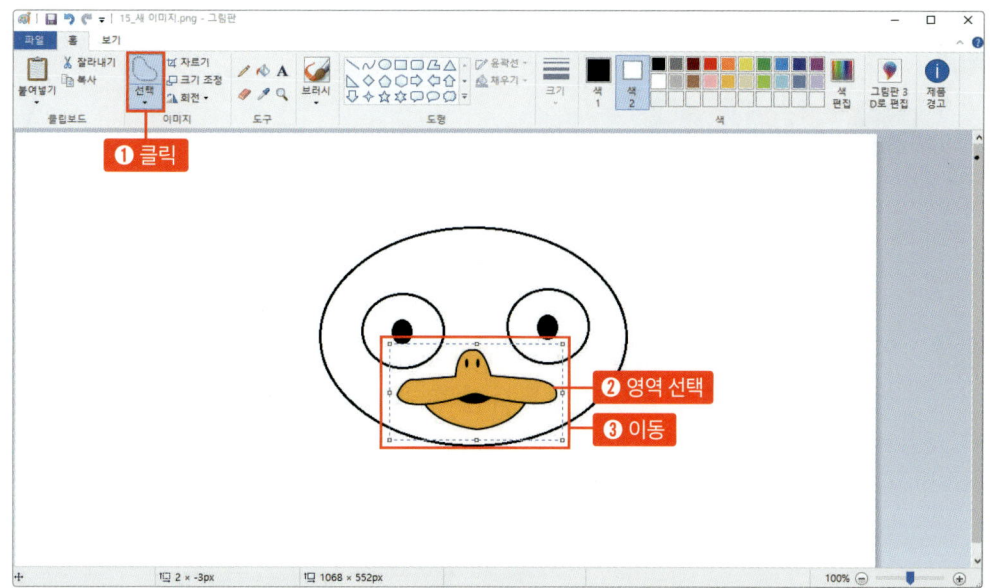

생자소 TIP

[자유형으로 선택]을 이용하여 부리의 영역을 선택하는 이유는 사각형으로 영역을 선택할 경우 부리를 얼굴로 이동시켰을 때, 배경 때문에 펭수의 눈을 가릴 수 있기 때문입니다.

16 '펭수'의 얼굴에 볼터치를 할 수 있도록 [도형]에서 '원'을 선택한 후 [윤곽선]-[윤곽선 없음]을 클릭합니다.

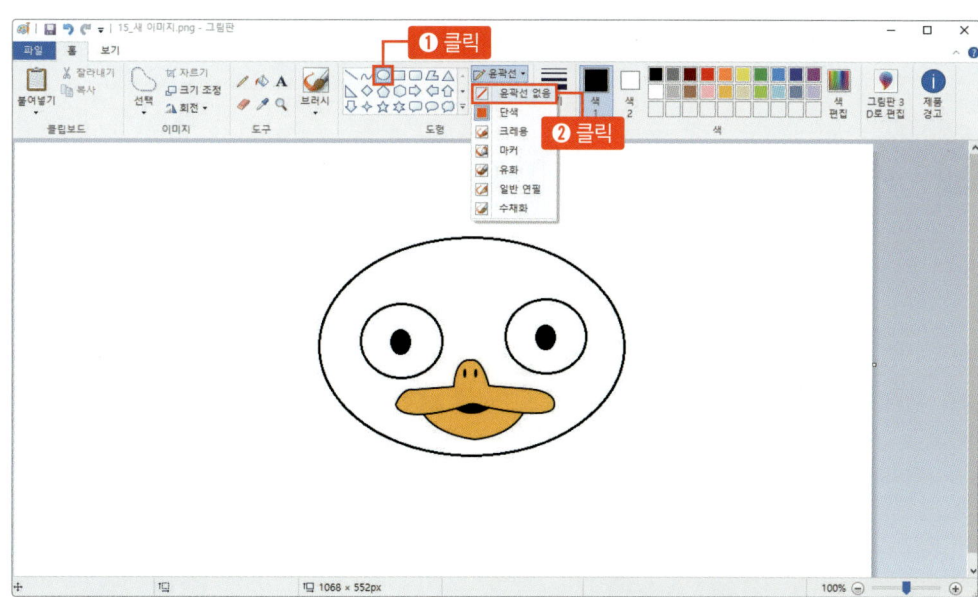

CHAPTER 15 나와라, 펭수의 눈, 코, 입! **123**

⑰ 이어서 [색2]를 선택한 후 '색'을 '다홍'으로 선택하고 양쪽 볼에 '원'을 그려 넣습니다.

⑱ '펭수'의 얼굴색을 '흐린 회색'으로 칠합니다.

> 피봇 배경에서 펭수의 얼굴이 투명하게 보일 수 있기 때문에 얼굴색을 흰색이 아닌 다른 색으로 칠해줘야 합니다.

⑲ 완성한 '펭수' 얼굴을 저장하기 위해 [선택]-[사각으로 선택]을 클릭하여 '펭수 얼굴'을 드래그하여 선택하고 그림판 위쪽으로 이동시킨 후 캔버스의 크기를 '펭수 얼굴'만 남기고 줄입니다.

⑳ [파일]-[다른 이름으로 저장]-[PNG 그림]을 클릭하여 원하는 위치에 '펭수 얼굴'을 저장합니다.

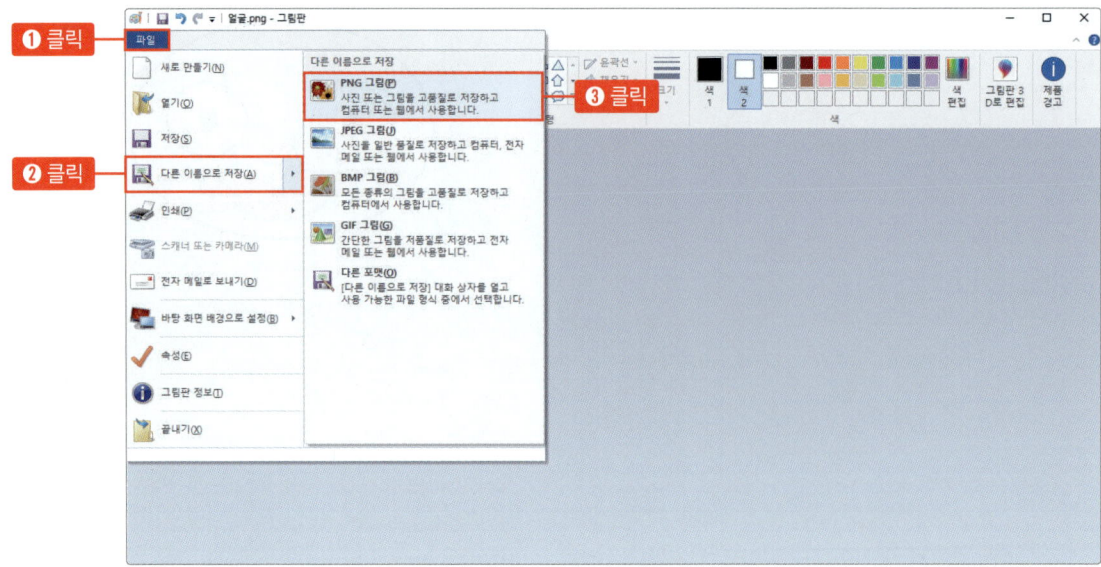

㉑ 이어서 '15_새 이미지.png' 파일을 다시 불러옵니다.

㉒ 도형을 이용하여 '펭수'가 항상 쓰고 다니는 헤드셋을 만들어 봅니다.

㉓ 완성한 헤드셋은 ⑲~⑳과 같은 방법으로 '헤드셋.png'로 저장합니다.

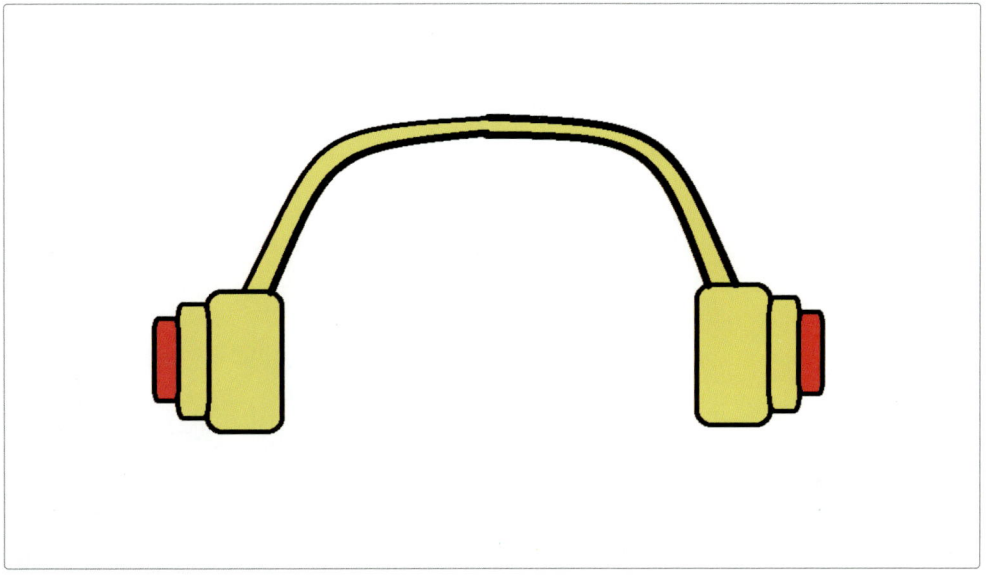

[색1]과 [색2]의 색을 바꿔가며 헤드셋을 그려봅니다.

㉔ 다시 '15_새 이미지.png'를 불러와 도형을 이용하여 선글라스를 만들어 봅니다.

㉕ 완성한 선글라스는 ⑲~⑳과 같은 방법으로 '선글라스.png'로 저장합니다.

02 펭수 몸에 펭수 얼굴 붙이기

완성한 '펭수' 얼굴을 '펭수' 몸에 붙여 봅니다.

① 피봇 아이콘( )을 더블 클릭하여 피봇(Pivot) 프로그램을 실행한 후 '15_예제.piv'를 불러옵니다.

② '펭수'의 얼굴을 추가하기 전에 펭수의 몸 크기를 조절하기 위해 Alt 키를 누른 상태로 조절점을 드래그하여 '펭수'의 크기를 알맞게 조절합니다.

③ 이어서 '펭수'의 얼굴을 추가하기 위해 [File]-[Load Sprite Image]를 클릭합니다.

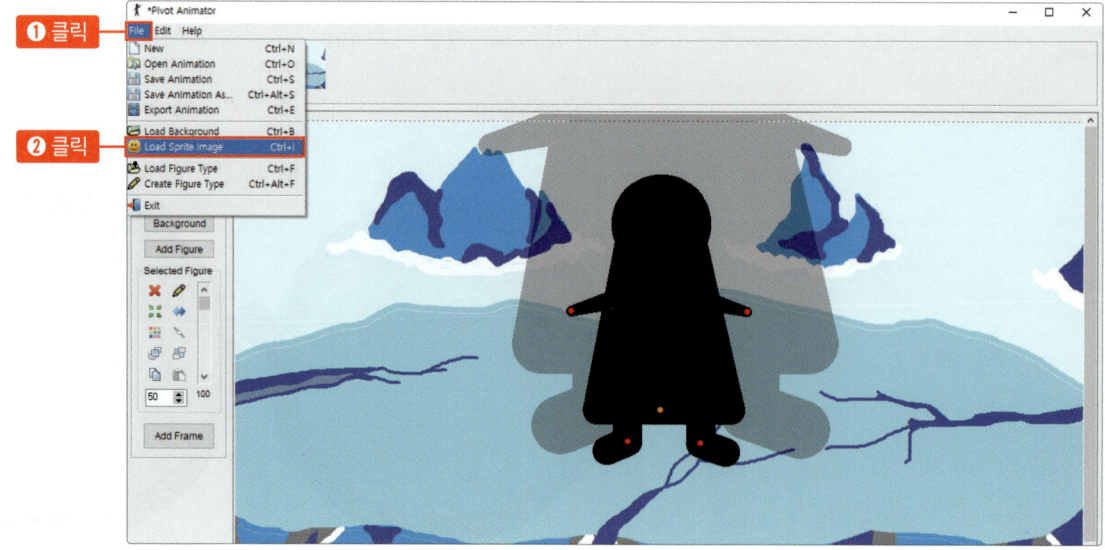

'펭수'의 몸 크기를 조절한 후 뒤쪽에 남겨진 잔상은 '펭수'의 얼굴을 붙여 넣은 후 Add Frame 을 클릭하면 사라집니다.

④ '펭수'의 얼굴을 추가한 후 Alt 키를 누른 상태로 '조절점'을 드래그하여 '펭수'의 얼굴 크기를 조절합니다.

⑤ '펭수' 얼굴의 '원점'을 이동시켜 몸에 붙여 넣습니다.

⑥ 이어서 Add Frame 을 클릭하여 '펭수'의 얼굴을 붙여 넣은 '프레임'을 추가합니다.

⑦ 완성한 파일은 [File]-[Save Animation As]를 클릭하여 원하는 위치에 '15_완성.piv' 파일로 저장합니다.

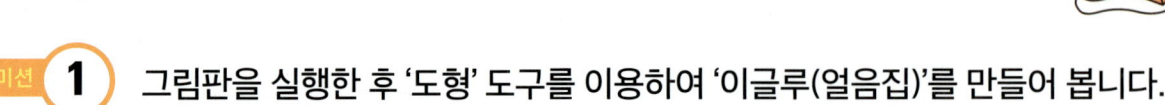

Chapter 15

미션 1 그림판을 실행한 후 '도형' 도구를 이용하여 '이글루(얼음집)'를 만들어 봅니다.

▶ 예제 파일 : 15_자유예제1.png   ▶ 완성 파일 : 이글루.png

나와라, 힌트! '복사' 기능을 이용하여 이글루를 완성합니다.

미션 2 그림판을 실행한 후 '도형' 도구를 이용하여 '물고기'를 만들어 봅니다.

▶ 예제 파일 : 15_자유예제2.png   ▶ 완성 파일 : 물고기.png

Chapter 16

▶ 예제 파일 : 16_예제.piv ▶ 완성 파일 : 16_완성.piv

요리조리 움직이는 펭수!

"뭐야! 그냥 이렇게 붙여 넣으면 되는 거 아니야?"
해람이는 펭수 몸을 옮길 때 얼굴도 함께 옮겨지지 않아 불편했어요.
"몸하고 얼굴을 붙일 수는 없나? 어떻게 해야 하지?"
해람이는 펭수의 몸과 얼굴을 합치는 방법을 이리 저리 찾아 보았어요.

학습목표

- 펭수의 몸에 조절점을 추가할 수 있습니다.
- 펭수의 몸에 얼굴과 배를 붙일 수 있습니다.
- 펭수의 움직임을 추가할 수 있습니다.

01 펭수 몸에 얼굴과 배 붙이기

'펭수'의 몸에 '조절점'을 추가하여 얼굴과 배를 붙여 봅니다.

1 피봇 아이콘( )을 더블 클릭하여 피봇(Pivot) 프로그램을 실행한 후 '16_예제.piv'를 불러옵니다.

2 '펭수' 몸에 '조절점'을 추가하기 위해 펭수의 몸을 선택한 후 'Selected Figure' 그룹에서 을 클릭합니다.

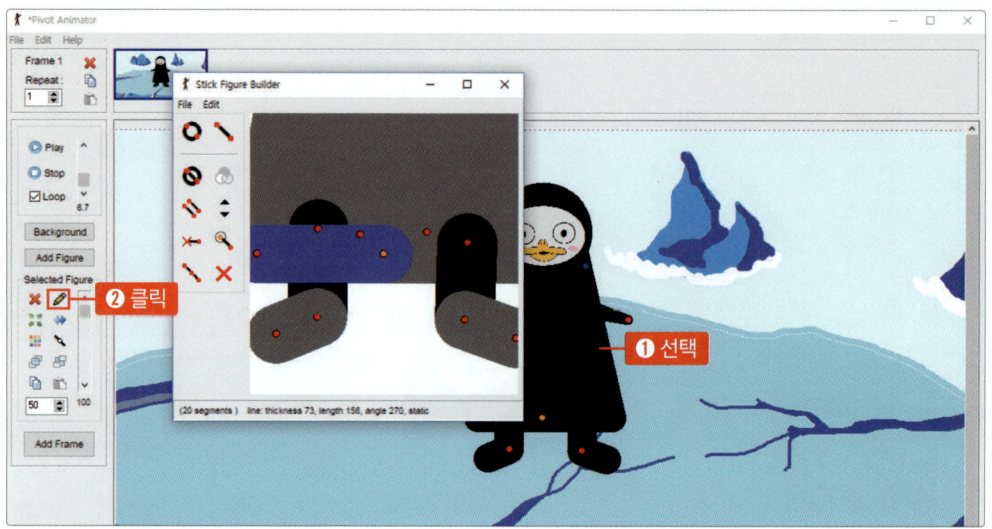

3 [Stick Figure Builder] 창을 확대한 후 '펭수'의 '원점'을 드래그하여 아래쪽으로 이동시키고, 도구에서 을 클릭합니다.

4 '펭수'의 얼굴을 붙일 수 있는 '조절점'을 만들기 위해 펭수의 목 부위 '조절점'에서 왼쪽으로 선을 하나 만든 후 '▼'를 클릭하여 굵기를 얇게 변경합니다.

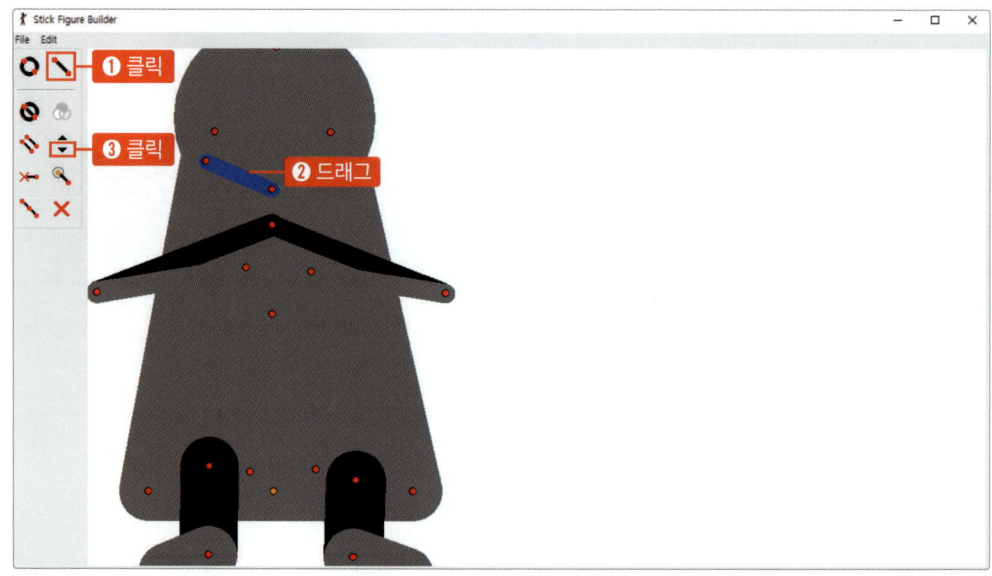

⑤ '펭수'의 배도 붙일 수 있도록 도구에서 ✏️을 클릭한 후 '원점'에서 왼쪽 위로 선을 하나 그리고 '▼'을 클릭하여 굵기를 얇게 변경합니다.

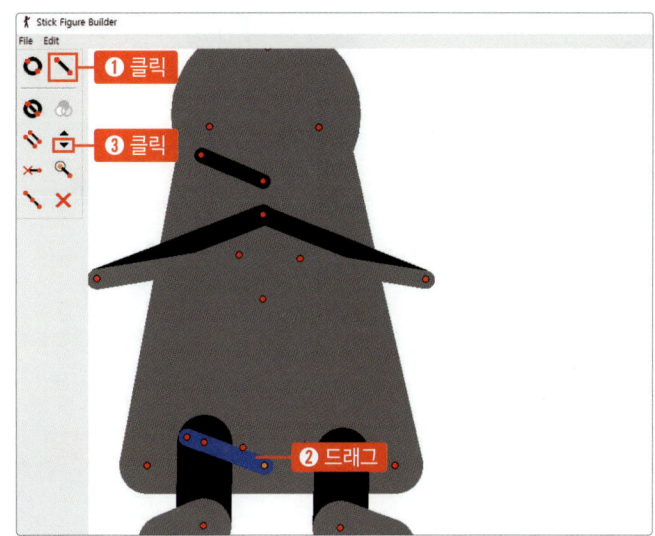

⑥ '선'을 추가한 펭수를 캔버스에 추가하기 위해 [File]-[Add To Animation]을 클릭하고 [Figure Name] 창이 열리면 "New"를 입력한 후 [확인]을 클릭합니다.

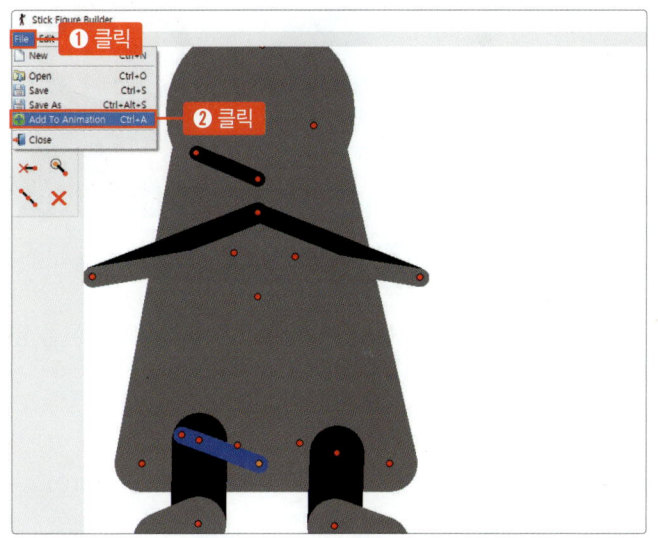

⑦ 새로운 '펭수'가 추가되면 기존에 있던 '펭수'를 선택한 후 Delete 키를 눌러 삭제합니다.

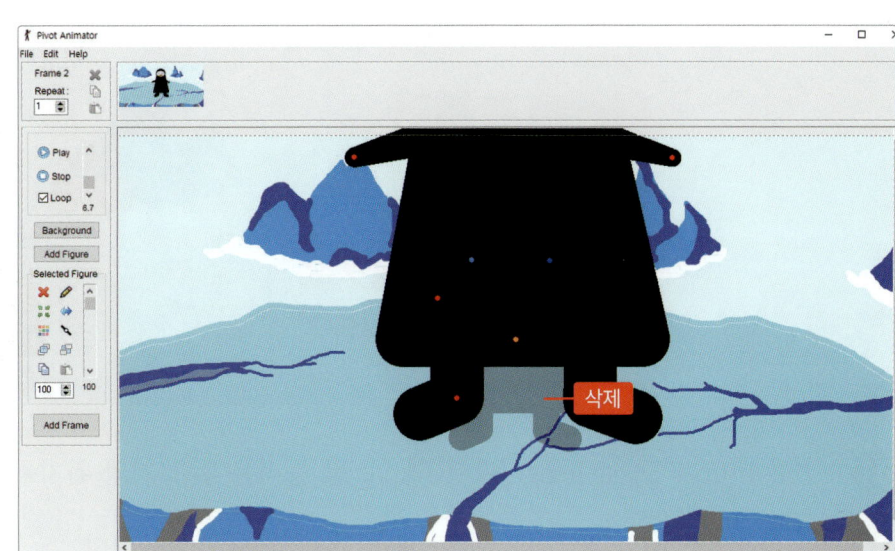

[Information] 창이 나타나면 [예]를 클릭합니다.

⑧ Alt 키를 누른 상태로 '조절점'을 드래그하여 '펭수'의 크기를 조절한 후 가려진 '펭수 얼굴'이 보이도록 [Selected Figure] 그룹의 🔳를 클릭하여 펭수의 몸을 뒤쪽으로 이동시킵니다.

⑨ 추가한 얼굴 쪽 '조절점'이 펭수의 얼굴 '원점'과 맞도록 Ctrl 키를 누른 상태로 조절점의 위치를 조절합니다.

> **생자소 TIP**
>
> 얼굴 쪽에 있는 조절점에 펭수 얼굴의 조절점을 연결하기 위해 얼굴 쪽에 있는 조절점을 펭수 얼굴 왼쪽 조절점의 위치와 맞춰야 합니다.

⑩ '펭수'의 얼굴을 선택하고 [Selected Figure] 그룹의 🔗를 클릭한 후 '원점'과 같은 위치에 있는 조절점을 클릭합니다.

⑪ [File]-[Load Sprite Image]에서 '배.png'를 불러온 후 크기와 위치를 조절합니다.

⑫ 이어서 ⑨~⑩과 같은 방법으로 '펭수' 몸에 배를 연결합니다.

움직이는 펭수

프레임을 추가하여 '펭수'가 움직이도록 해봅니다.

① '펭수'가 팔을 움직이며 앞쪽으로 걸어 나오는 모습을 표현하기 위해 Alt 키를 누른 상태로 조절점을 드래그하여 펭수의 크기를 줄입니다.

② '펭수'를 빙하 끝으로 이동시킨 후 Add Frame 을 클릭합니다.

③ 추가된 프레임 중 불필요한 프레임을 삭제하기 위해 첫 번째 프레임을 선택한 후 [프레임 컨트롤] 창에서 ❌를 클릭합니다.

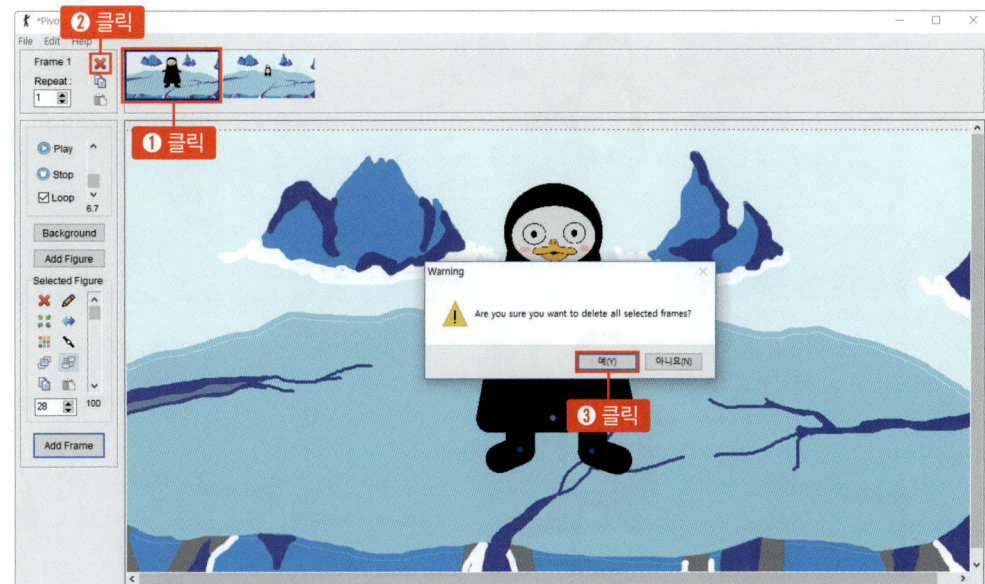

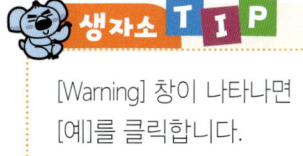
[Warning] 창이 나타나면 [예]를 클릭합니다.

④ Alt 키를 누른 상태로 '조절점'을 드래그하여 펭수의 크기를 조금 키웁니다.

⑤ 양팔을 위로 올린 후 Add Frame 을 클릭하여 변경된 내용을 '프레임'에 추가합니다.

⑥ ④~⑤와 같은 방법으로 '프레임'을 추가하며 펭수가 양팔을 위, 아래로 흔들면서 앞으로 점점 다가오는 모습을 표현합니다.

7 ④~⑤와 같은 방법으로 '프레임'을 추가하며 펭수가 좌우로 움직이는 모습을 표현합니다.

8 완성한 파일은 [File]-[Save Animation As]를 클릭하여 원하는 위치에 '16_완성.piv' 파일로 저장합니다.

9 완성한 파일을 '동영상'으로 저장하기 위해 [File]-[Export Animation]을 클릭하고 원하는 위치에 확장자 'avi' 파일로 저장합니다.

Chapter 16

뿜뿜! 생각 키우기

▶ 예제 파일 : 16_자유예제.piv   ▶ 완성 파일 : 16_자유완성.piv

미션 1 펭수의 머리에 '헤드셋'을 씌워 봅니다.

미션 2 펭수의 얼굴에 '선글라스'를 씌워 봅니다.

Chapter 17

▶ 예제 파일 : 17_예제.avi ▶ 완성 파일 : 17_완성.mp4

배경음악에 맞춰 인사하는 펭수

"아! 드디어 성공했다!!" 해람이는 피봇 무대 안에서 이리 저리 움직이는 펭수가 너무 귀여웠어요.
"근데... 배경음악이 없으니까 좀 허전한데?"
해람이는 펭수가 음악에 맞춰 움직일 수 있도록 하고 싶었어요.
"음... 영상에 배경음악하고 자막을 추가해 볼까?"

학습목표

- 곰믹스 프로를 설치하고 실행할 수 있습니다.
- 배경음악을 추가할 수 있습니다.
- 영상에 자막을 추가할 수 있습니다.
- 곰믹스 프로로 영상을 완성할 수 있습니다.

01 곰믹스 프로 설치하기

GOMLab 사이트에서 프로그램을 다운받아 설치해 봅니다.

▶ 프로그램 다운로드하기

주소 https://www.gomlab.com/gommix-mobile-video-editing/

① GOMLab 사이트에 접속합니다.

② '다운로드'를 클릭합니다.

③ 곰믹스 프로의 윈도우 버튼을 클릭합니다.

④ 무료버전의 '다운로드'를 클릭하여 프로그램을 다운로드 받습니다.

▶ '곰믹스 프로' 프로그램 설치하기

① "이 앱이 디바이스를 변경할 수 있도록 허용하시겠어요?" 창이 열리면 '예'를 클릭합니다.

② 프로그램 설치를 시작하면 프로그램이 로딩됩니다.

③ [Installer Language] 창이 열리면 '한국어'를 선택하고 [OK]를 클릭합니다.

④ [다음]을 클릭합니다.

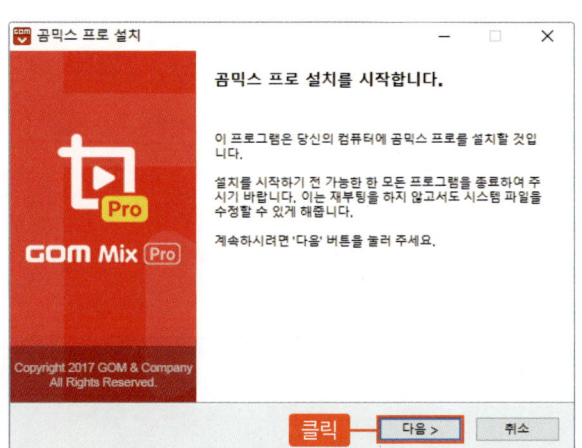

⑤ [동의함]을 클릭합니다.

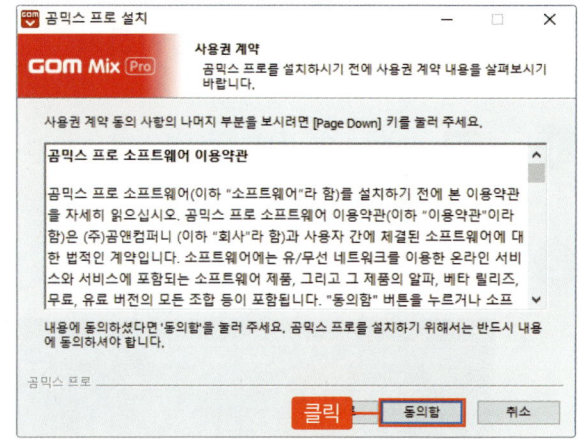

⑥ [다음]을 클릭합니다.

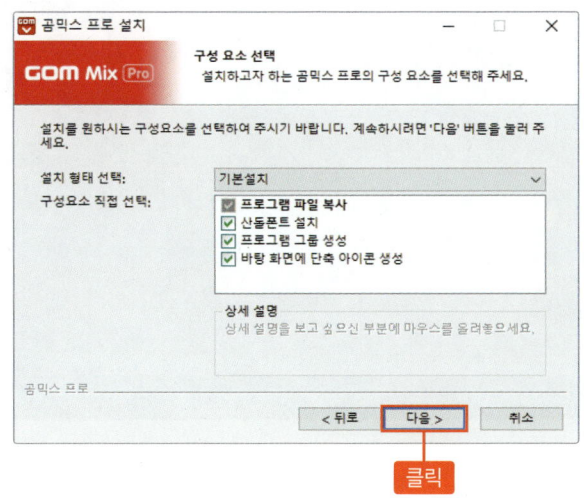

⑦ [설치]를 클릭합니다.

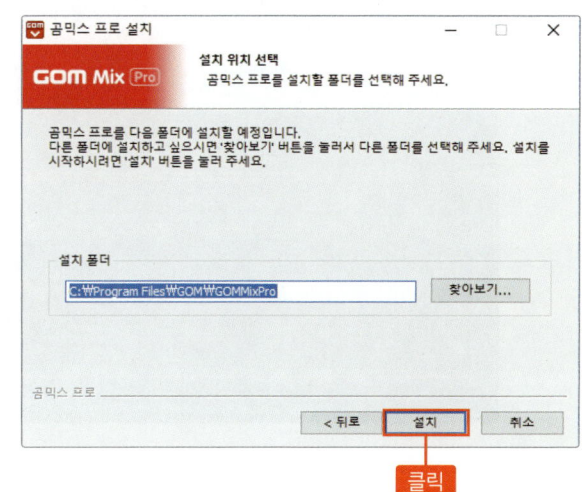

⑧ 프로그램을 설치합니다.   ⑨ '마침'을 클릭합니다.

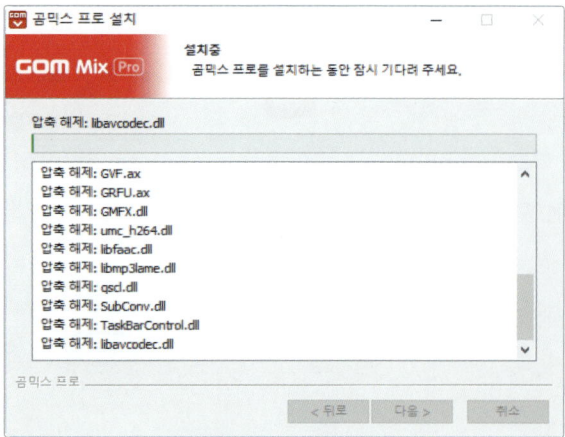 

▶ '곰믹스 프로' 화면 구성 확인하기

① ( ) 아이콘을 더블클릭하여 프로그램을 '곰믹스 프로'를 실행합니다.

② 프로그램 화면 구성을 확인합니다.

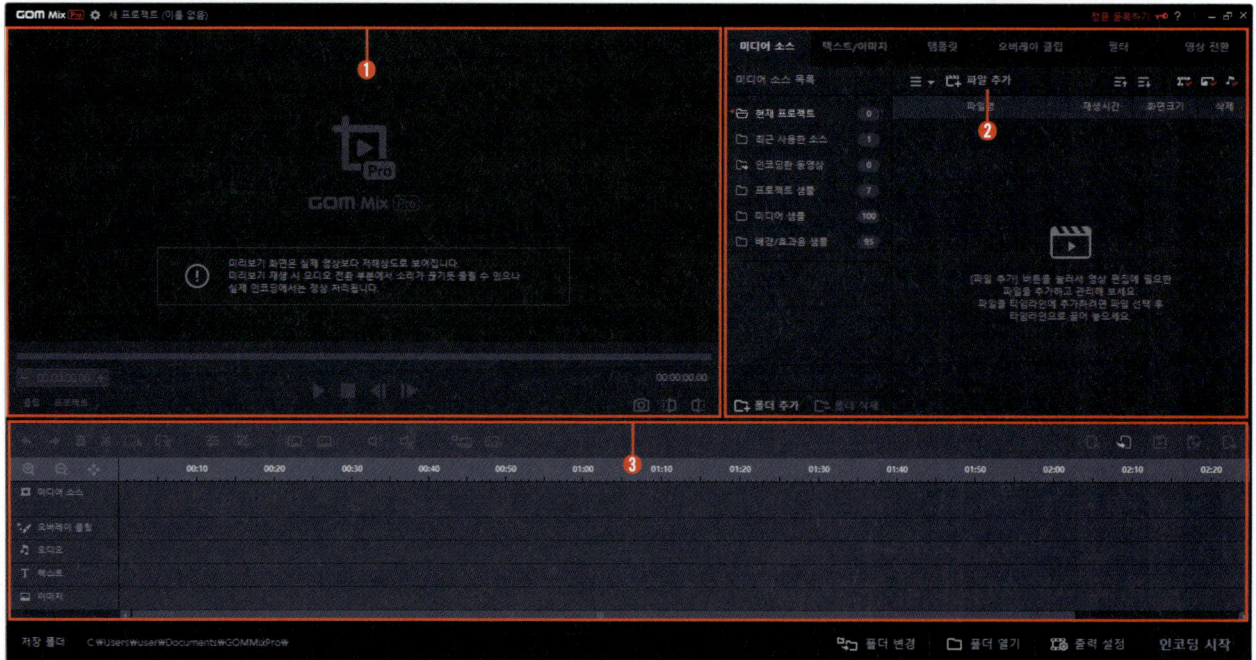

❶ 미리보기 창
❷ 화면 편집 도구 메뉴
❸ 타임라인

02 인사하는 펭수 동영상 만들기

곰믹스 프로 프로그램을 이용하여 인사하는 펭수 동영상을 만들어 봅니다.

① 영상을 만들기 위해 '곰믹스 프로()' 아이콘을 더블클릭합니다.

② [Gom Mix pro] 창이 열리면 [미디어 소스]-[파일 추가]를 클릭합니다.

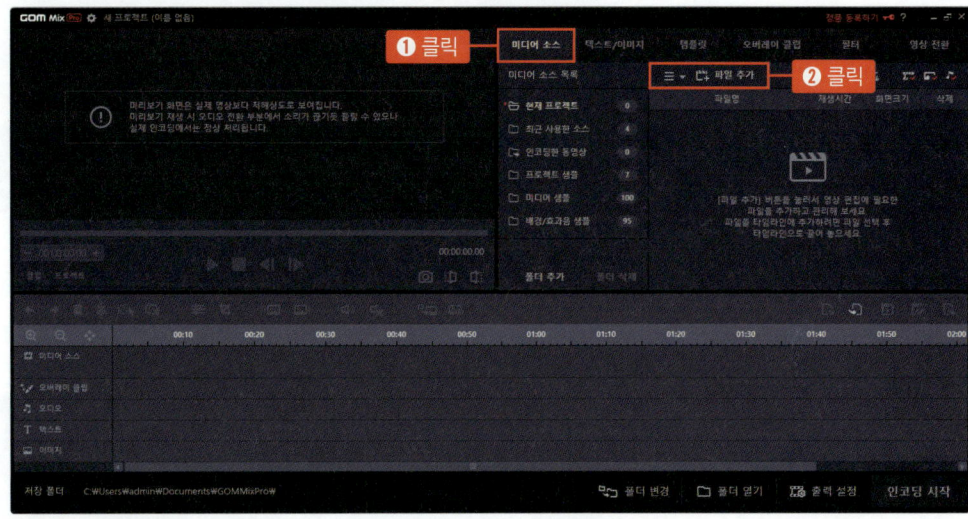

③ [열기] 창이 나타나면 [17강] 폴더에서 '17_예제.avi' 파일을 클릭한 후 [열기]를 클릭합니다.

④ [파일 소스] 창에 추가된 '17_예제.avi' 파일을 '미디어 소스 타임라인'으로 드래그합니다.

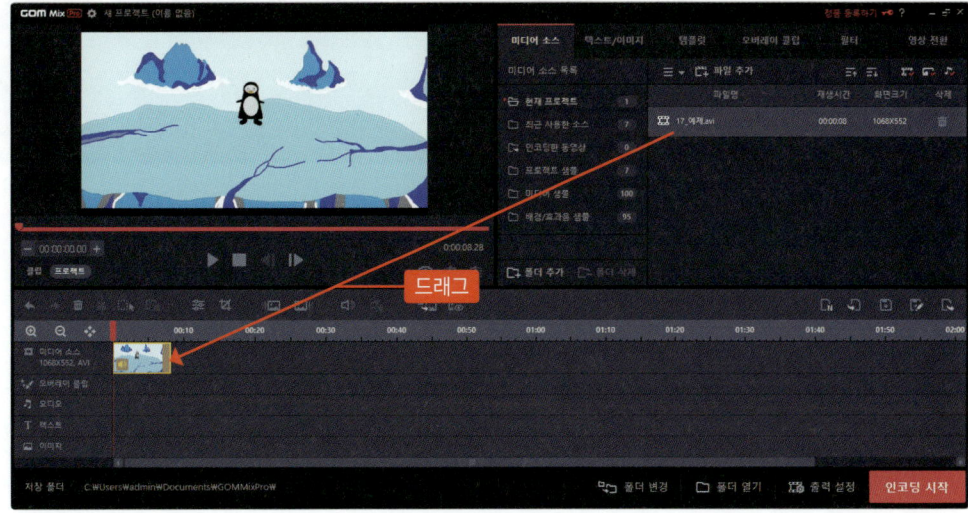

CHAPTER 17 배경음악에 맞춰 인사하는 펭수 **141**

⑤ 배경음악을 추가하기 위해 [미디어 소스] 탭의 [미디어 소스 목록] 중에서 [배경/효과음 샘플]을 클릭하고 'Always together.mp3'를 찾아 '오디오 타임라인'으로 드래그합니다.

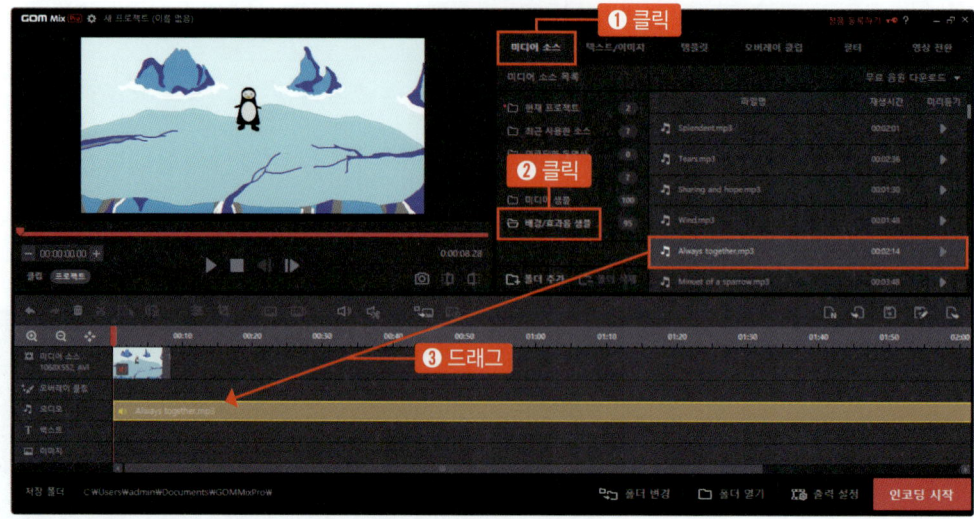

⑥ 영상에 타이틀을 추가하기 위해 [템플릿] 탭의 [템플릿 목록] 중에서 [타이틀/자막]을 클릭하고 '제목15'를 선택한 후 [적용]을 클릭합니다.

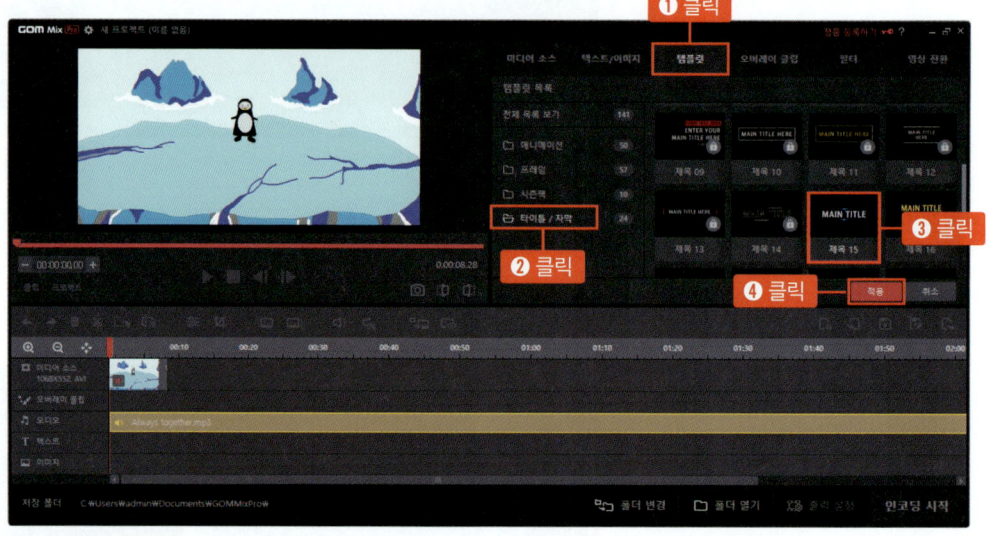

⑦ '텍스트 타임라인'에 추가된 '텍스트'를 더블 클릭하여 기존 텍스트를 삭제한 후 영상의 제목을 입력합니다.

⑧ 텍스트의 속성을 원하는 대로 변경한 후 [적용]을 클릭합니다.

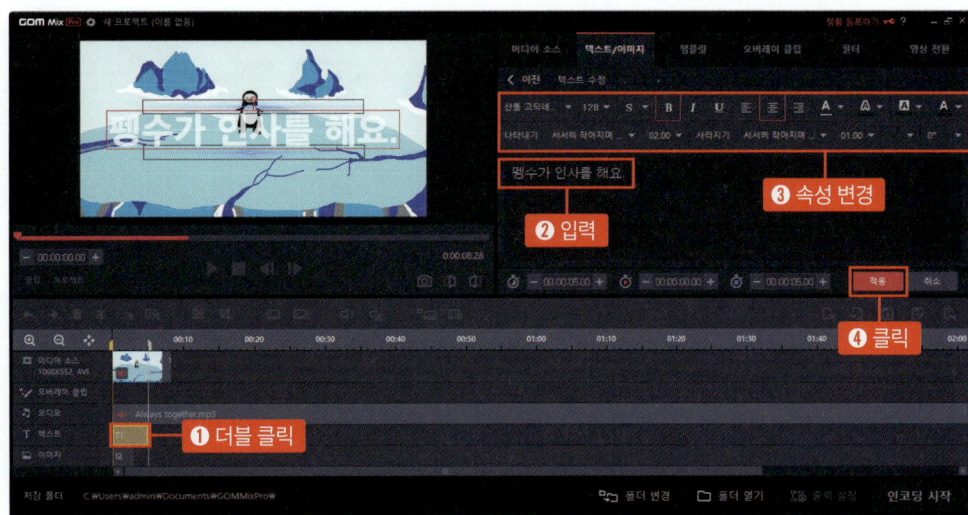

⑨ [텍스트/이미지] 탭에서 [텍스트 추가]를 클릭합니다.

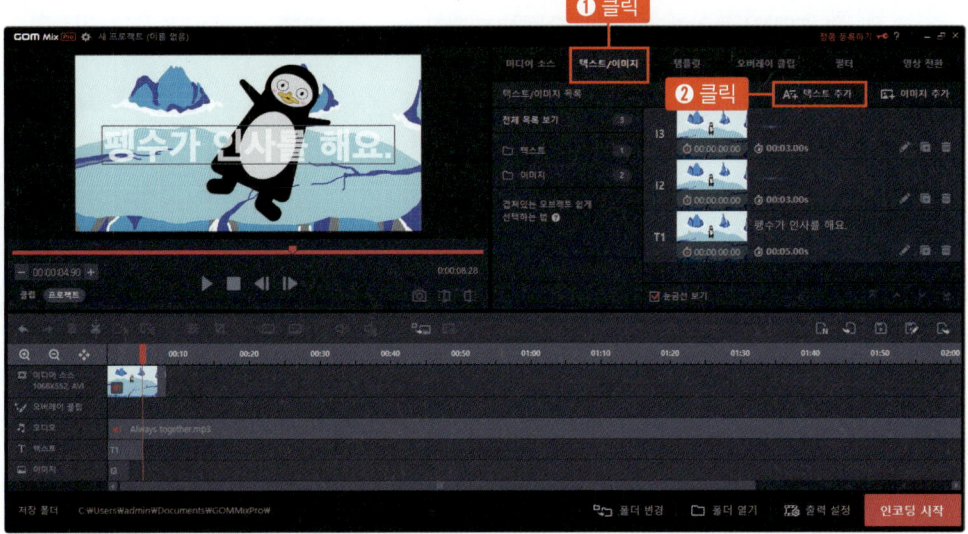

⑩ 텍스트 입력 창에 "펭빠!"를 입력한 후 텍스트 속성을 원하는 대로 변경합니다.

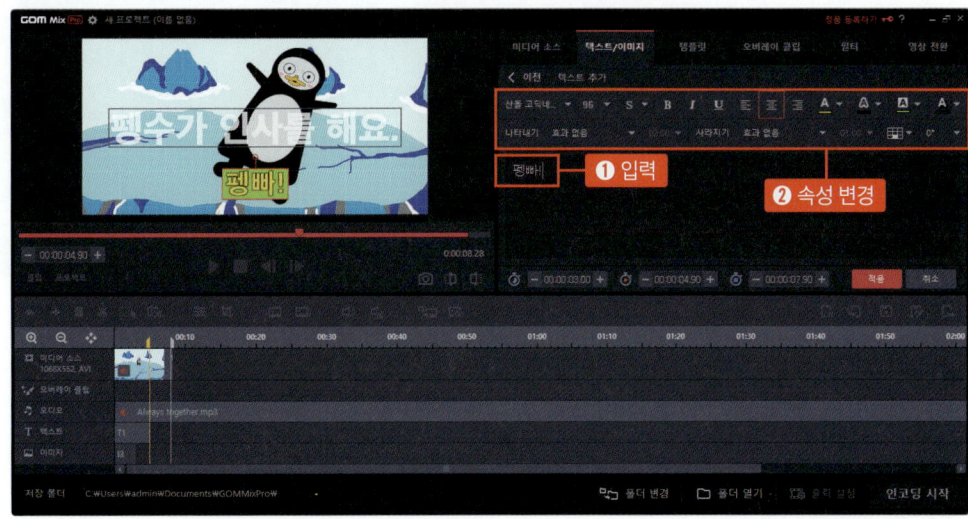

CHAPTER 17 배경음악에 맞춰 인사하는 펭수 **143**

⑪ 자막의 위치를 펭수의 얼굴 쪽으로 이동시킨 후 회전시킵니다.

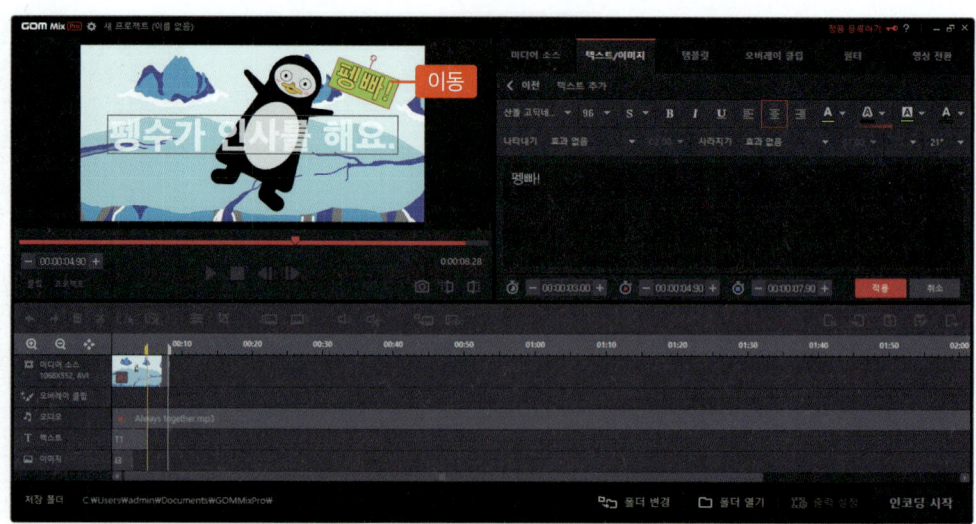

생자소 TIP 자막 이동 및 회전 방법

❶ 자막을 클릭하고 이동할 위치로 드래그하면 텍스트가 이동됩니다.

❷ 텍스트 상단의 '회전 화살표'를 클릭한 후 드래그하면 텍스트가 회전합니다.

⑫ "펭빠!" 텍스트가 출력될 시간을 지정하기 위해 재생시간(5초), 지속시간(3초)을 입력한 후 [적용]을 클릭합니다.

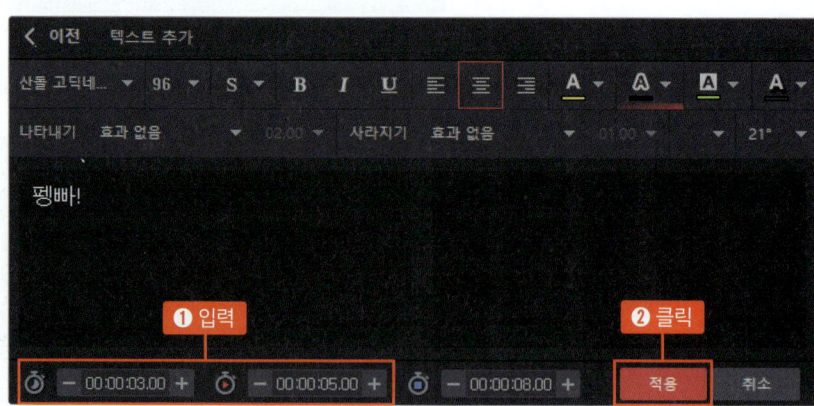

생자소 TIP

- ⏱ : 지속시간
- ⏱ : 재생시간
- ⏱ : 종료시간

⑬ 음악의 길이를 조절하기 위해 '오디오 타임라인'에서 음악을 선택한 후 '선택된 오디오 편집( )'을 클릭하고 '편집'을 클릭합니다.

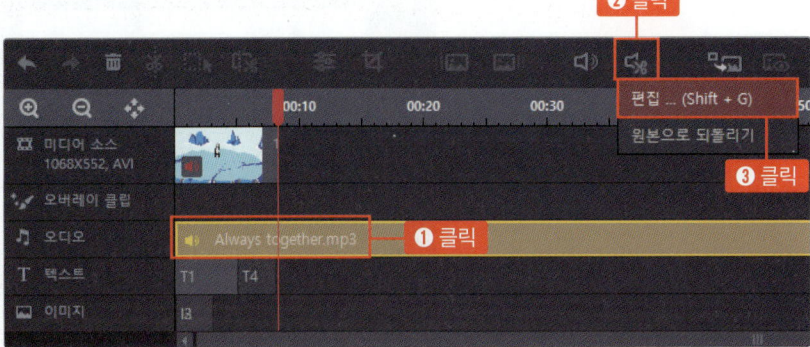

⑭ [오디오 편집기] 창이 나타나면 시작구간(0초)과 종료구간(8초 28)을 입력합니다.

⑮ 상단의 '선택한 영역만 유지( )'를 클릭하여 음악을 잘라낸 후 [적용]을 클릭합니다.

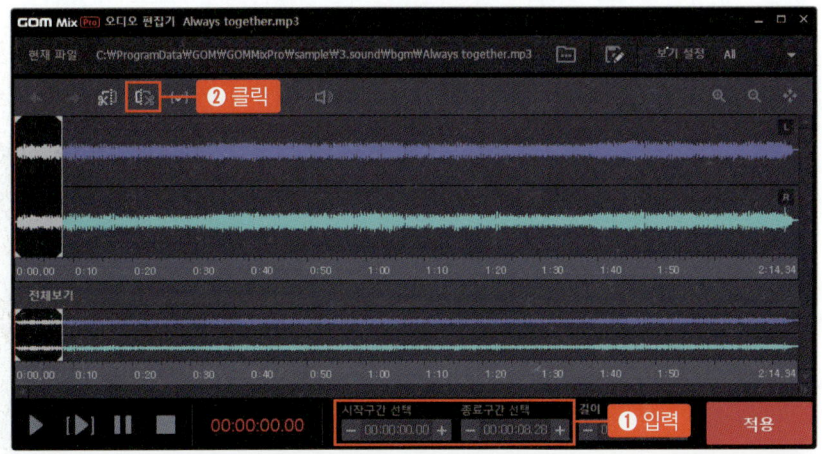

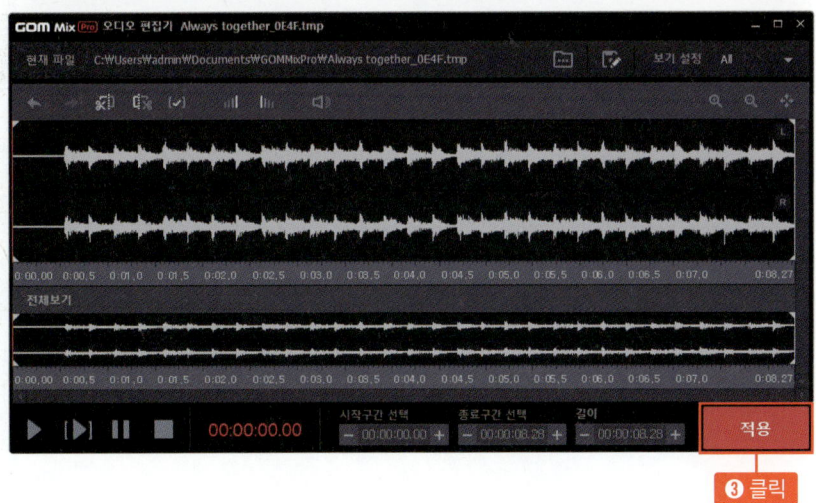

CHAPTER 17 배경음악에 맞춰 인사하는 펭수 **145**

⑯ [Gom Mix pro] 창으로 돌아와 [인코딩 시작]을 클릭합니다.

⑰ [저장 경로 설정]에서 저장 위치를 '바탕화면'으로 지정합니다.

⑱ [파일 이름 설정]에서 파일 이름을 "펭수 인사하기"로 입력한 후 [인코딩 시작]을 클릭합니다.

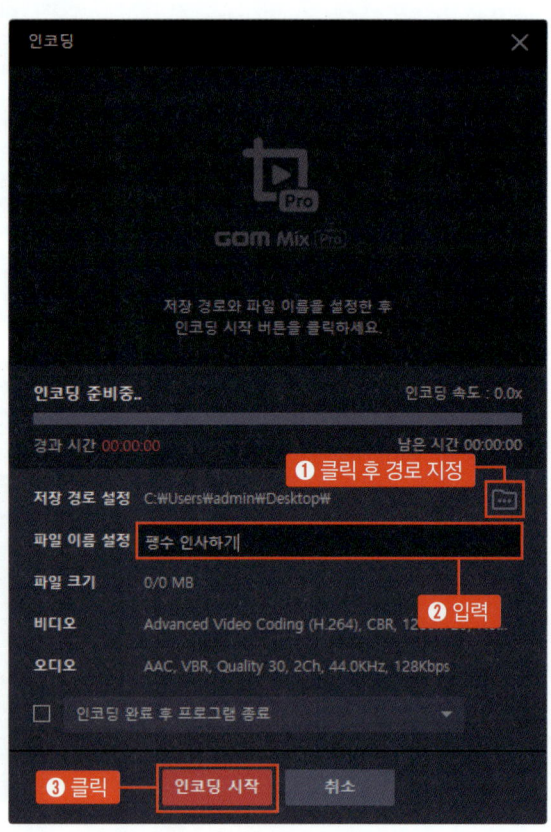

⑲ 인코딩이 끝나면 저장된 영상을 감상합니다.

146 스틱맨과 놀며 배우는 피봇 애니메이터

뿜뿜! 생각 키우기

▶ 예제 파일 : 17_자유예제.avi ▶ 완성 파일 : 17_자유완성.mp4

미션 1 [Gom Mix Pro]를 실행하고 '17_자유예제.avi' 파일을 불러온 후 배경음악과 제목을 추가해 봅니다.

미션 2 영상에 어울리는 자막을 자유롭게 추가하고 배경음악의 길이를 조절한 후 인코딩하여 영상 파일을 만들어 봅니다.

▶ 예제 파일 : 없음 ▶ 완성 파일 : 18_완성.piv

스틱맨, 액션 스쿨 방문하다!

해람이와 펭수 놀이를 하다 지친 스틱맨은 펭수 옷을 벗고 잠을 자고 있었어요.
'띵동' 스틱맨은 잠결에 문자를 확인했어요. '우리 촬영 얼마 안 남은 거 알지? 오늘은 액션 스쿨 꼭 나와라!'
"아… 맞다… 오늘 연습 있었지…" 스틱맨은 머리를 긁적였어요.
'띵동' 스틱맨은 다시 핸드폰을 들어 문자를 확인했어요.
'꼭 나와! 오늘 마지막 연습이니까! 카메라 울렁증 때문에 또 도망갈 생각하지 말고!'
"아휴… 벌써 카메라가 무섭다. 그래도 연습은 가야겠지?"

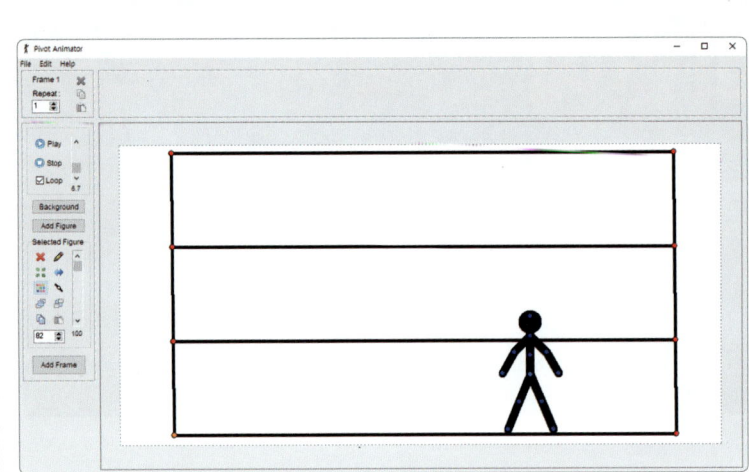

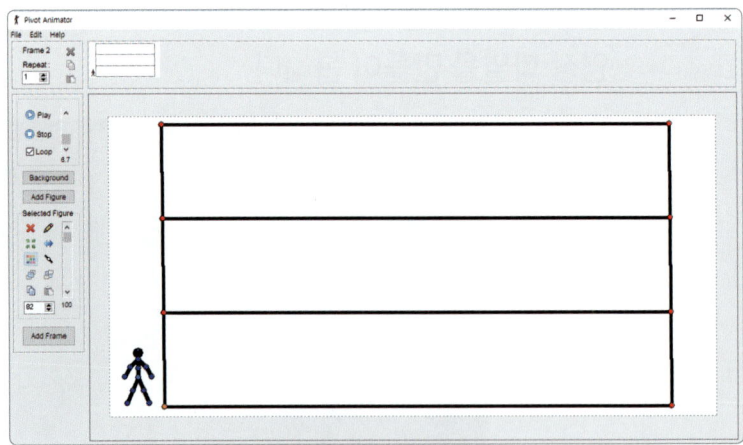

학습목표

- 캔버스의 크기를 변경할 수 있습니다.
- 새로운 개체를 만들 수 있습니다.
- 새로 만든 개체를 이용하여 액션 스쿨의 배경을 만들 수 있습니다.

01 캔버스 크기 변경하기

피봇 프로그램을 실행하고 캔버스의 크기를 '1000×500'으로 설정해 봅니다.

① 피봇 아이콘( )을 더블 클릭하여 피봇(Pivot) 프로그램을 실행한 후 캔버스의 크기를 변경하기 위해 [Edit]-[Options]을 클릭합니다.

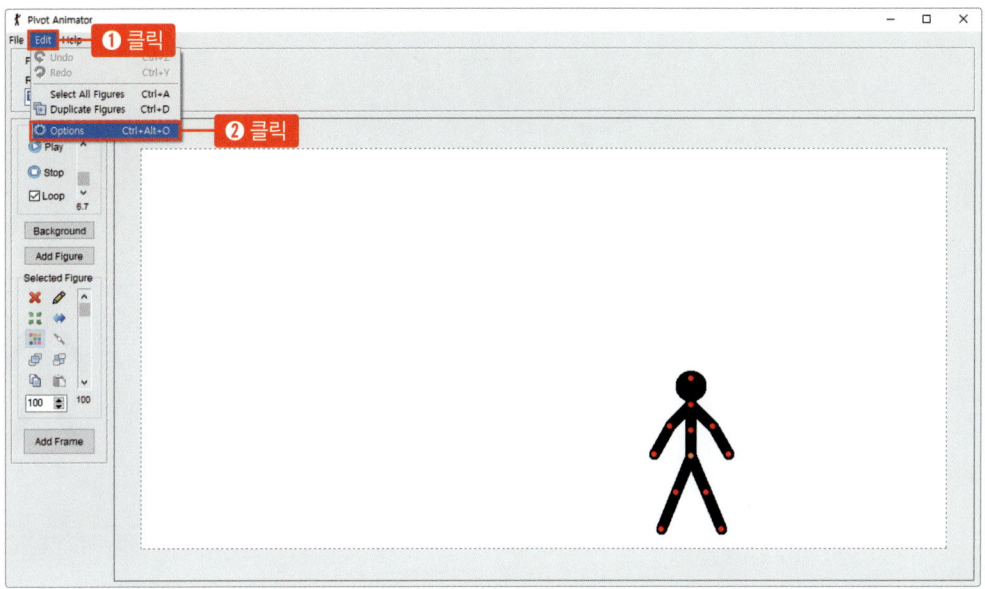

② [Options] 창이 나타나면 [Animation Dimensions] 그룹에서 폭(Width)을 '1000'으로, 높이(Height)를 '500'으로 입력한 후 [OK]를 클릭합니다.

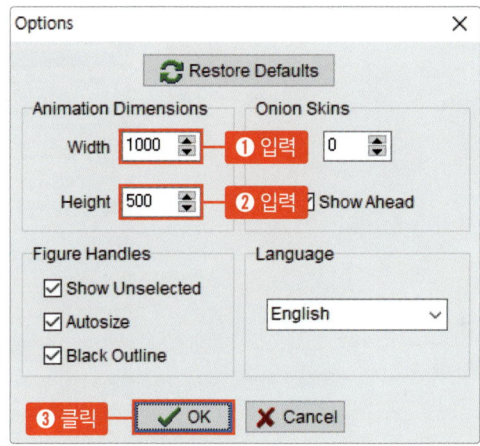

폭(Width)과 높이(Height)는 원하는 크기로 자유롭게 변경해 봅니다.

02 새로운 개체 만들기

배경으로 사용할 액션 스쿨을 새롭게 만들어 봅니다.

1 새로운 개체를 만들기 위해 'Selected Figure' 그룹에서 ✏️을 클릭합니다.

2 [Stick Figure Builder] 창이 열리면 오른쪽 상단의 '최대화(□)'를 클릭하여 창을 키웁니다.

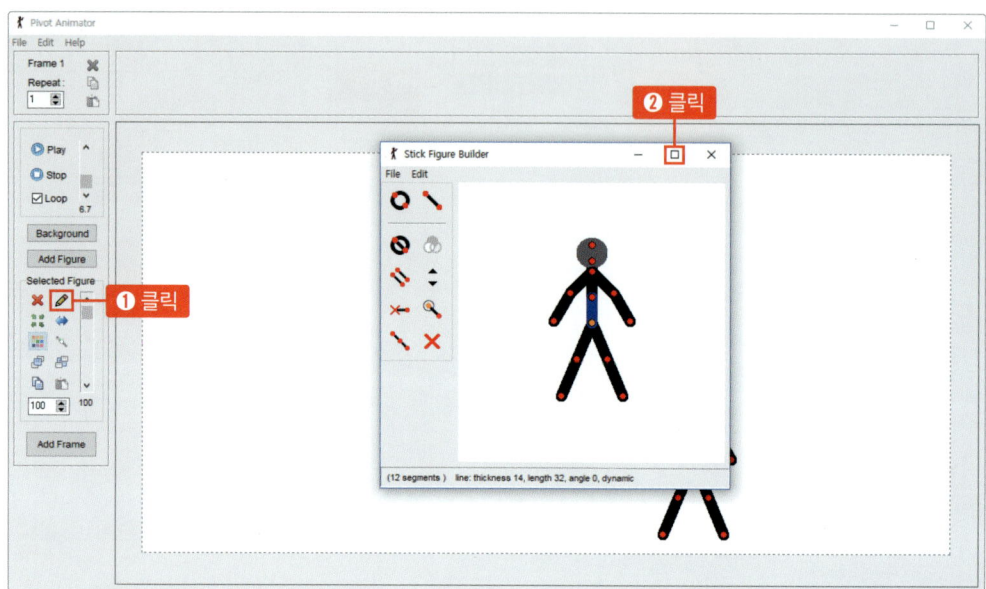

3 새로운 개체를 만들기 위해 [File]-[New]를 클릭합니다.

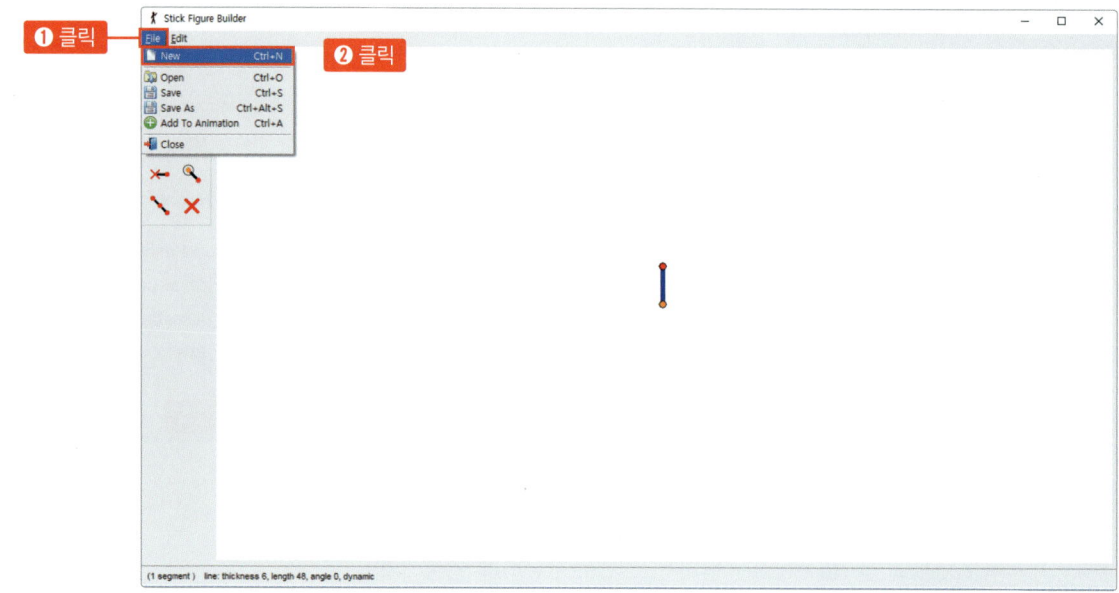

④ 건물을 만들기 위해 '원점'을 클릭한 상태에서 '선'을 왼쪽 하단으로 이동시킵니다.

⑤ 3층 건물을 만들기 위해 Ctrl 키를 누른 상태에서 '조절점'을 위쪽으로 드래그하여 '선'의 길이를 늘립니다.

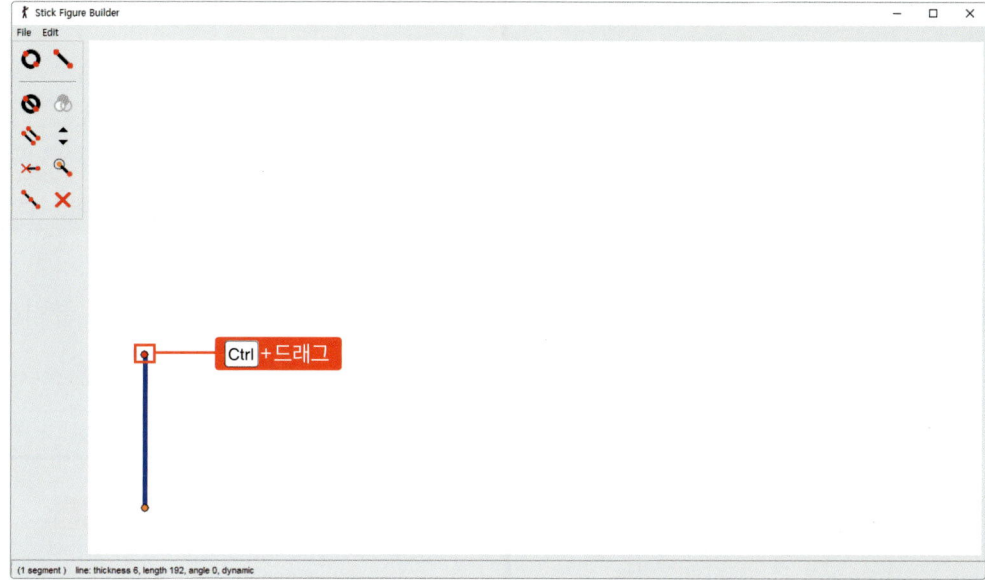

⑥ 이어서 ✎를 클릭하여 같은 크기의 '선'이 복제되면 첫 번째 '선' 위쪽 '조절점'을 클릭하여 연결합니다.

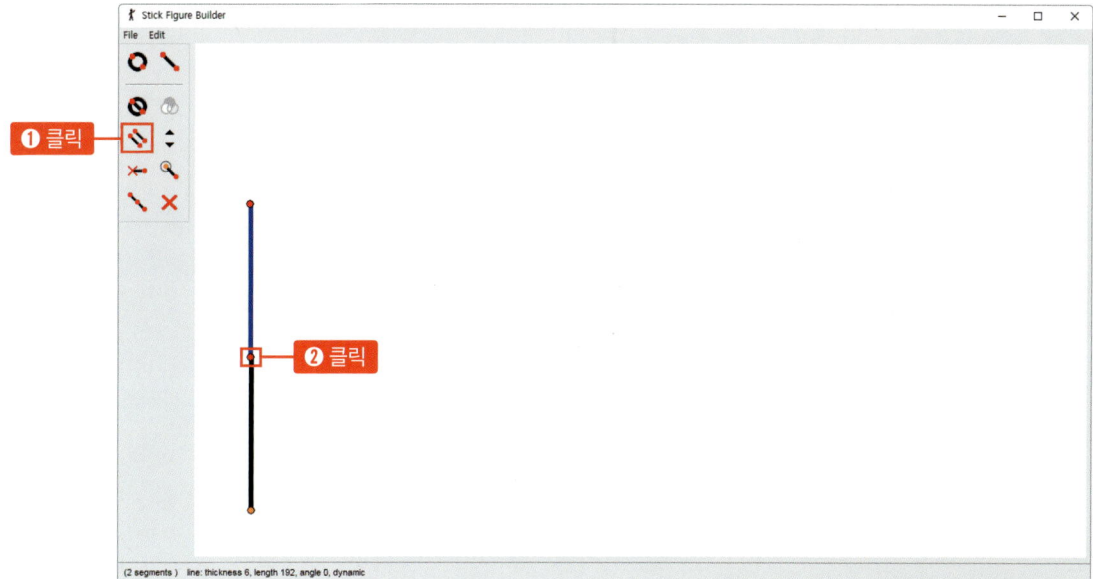

7 **6**과 같은 방법으로 상단에 '선'을 하나 더 연결합니다.

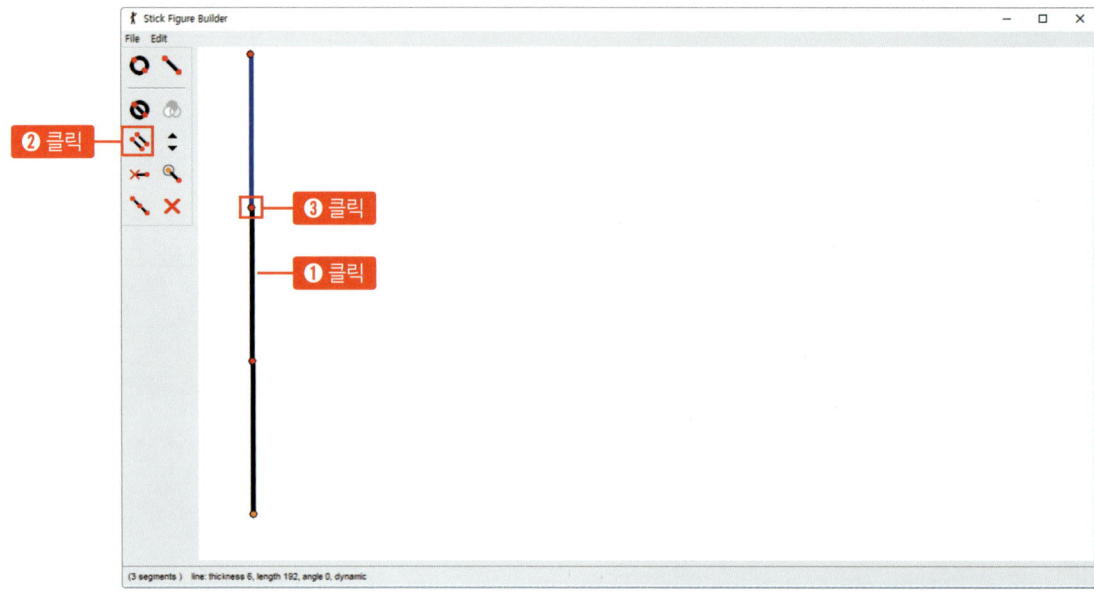

8 건물의 층을 표현하기 위해 을 클릭한 후 '선'의 상단 '조절점'을 클릭하고 오른쪽으로 길게 드래그합니다.

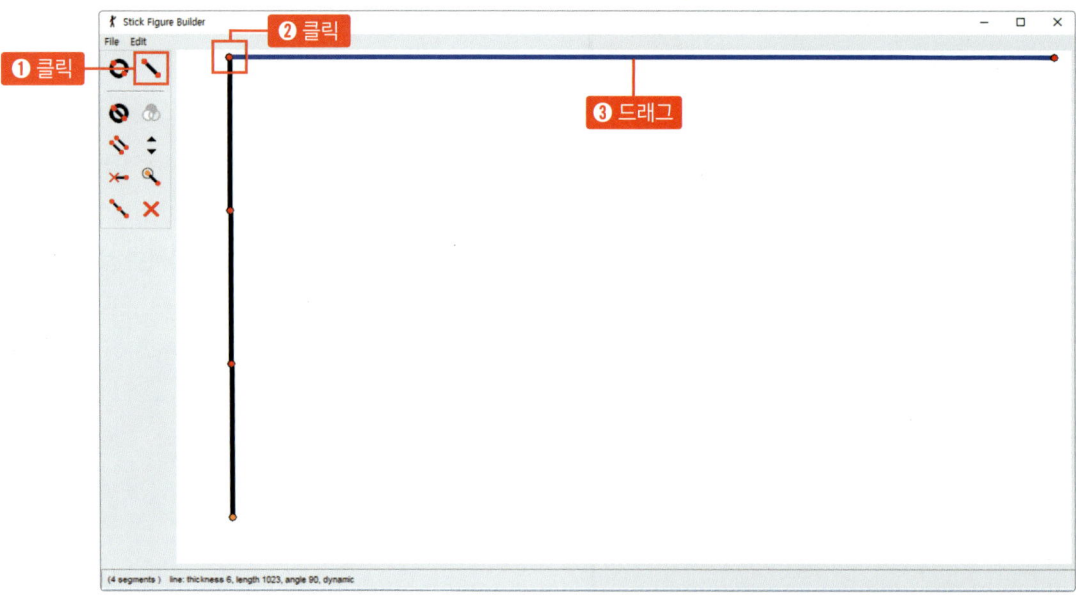

9 이어서 을 클릭하여 같은 크기의 '선'이 복제되면 첫 번째, 두 번째, 세 번째 '조절점'에 붙여넣습니다.

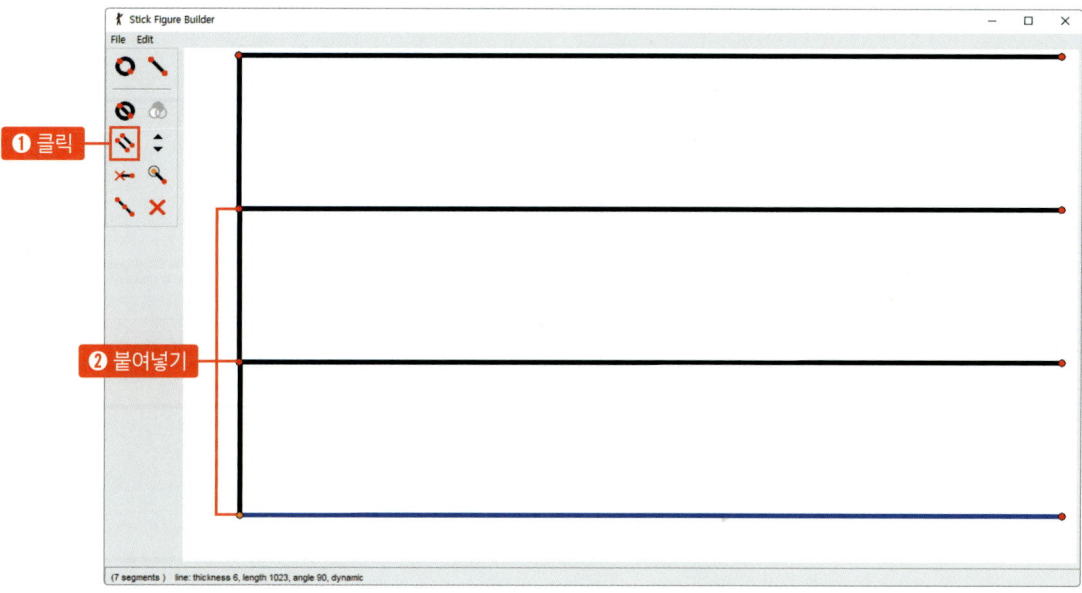

10 **6**과 같은 방법으로 오른쪽에도 '선'을 추가하여 뚫려 있는 벽을 막아 줍니다.

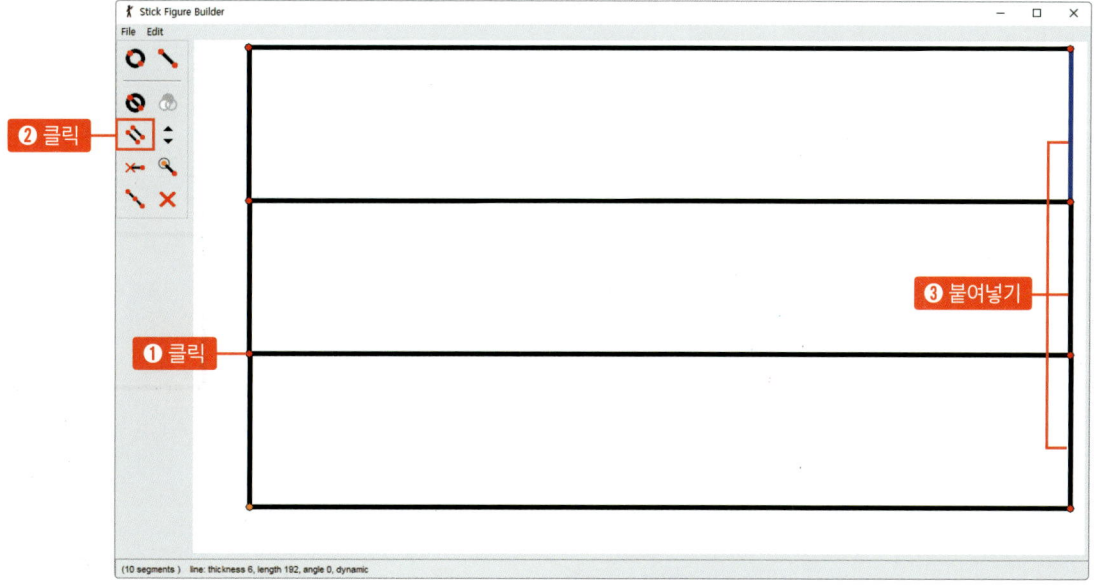

캔버스에 '선'을 추가한 후 '선'이 개별로 움직이지 않게 하려면 '선'을 하나씩 선택하고 를 클릭합니다.

⑪ 완성한 액션 스쿨 건물을 저장하기 위해 [File]-[Add to Animation]을 클릭하고 [Figure Name] 창이 나타나면 "액션 스쿨 건물"을 입력한 후 [OK]를 클릭합니다.

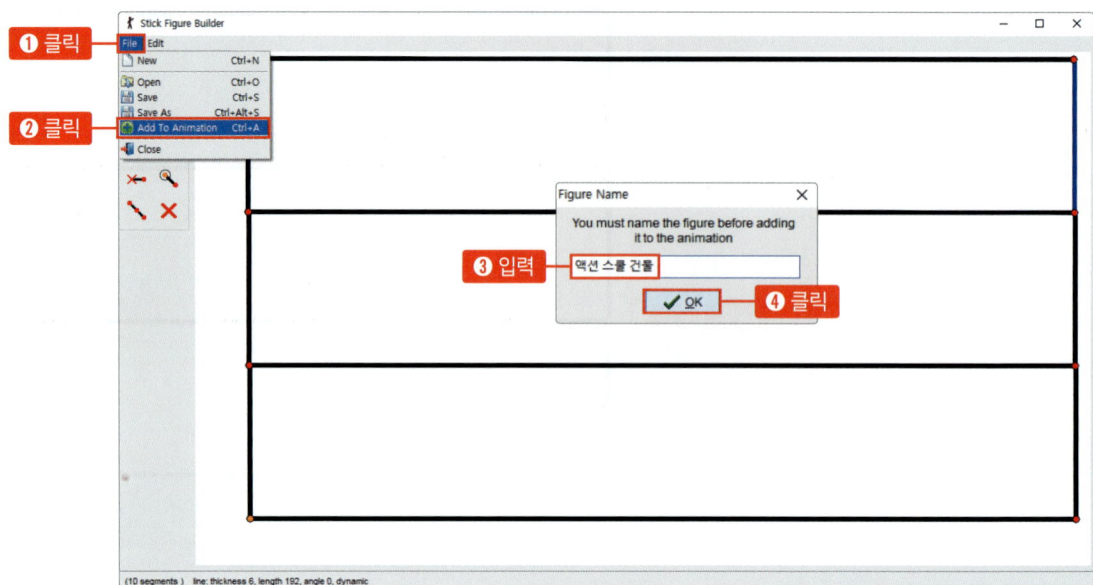

⑫ 캔버스에 '액션 스쿨 건물'이 추가되면 '원점'을 클릭한 후 왼쪽 하단으로 이동시킵니다.

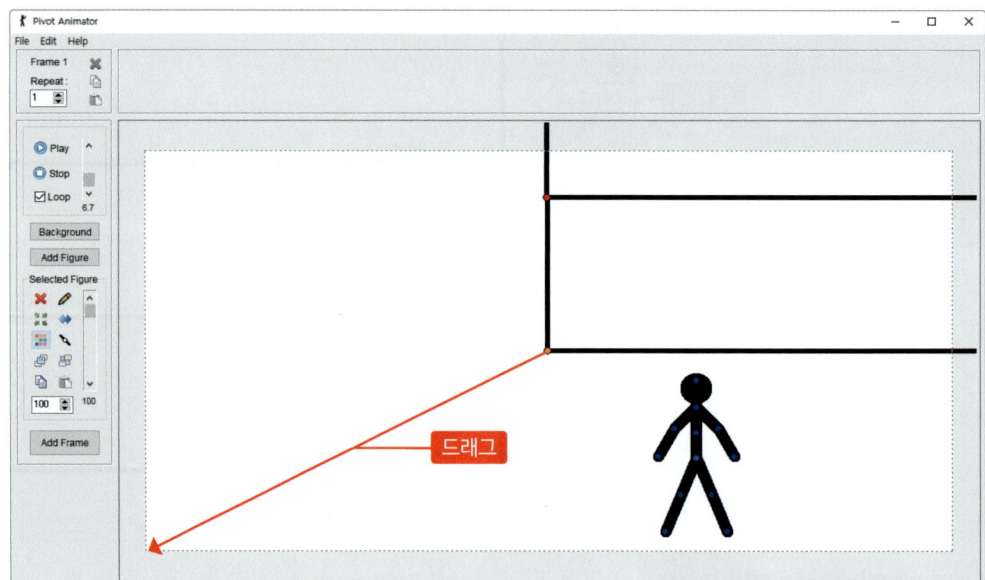

13 Shift + Alt 키를 누른 상태로 '액션 스쿨 건물'의 '조절점'을 드래그하여 크기를 조절합니다.

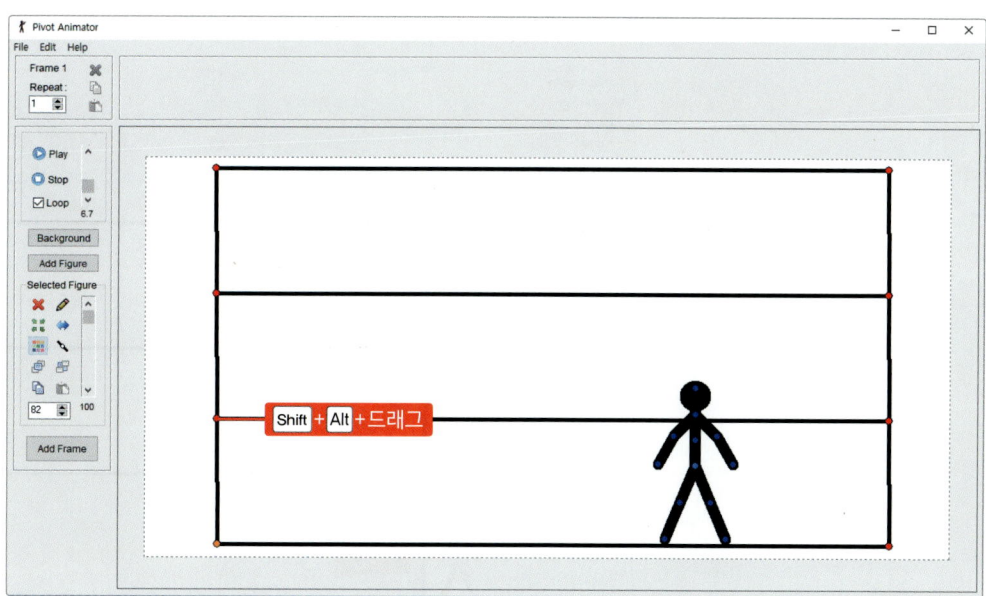

03 스틱맨의 크기를 조절하고 위치 지정하기

스틱맨의 크기를 조절한 후 스틱맨의 위치를 건물 밖으로 이동시켜 봅니다.

1 Shift + Alt 키를 누른 상태로 '스틱맨'의 '조절점'을 드래그하여 크기를 조절합니다.

② '스틱맨'이 '액션 스쿨 건물' 밖에 위치할 수 있도록 '스틱맨'의 '원점'을 클릭한 후 드래그하여 '액션 스쿨 건물' 밖으로 이동시킵니다.

③ Add Frame 을 클릭하여 '프레임'을 추가하고 [File]-[Save Animation]을 클릭한 후 [다른 이름으로 지장] 창이 나타나면 "18강 완성"을 입력하고 [저장]을 클릭합니다.

뿜뿜! 생각 키우기

미션 1 '선'을 이용하여 계단을 만들고 'Stick Figure File'로 저장해 봅니다.

▶ 예제 파일 : 없음 ▶ 완성 파일 : 계단.stk

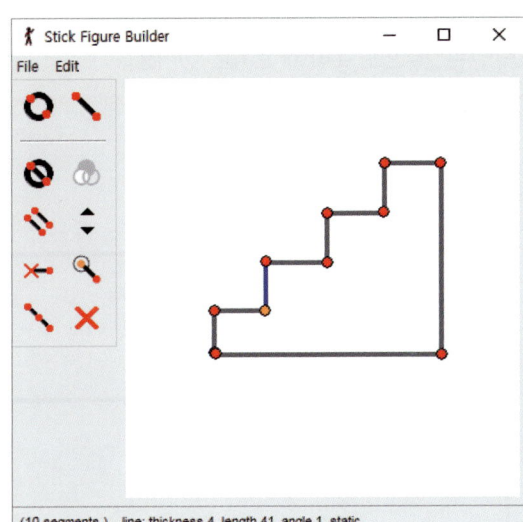

나와라, 힌트! '계단'에 사용한 선을 전부 ✖를 선택하여 개체를 캔버스에 추가했을 때 '조절점'이 나타나지 않도록 합니다.

미션 2 '선'을 이용하여 문을 만들고 'Stick Figure File'로 저장해 봅니다.

▶ 예제 파일 : 없음 ▶ 완성 파일 : 문.stk

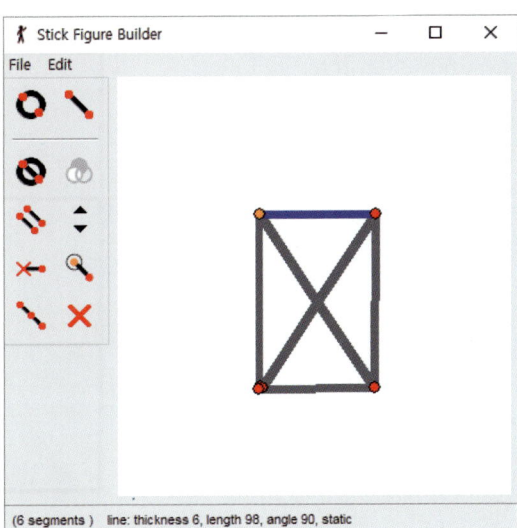

나와라, 힌트! '문'에 사용한 선을 전부 ✖를 선택하여 개체를 캔버스에 추가했을 때 '조절점'이 나타나지 않도록 합니다.

CHAPTER 18 스틱맨, 액션 스쿨 방문하다! **157**

스틱맨, 액션 스쿨 문을 열다!

▶ 예제 파일 : 19_예제.piv   ▶ 완성 파일 : 19_완성.piv

스틱맨은 액션 스쿨에 도착해 문을 열고 건물 안으로 들어갔어요.
"왜 이렇게 조용해?" 스틱맨은 건물 안을 이리 저리 둘러 봤어요.
"뭐야? 아무도 안 온 거야? 2층에 있나?"
스틱맨은 2층으로 올라가 보기로 했어요.

▶ 완성 애니메이션 파일 : 19_애니메이션.gif

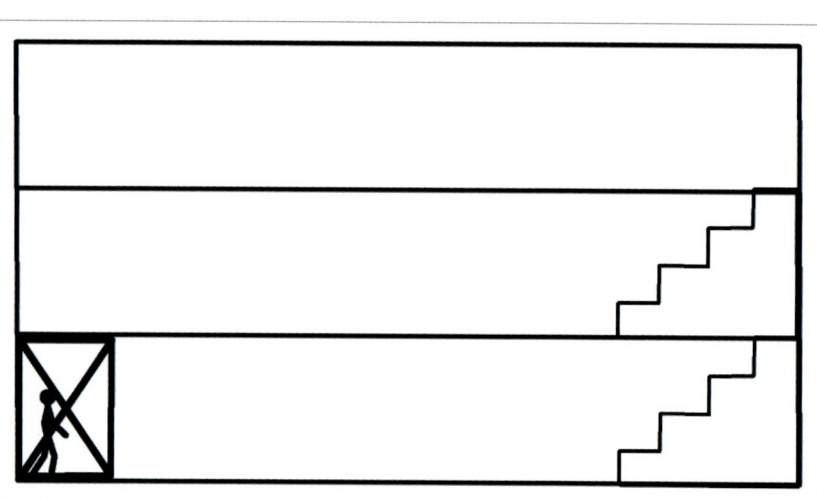

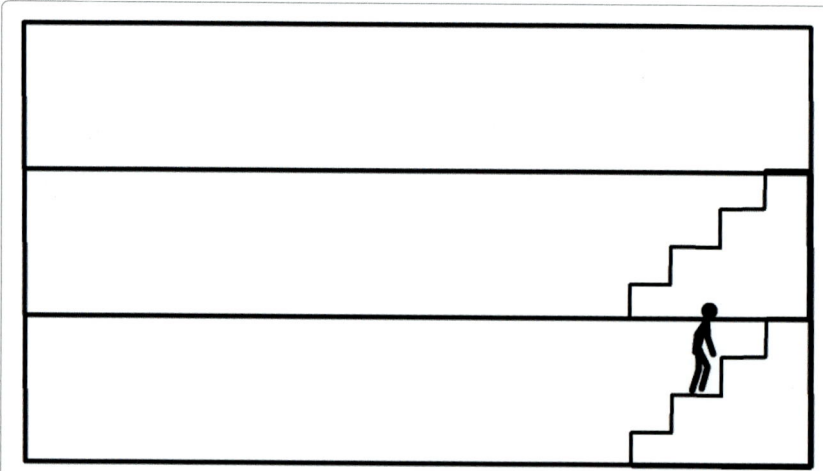

학습목표

- 외부에서 개체를 불러와 사용할 수 있습니다.
- 스틱맨이 계단을 오르는 모습을 표현할 수 있습니다.

01 외부에서 개체 가져오기

외부에서 계단 개체를 불러와 1층에서 3층을 연결해 봅니다.

① 피봇 아이콘(🕴)을 더블 클릭하여 피봇(Pivot) 프로그램을 실행한 후 '19_예제.piv'를 불러옵니다.

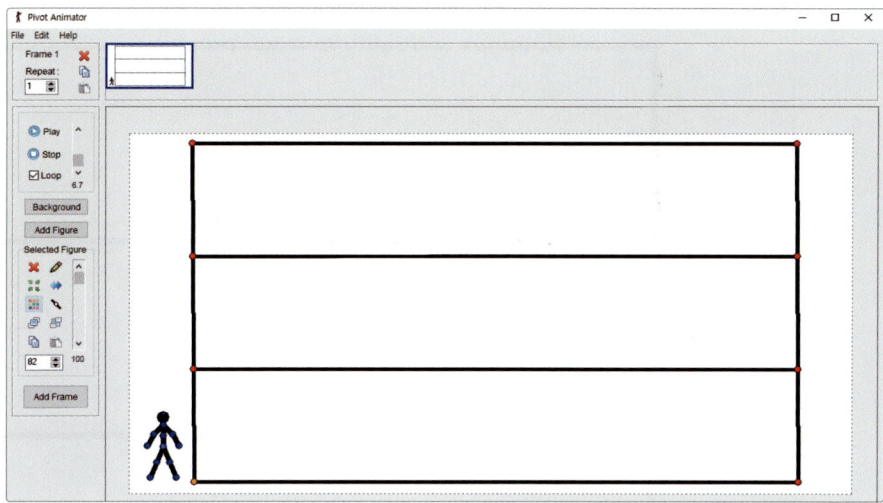

② '액션 스쿨 건물'에 '계단'을 추가하기 위해 [File]-[Load Figure Type]을 클릭한 후 [19강] 폴더에서 '계단' 개체를 선택하고 [열기]를 클릭합니다.

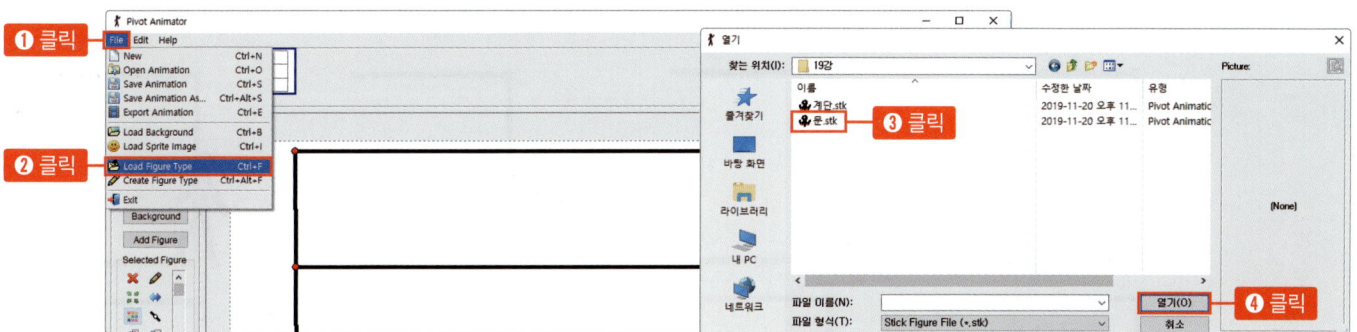

③ '1'층에서 '2'층으로 올라갈 수 있도록 불러온 '계단'을 오른쪽 끝으로 이동시킵니다.

④ 이어서 Add Figure 를 클릭하여 '계단'을 하나 더 추가하고 '2'층에서 '3'층을 이어줍니다.

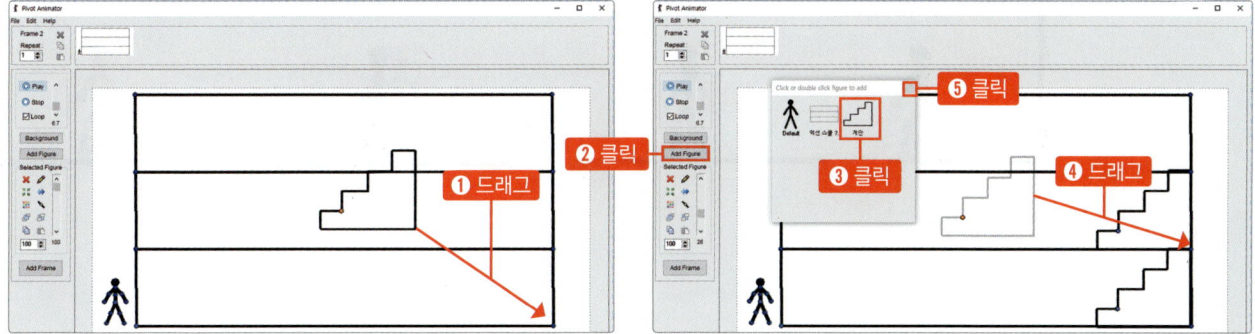

CHAPTER 19 스틱맨, 액션 스쿨 문을 열다! **159**

02 액션 스쿨 안으로 들어가는 스틱맨

'스틱맨'이 문을 열고 '액션 스쿨' 안으로 들어가는 모습을 표현해 봅니다.

① '스틱맨'이 '액션 스쿨' 안으로 들어가는 모습을 표현하면서 '프레임'을 한 장씩 추가합니다.

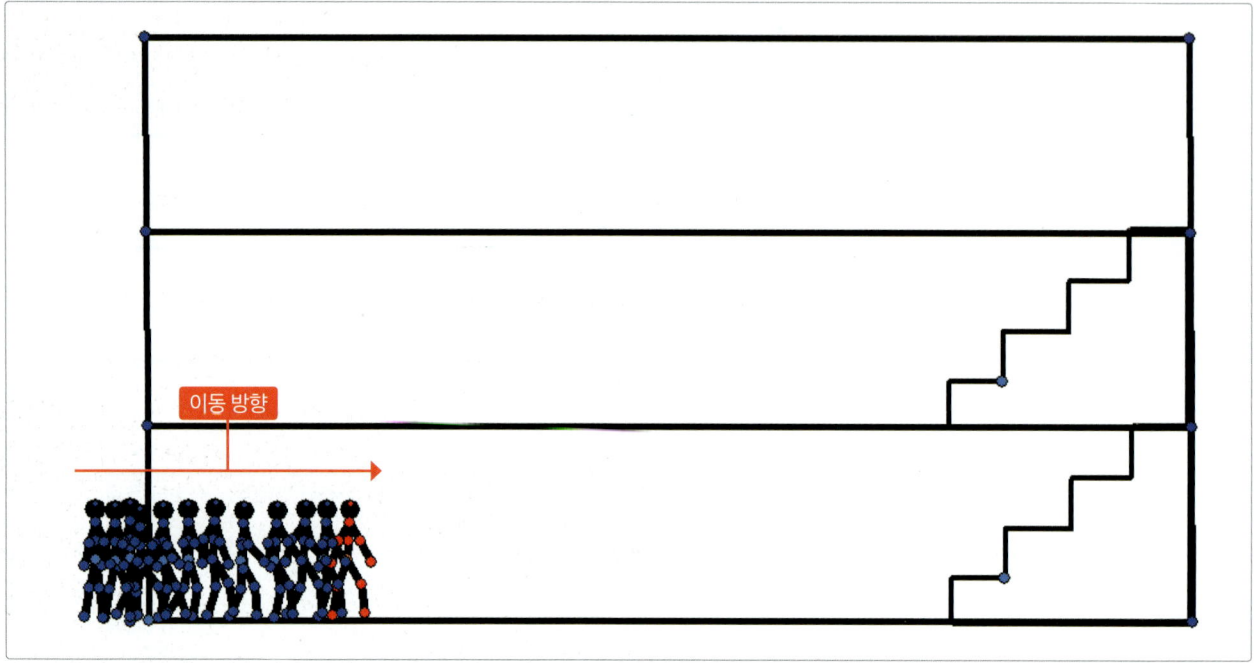

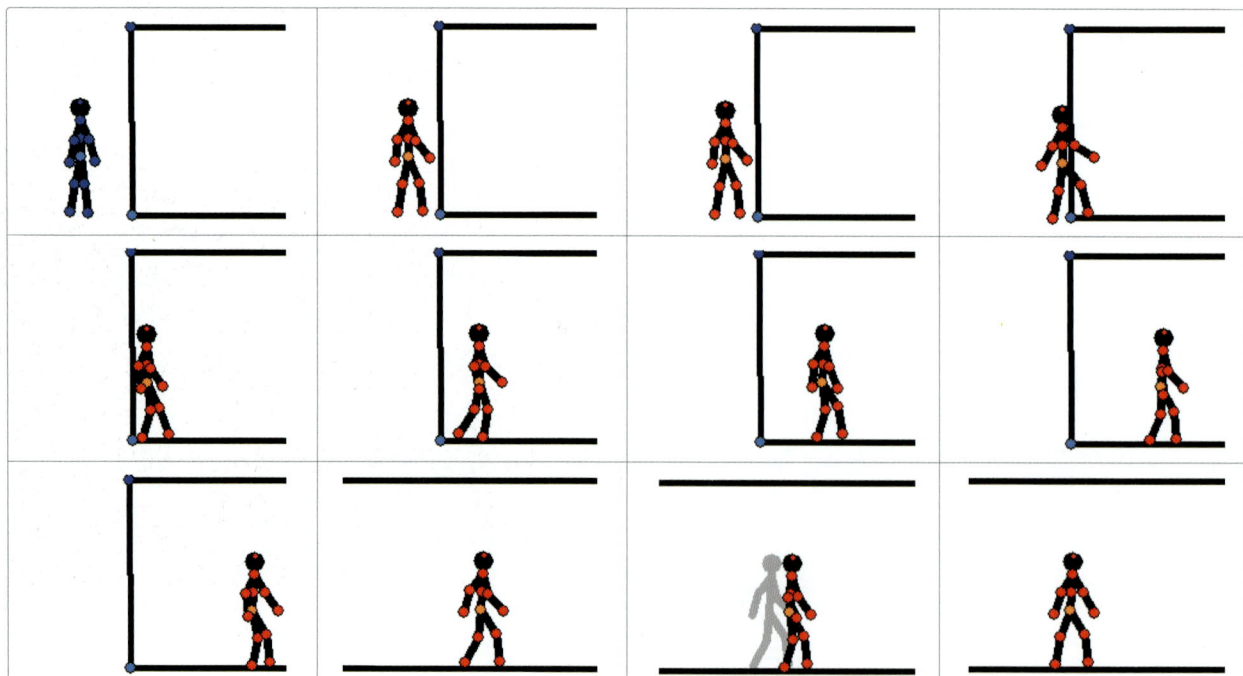

▲ '스틱맨'이 '액션 스쿨' 안으로 들어가는 모습

03 스틱맨이 건물로 들어갈 때 문 열기

'스틱맨'이 '액션 스쿨' 안으로 들어갈 때 문이 자동으로 열리는 모습을 표현해 봅니다.

① '스틱맨'이 '액션 스쿨'로 들어갈 때의 '프레임'을 찾아 선택합니다.

② '스틱맨'이 지나갈 때 문이 열리도록 [File]-[Load Figure Type]을 클릭한 후 [19강] 폴더에서 '문' 개체를 불러옵니다.

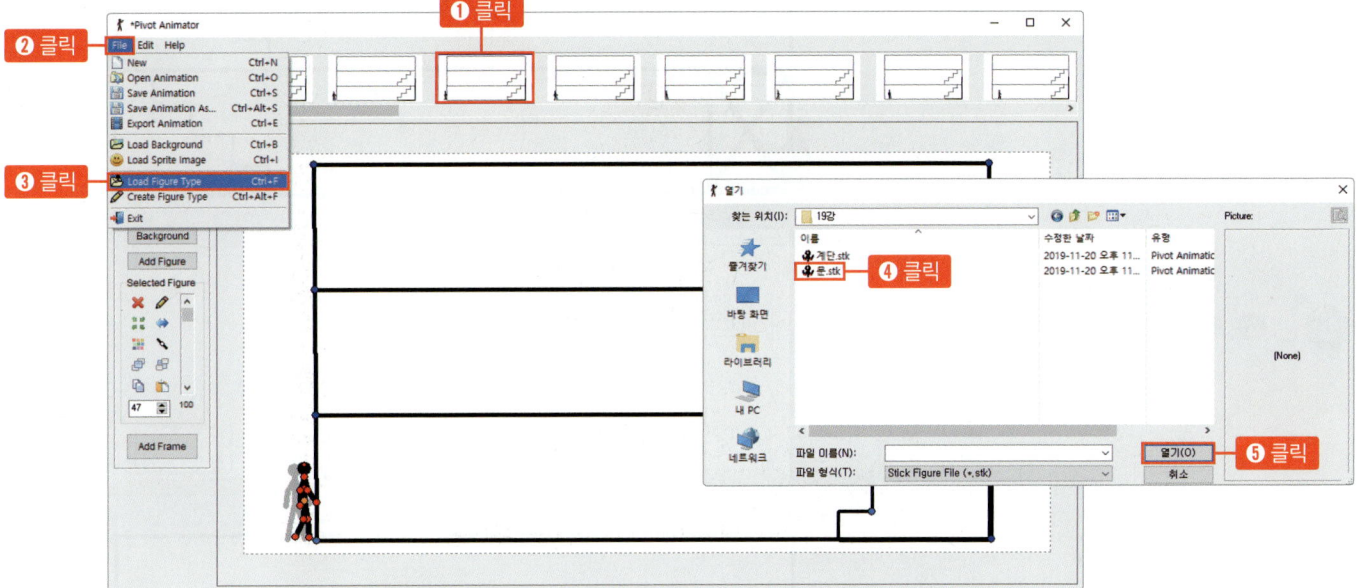

③ 추가한 '문'을 왼쪽 하단으로 이동시킨 후 다음 '프레임'을 선택합니다.

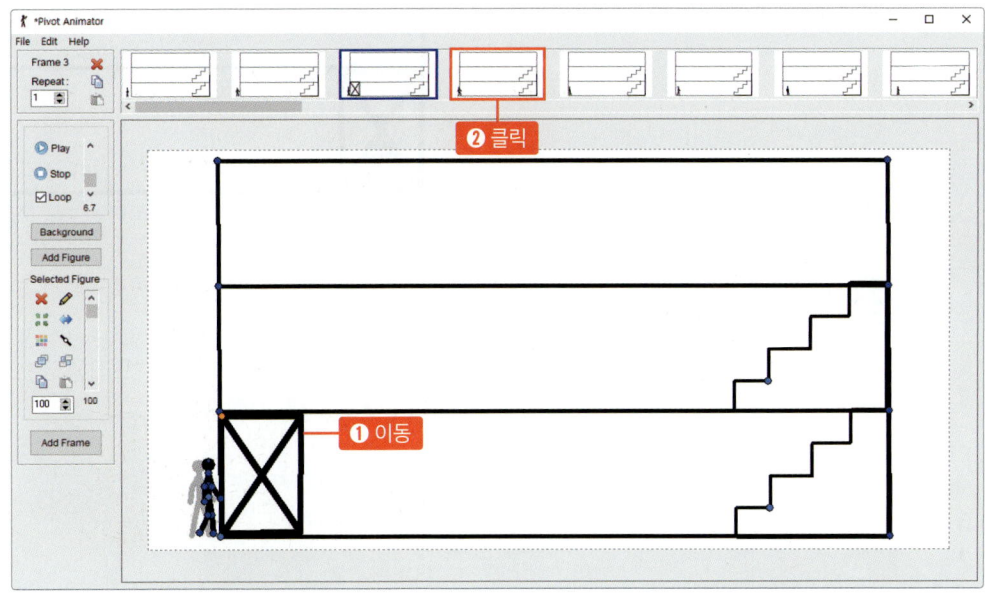

CHAPTER 19 스틱맨, 액션 스쿨 문을 열다! **161**

④ 잠시 '문'이 열려 있는 모습을 표현하기 위해 Add Figure 를 클릭하고 '문'을 불러와 이전 '프레임'과 같은 위치로 이동시킵니다.

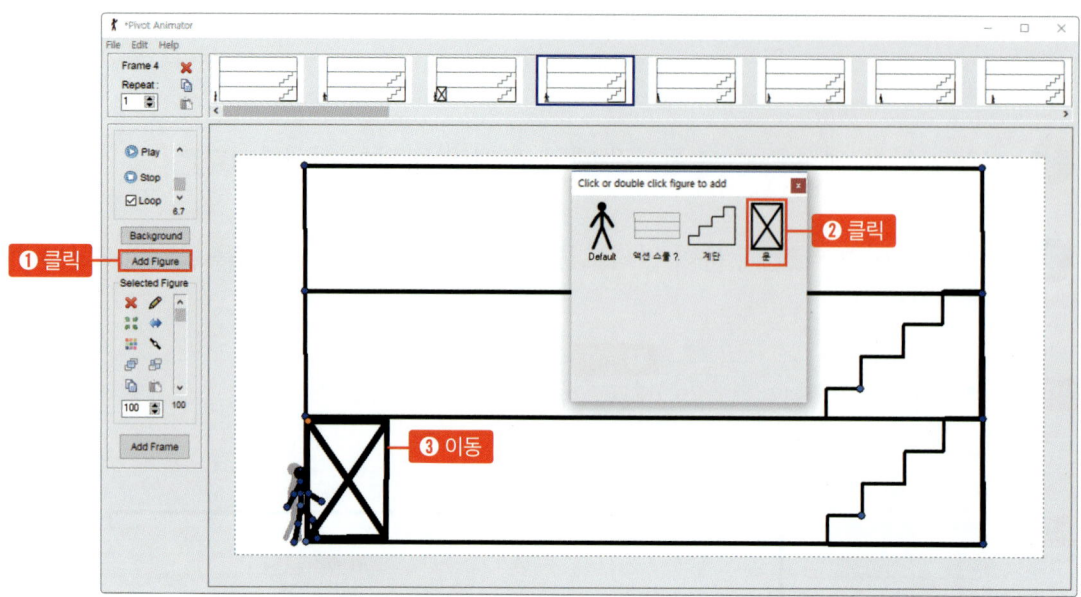

⑤ ③, ④와 같은 방법으로 다음 '프레임' 3개에도 '문'을 추가합니다.

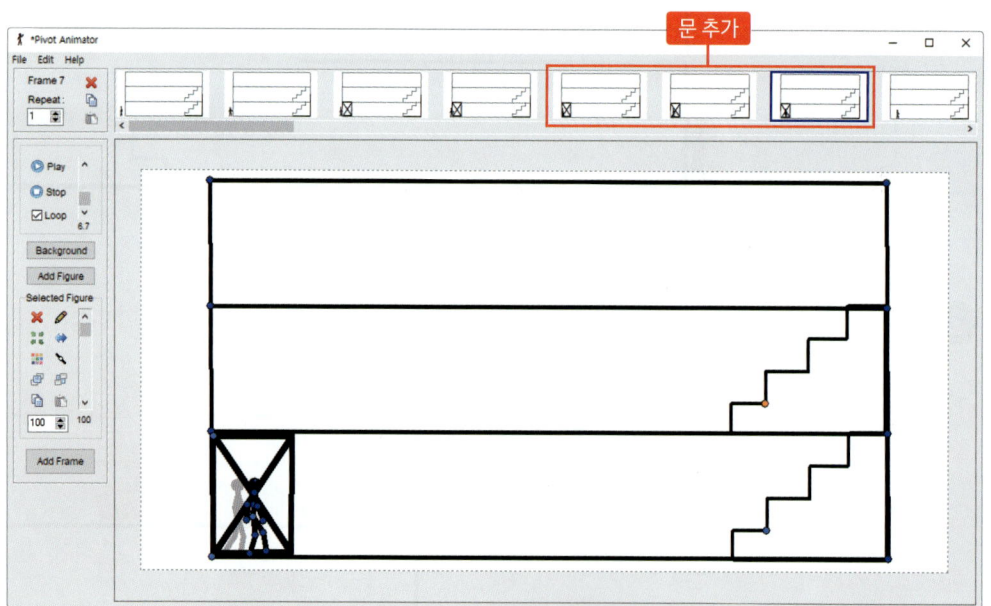

생자소 TIP

'개체'를 추가할 때 '개체'를 선택하고 Ctrl + C 키를 눌러 복사한 후 다음 '프레임'에서 Ctrl + V 키를 눌러 붙여 넣어도 Add Figure 를 클릭하여 '개체'를 추가하는 방법과 같은 결과를 보여줍니다.

04 계단 오르는 스틱맨

'스틱맨'이 1층에서 2층으로 계단을 오르는 모습을 표현해 봅니다.

1 '스틱맨'이 1층에서 2층으로 올라가 두리번거리는 모습을 표현하면서 '프레임'을 한 장씩 추가합니다.

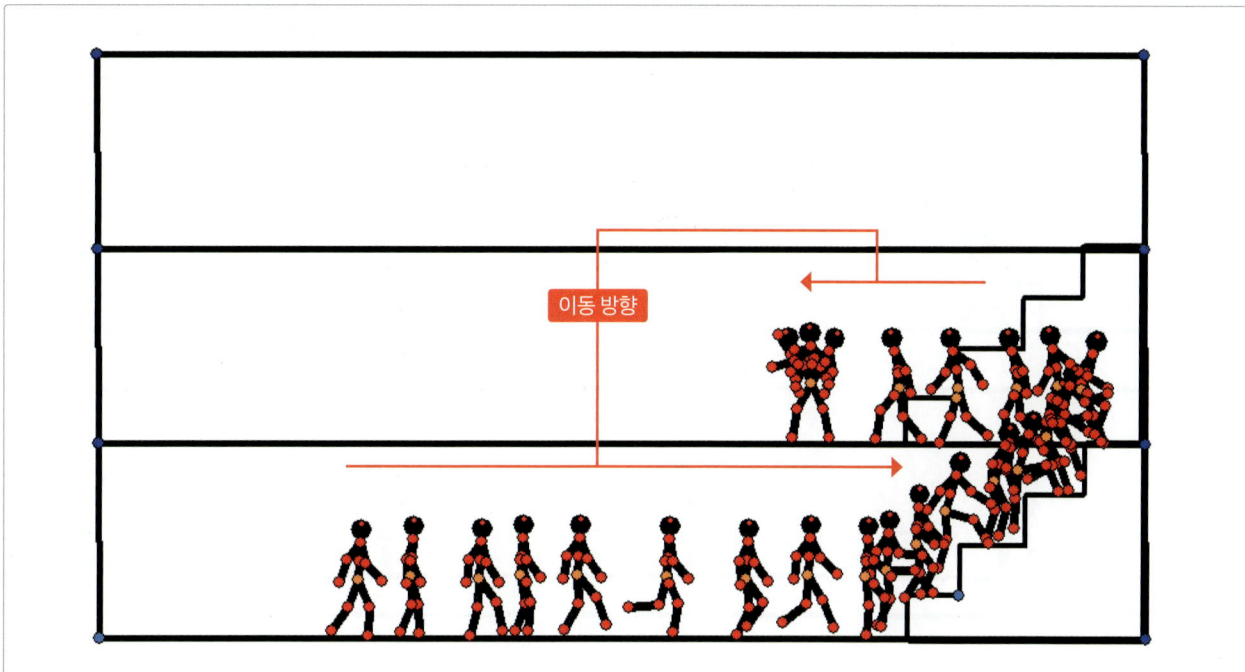

이동 방향

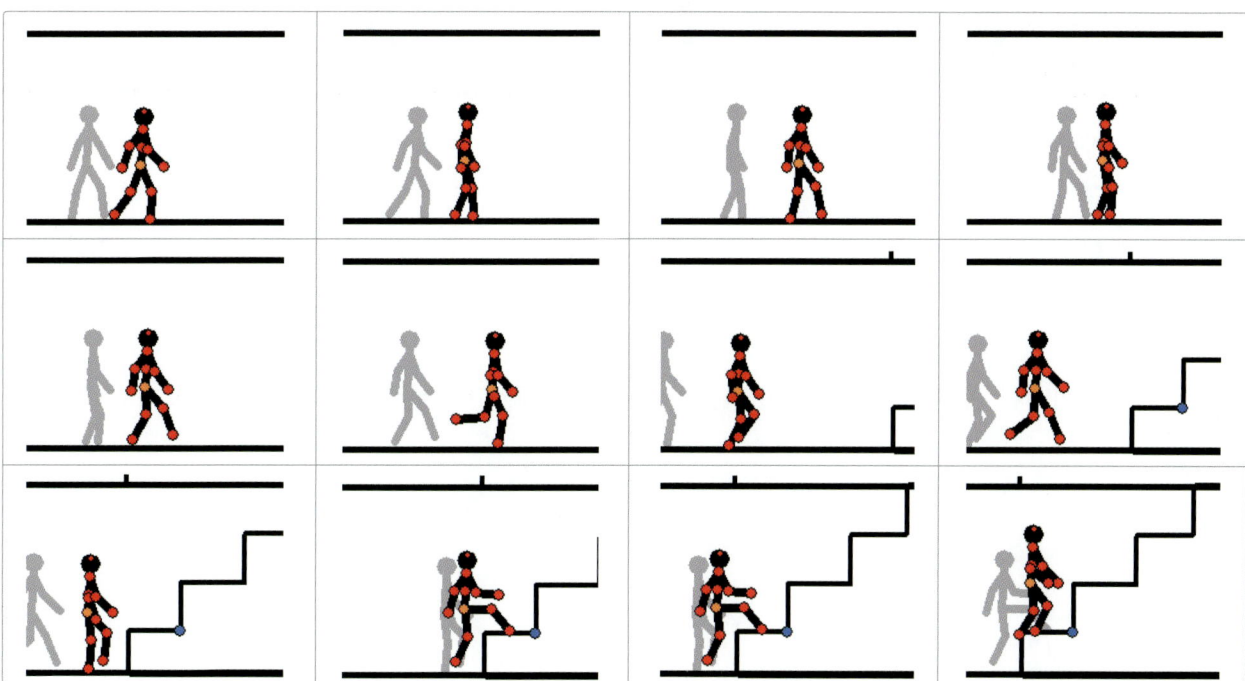

CHAPTER 19 스틱맨, 액션 스쿨 문을 열다! **163**

▲ '스틱맨'이 성큼성큼 '계단'을 오르는 모습

② 완성한 파일은 다음에도 편집할 수 있도록 [File]-[Save Animation]을 클릭한 후 이름을 "19강 완성"으로 입력하고 [저장]을 클릭합니다.

③ 애니메이션을 확인할 수 있도록 [File]-[Export Animation]을 클릭하여 'Gif 파일'로 저장합니다.

뿜뿜! 생각 키우기

미션 1 '스틱맨'이 빠르게 달리는 모습을 표현해 봅니다.

▶ 예제 파일 : 19_자유예제01.piv   ▶ 완성 파일 : 19_자유완성01.piv

미션 2 '스틱맨'이 토끼처럼 점프하는 모습을 표현해 봅니다.

▶ 예제 파일 : 19_자유예제02.piv   ▶ 완성 파일 : 19_자유완성02.piv

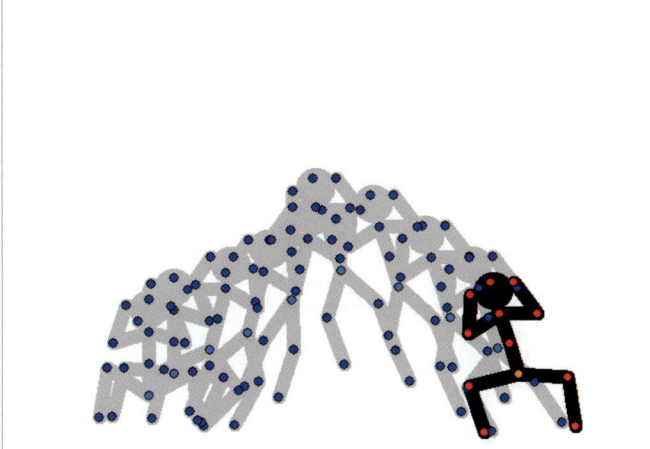

Chapter 20

▶ 예제 파일 : 20_예제.piv ▶ 완성 파일 : 20_완성.piv

조용히 걸어 나오는 동료 스틱맨

"쉿! 조용히 걸어! 스틱맨이 듣겠다!"
스틱맨이 문을 열고 들어오는 소리를 듣고 동료 스틱맨들은 3층에서 조용히 나타났어요.
"킥킥킥.. 스틱맨 깜짝 놀라겠지?" 동료들은 서로 킥킥대며 웃었어요.
"다들 어디 있는 거야! 진짜 아무도 안 온 거야?"

▶ 완성 애니메이션 파일 : 20_애니메이션.gif

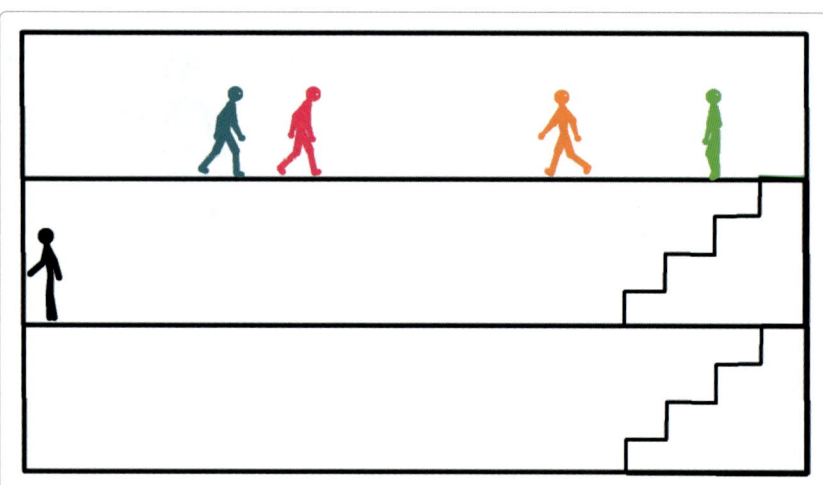

🔍 학습목표

- 동료 스틱맨을 불러올 수 있습니다.
- 동료 스틱맨의 색상을 변경할 수 있습니다.
- 말풍선으로 대화 내용을 추가할 수 있습니다.

166 스틱맨과 놀며 배우는 피봇 애니메이터

01 조용히 걸어 나오는 동료 스틱맨들

'동료 스틱맨'을 불러와 3층에서 걸어 나오는 동료들을 만들어 봅니다.

① 피봇 아이콘()을 더블 클릭하여 피봇(Pivot) 프로그램을 실행한 후 '20_예제.piv'를 불러옵니다.

② '프레임'을 하나 추가하고 [File]-[Load Figure Type]을 클릭한 후 [20강] 폴더에서 '동료 피봇' 개체를 불러옵니다.

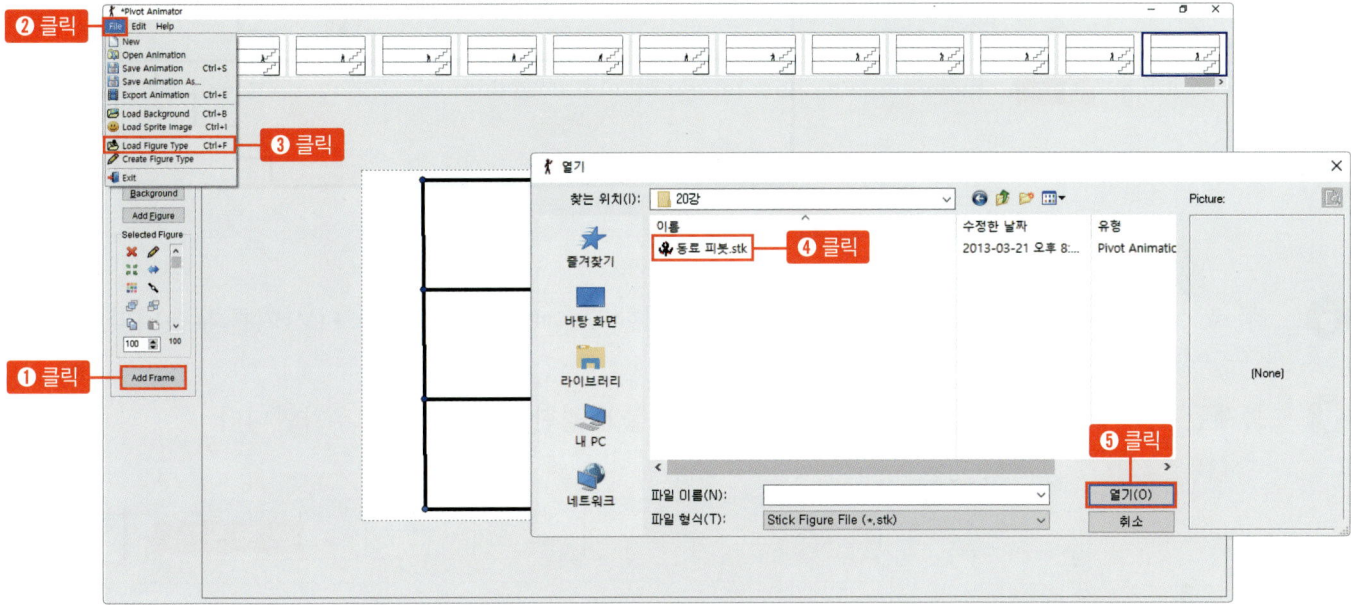

③ '동료 스틱맨'이 추가되면 'Selected Figure' 그룹에서 ▦을 클릭하여 마음에 드는 색상을 선택한 후 [확인]을 클릭합니다.

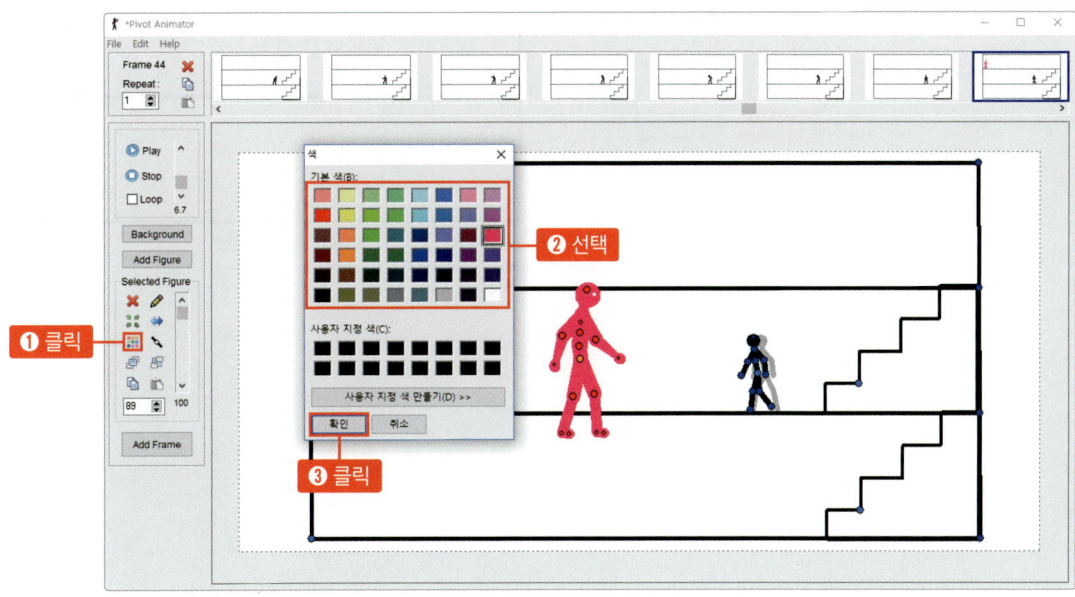

CHAPTER 20 조용히 걸어 나오는 동료 스틱맨 **167**

④ Shift + Alt 키를 동시에 누른 상태로 '조절점'을 드래그하여 '동료 스틱맨'의 크기를 조절하고 3층 왼쪽 끝으로 이동시킨 후 Add Frame 을 클릭하여 '동료 스틱맨'이 포함된 '프레임'을 타임라인에 추가합니다.

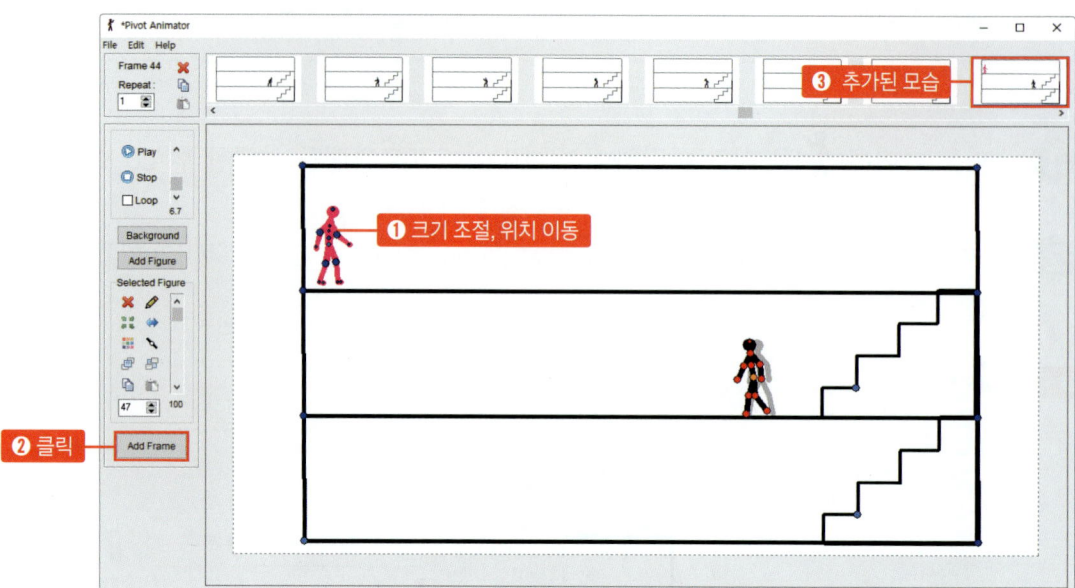

⑤ '동료 스틱맨'을 복제하기 위해 '동료 스틱맨'을 선택한 후 Ctrl + C 키와 Ctrl + V 키를 누릅니다.

⑥ 복제된 '동료 스틱맨'이 나타나면 색상과 크기, 위치를 변경한 후 '프레임'을 추가합니다.

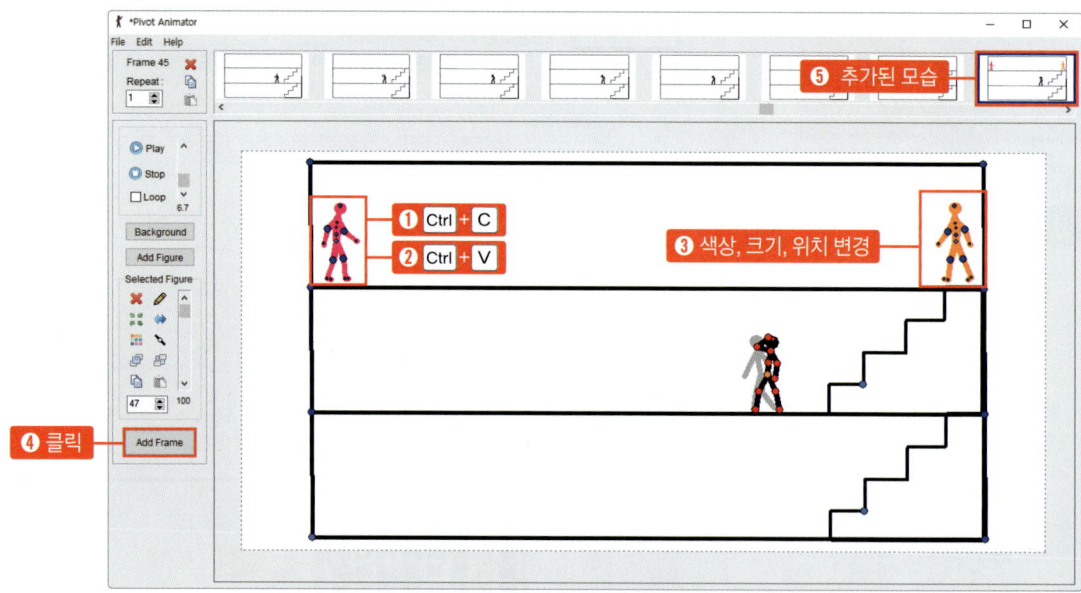

'개체'를 복제하고 붙여 넣으면 복제된 '개체'가 원래 '개체'의 위치에서 복제되어 하나의 '개체'로 보입니다. 이때 '개체'의 '원점'을 드래그하면 복제된 '개체'를 확인할 수 있습니다.

7 ❺, ❻과 같은 방법으로 '동료 스틱맨'을 복제하고, '동료 스틱맨'들이 조심스럽게 움직이는 모습을 표현하기 위해 움직임을 조금씩 변경하면서 '프레임'을 한 장씩 추가합니다.

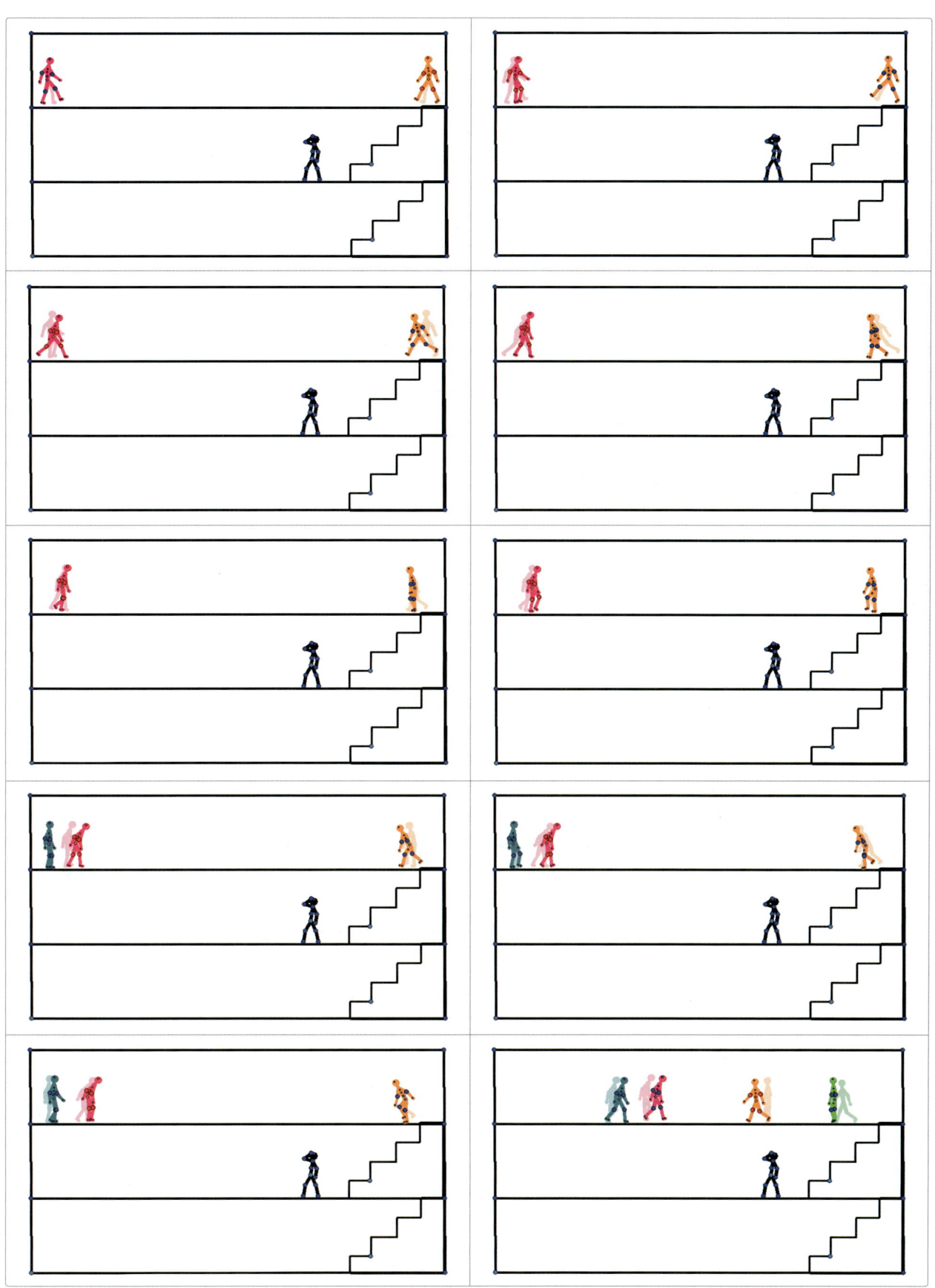

02 동료를 찾는 스틱맨

'스틱맨'이 2층에서 동료들을 찾는 모습을 표현해 봅니다.

1 3층에서 동료들이 나타나는 '프레임'을 찾아 선택한 후 '스틱맨'이 2층에서 동료들을 찾는 모습을 표현합니다.

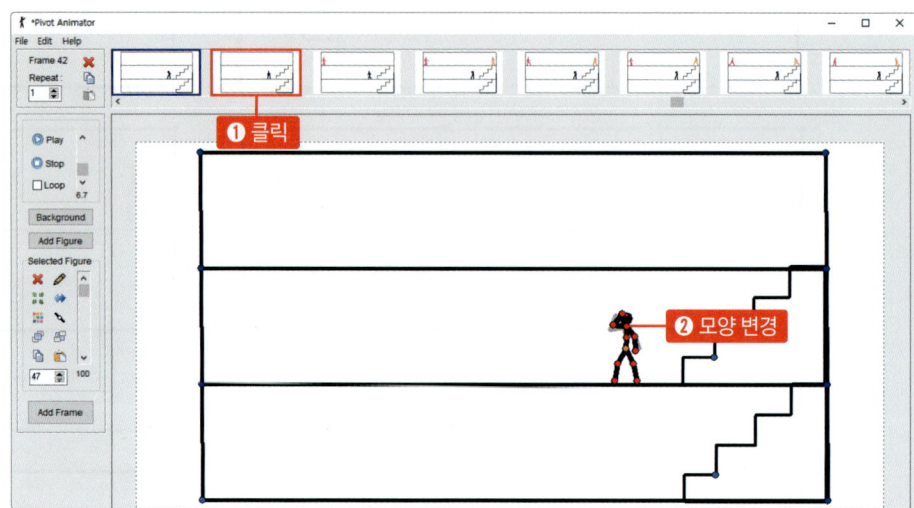

2 '스틱맨'이 움직이는 모습을 표현하기 위해 '스틱맨'을 선택해 Ctrl + C 키를 눌러 복사한 후 '다음 프레임'으로 이동하여 기존에 있는 '스틱맨'은 지우고, Ctrl + V 키를 눌러 붙여 넣은 후 '스틱맨'의 움직임을 변경합니다.

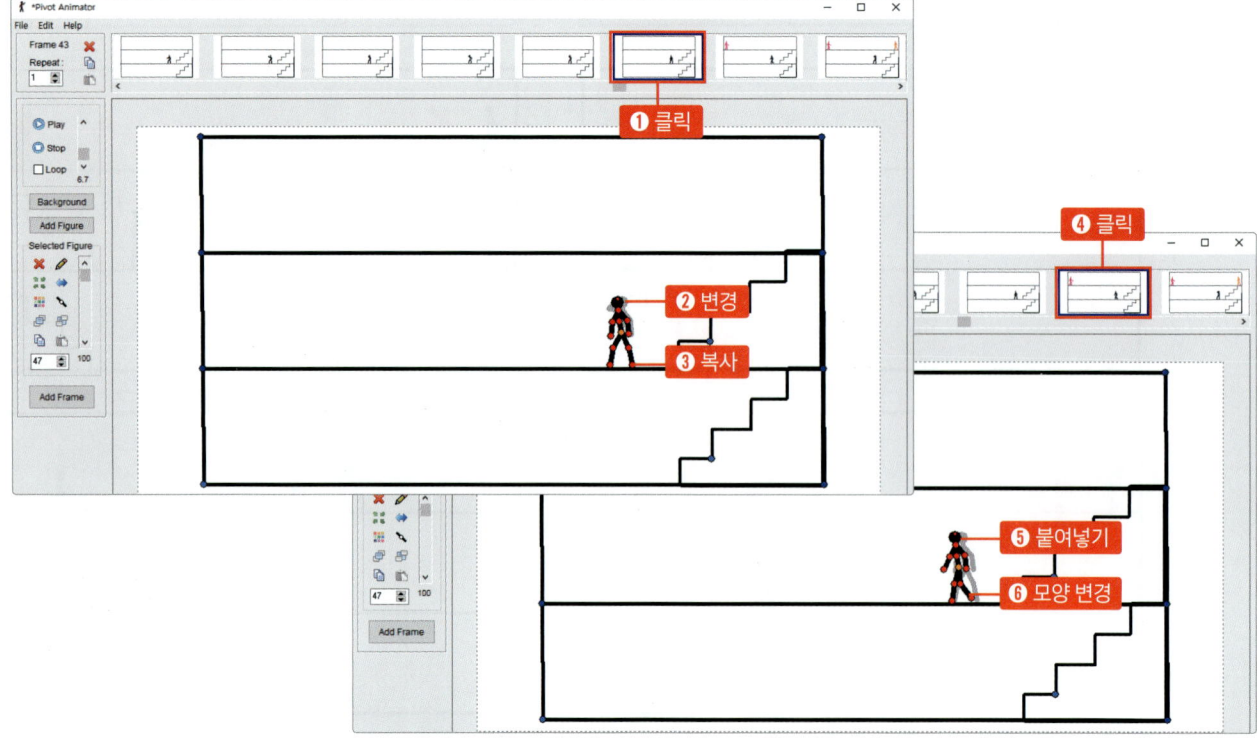

3 ❷와 같은 방법으로 '프레임'을 한 장씩 이동하며 '스틱맨'의 움직임을 변경해 봅니다.

▲ 동료들을 찾는 '스틱맨'

03 대화하는 동료 스틱맨들

'스틱맨'이 2층에서 동료들을 찾을 때 3층에서 '동료 스틱맨'들이 대화하는 모습을 표현해 봅니다.

① 말풍선을 추가하기 위해 Add Frame 을 클릭하여 타임라인에 '프레임'을 하나 추가합니다.

② 말풍선을 가져오기 위해 [File]-[Load Sprite Image]를 클릭한 후 '말풍선1.png'를 선택하고 [열기]를 클릭합니다.

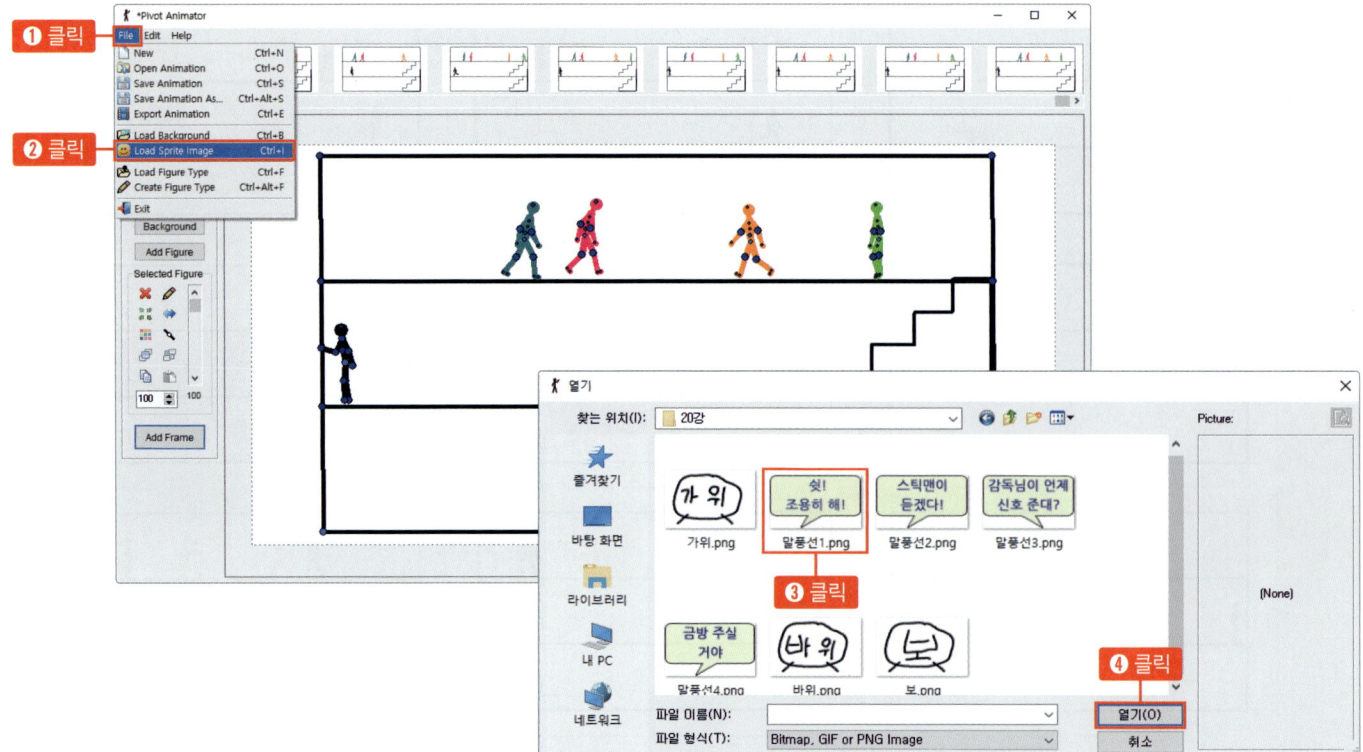

③ 캔버스에 '말풍선1'이 추가되면 Shift + Alt 키를 동시에 누른 상태로 '조절점'을 드래그하여 '말풍선1'의 크기를 조절한 후 위치를 이동시킵니다.

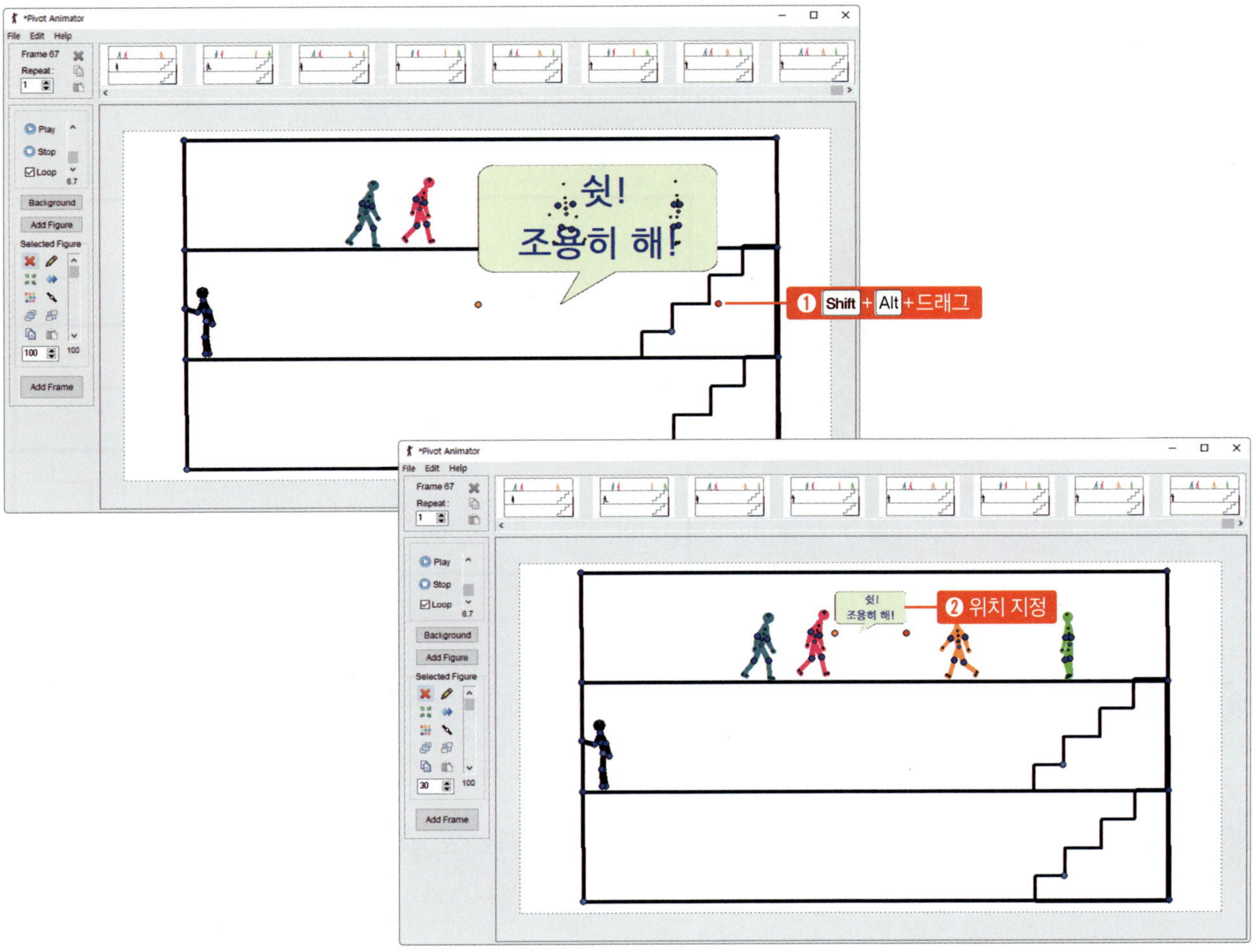

④ '말풍선1'이 계속 보일 수 있도록 Add Frame 을 클릭하여 '프레임' 5개를 더 추가합니다.

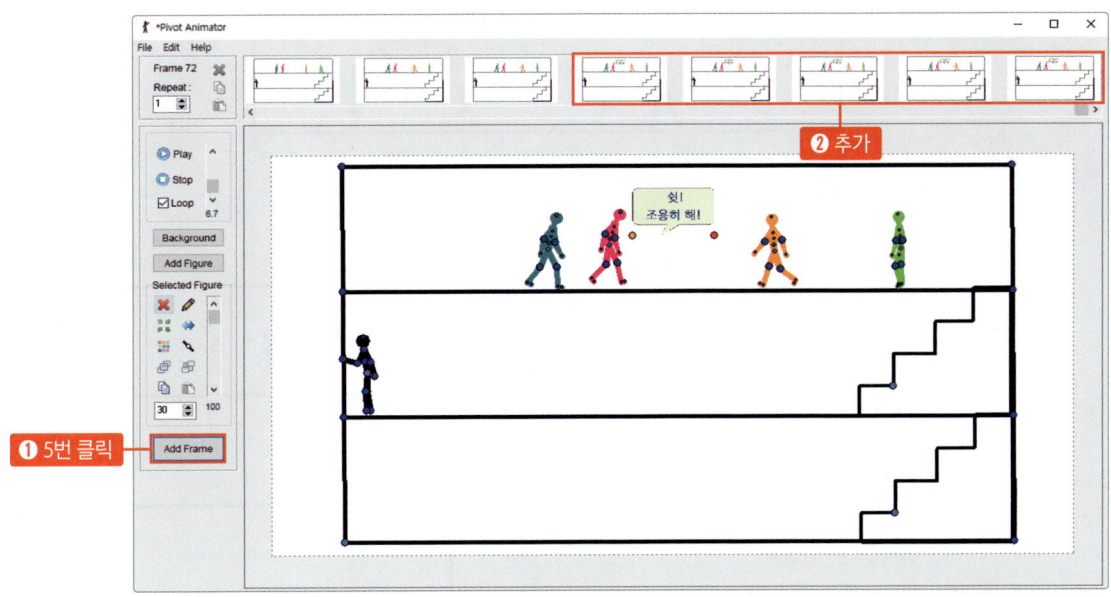

CHAPTER 20 조용히 걸어 나오는 동료 스틱맨

⑤ '말풍선2'를 추가하기 위해 Add Frame 을 클릭하여 '프레임'을 추가한 후 '말풍선1'은 삭제합니다.

⑥ 이어서 [File]-[Load Sprite Image]를 클릭하여 '말풍선2'를 불러온 후 크기와 위치를 변경합니다.

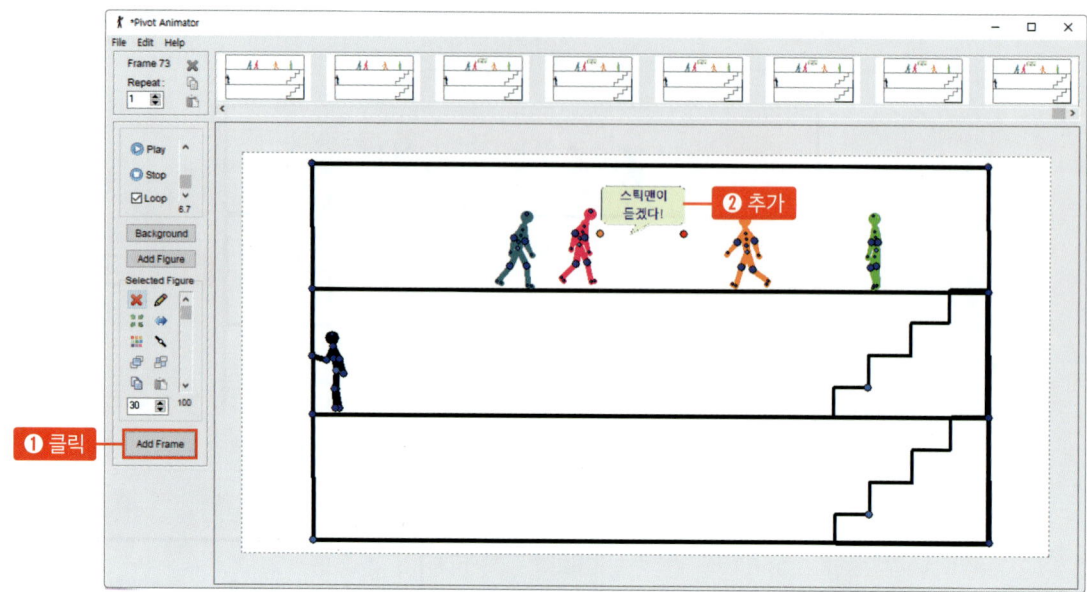

⑦ ❹와 같은 방법으로 '프레임'을 추가한 후 기존의 '말풍선2'는 삭제하고, [File]-[Load Sprite Image]를 클릭하여 '말풍선3'을 추가합니다.

⑧ '말풍선3'의 크기와 위치를 변경하고 ❹와 같은 방법으로 '프레임'을 추가한 후 기존의 '말풍선3'은 삭제하고, [File]-[Load Sprite Image]를 클릭하여 '말풍선4'를 추가합니다.

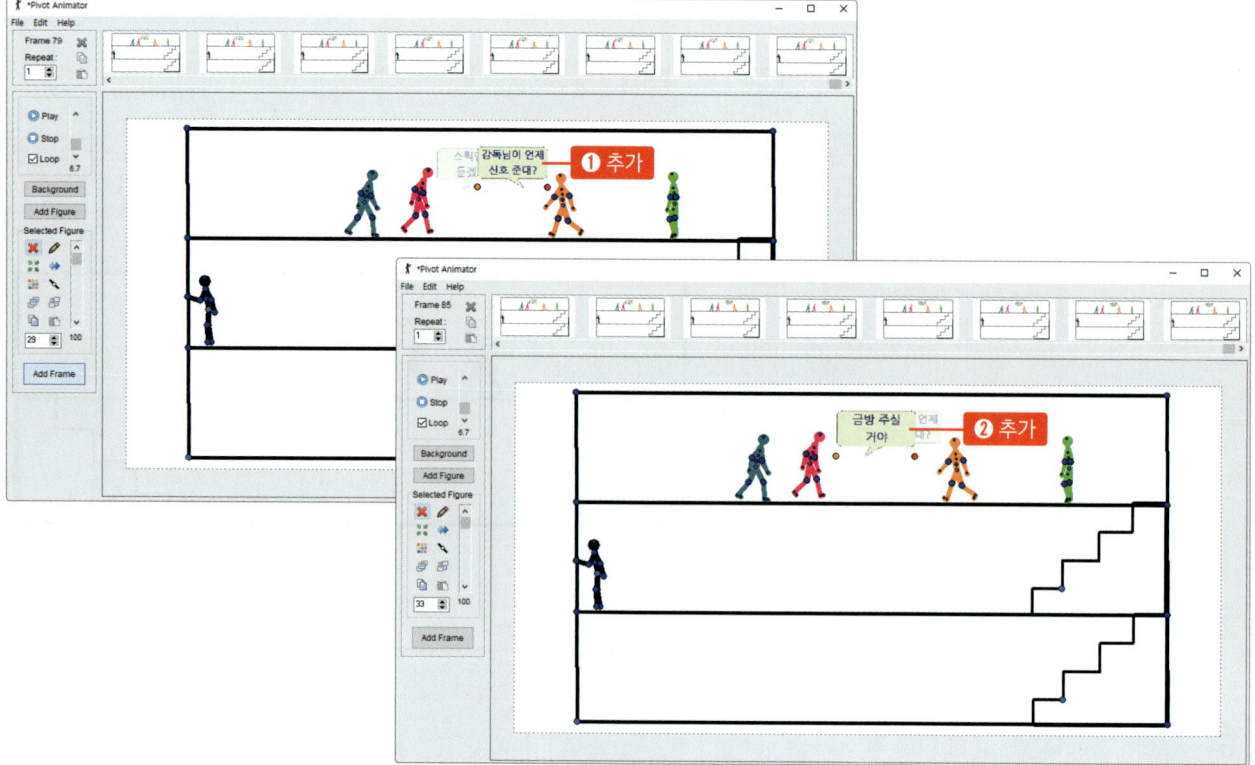

04 동료들이 대화할 때도 동료를 찾는 스틱맨

3층에서 '동료 스틱맨'들이 조용히 이야기하고 있을 때도 '스틱맨'이 동료를 찾는 모습을 표현해 봅니다.

1 처음 '말풍선'을 추가한 '프레임'을 찾아 선택한 후 '프레임'을 한 장씩 이동하며 '스틱맨'이 동료들을 찾는 모습을 표현해 봅니다.

▲ 동료들을 찾아 이동하는 '스틱맨'

2 완성한 파일은 다음에도 편집할 수 있도록 [File]-[Save Animation As]를 클릭하여 이름을 "20강 완성"으로 입력하고 [저장]을 클릭합니다.

3 애니메이션을 확인할 수 있도록 [File]-[Export Animation]을 클릭하여 'Gif 파일'로 저장합니다.

뿜뿜! 생각 키우기

미션 1 2명의 '스틱맨'이 가위바위보를 하는 모습을 만들기 위해 그림판을 이용하여 말풍선을 만들고 저장해 봅니다.

나와라, 힌트! ▶ 그림판의 [브러시] 도구를 사용합니다.

미션 2 직접 그린 말풍선을 이용하여 2명의 '스틱맨'이 가위바위보를 하는 모습을 표현해 봅니다.

▶ 예제 파일 : 20_자유예제.piv ▶ 완성 파일 : 20_자유완성.piv

▶ 예제 파일 : 21_예제.piv   ▶ 완성 파일 : 21_완성.piv

스틱맨, 레디~ 액션!

멀리서 스틱맨의 모습을 지켜보던 감독은 3층으로 갑자기 뛰어 올라가는 스틱맨을 보고 깜짝 놀라 액션 스쿨로 뛰어왔어요.
"뭐야, 갑자기 왜 뛰어 올라가!" 감독은 급히 마이크를 들고 '액션'을 외쳤어요.
3층에 있던 동료 스틱맨들도 갑작스런 '액션' 소리에 놀라 뒤를 돌아보았어요.
"야! 너네 여기서 뭐해!" 동료들을 발견한 스틱맨이 말했어요.

▶ 완성 애니메이션 파일 : 21_애니메이션.gif

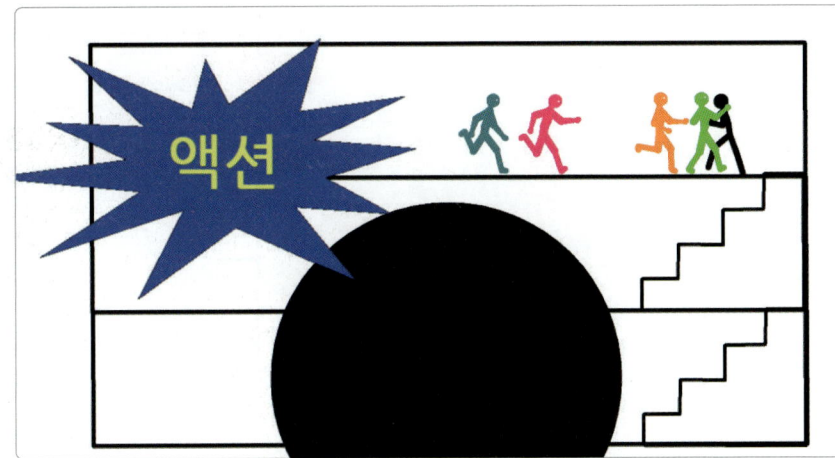

학습목표

- 액션 연기를 표현할 수 있습니다.
- 사방에서 나타나는 동료 스틱맨을 표현할 수 있습니다.
- 스틱맨의 크기를 키울 수 있습니다.

CHAPTER 21 스틱맨, 레디~ 액션! **177**

01 감독의 모습 표현하기

'스틱맨'을 바라보는 감독의 뒷모습을 표현해 봅니다.

① 피봇 아이콘( )을 더블 클릭하여 피봇(Pivot) 프로그램을 실행한 후 '21_예제.piv'를 불러옵니다.

② Add Frame 를 클릭하여 '프레임'을 추가한 후 3층으로 올라가는 '스틱맨'을 표현합니다. 이어서 말풍선을 삭제하고 Add Frame 을 클릭합니다.

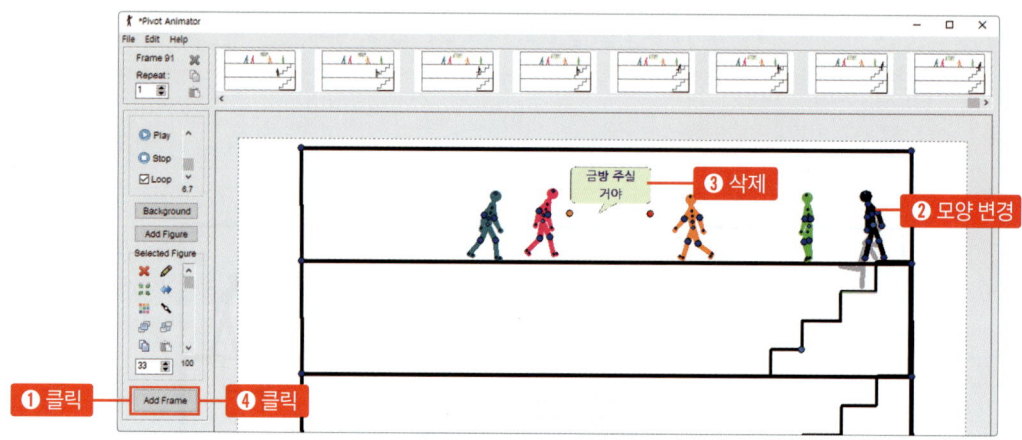

③ 감독의 뒷모습을 만들기 위해 'Selected Figure' 그룹에서 을 클릭한 후 [File]-[New]를 클릭합니다.

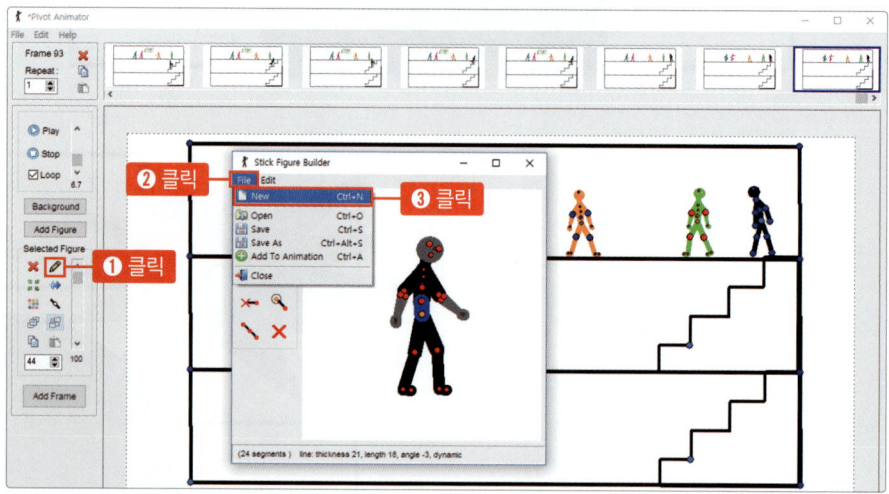

④ 감독의 머리 모양을 만들기 위해 도구에서 을 클릭합니다.

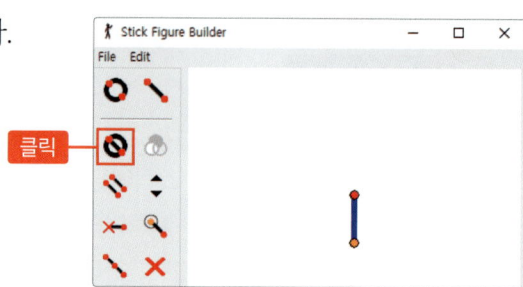

⑤ '원점'을 변경하기 위해 위쪽 '조절점'을 클릭한 후 을 클릭합니다. 이어서 원을 채우기 위해 ⬛를 클릭합니다.

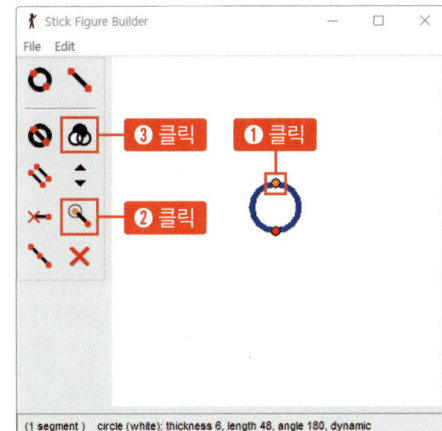

> **생자소 TIP**
> 원을 캔버스에 추가한 후 크기를 키우면 '원점'이 화면 밖으로 가려져 위치를 조절할 수 없기 때문에 '원점'의 위치를 변경합니다.

⑥ [File]-[Add To Animation]을 클릭한 후 [Figure Name] 창이 나타나면 "감독"을 입력하고 [OK]를 클릭합니다.

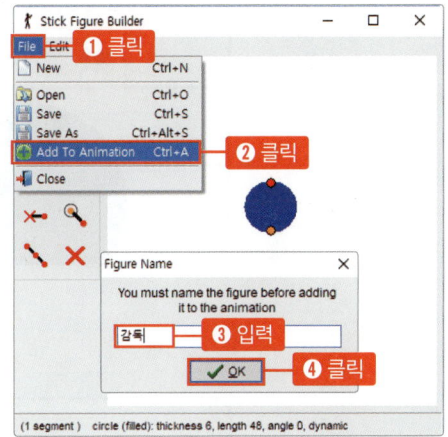

⑦ '감독'이 캔버스에 추가되면 Shift + Alt 키를 동시에 누른 상태로 '조절점'을 드래그하여 '감독'의 크기를 키운 후 화면의 아래쪽으로 이동시킵니다.

⑧ Add Frame 을 클릭하여 '프레임'을 추가합니다.

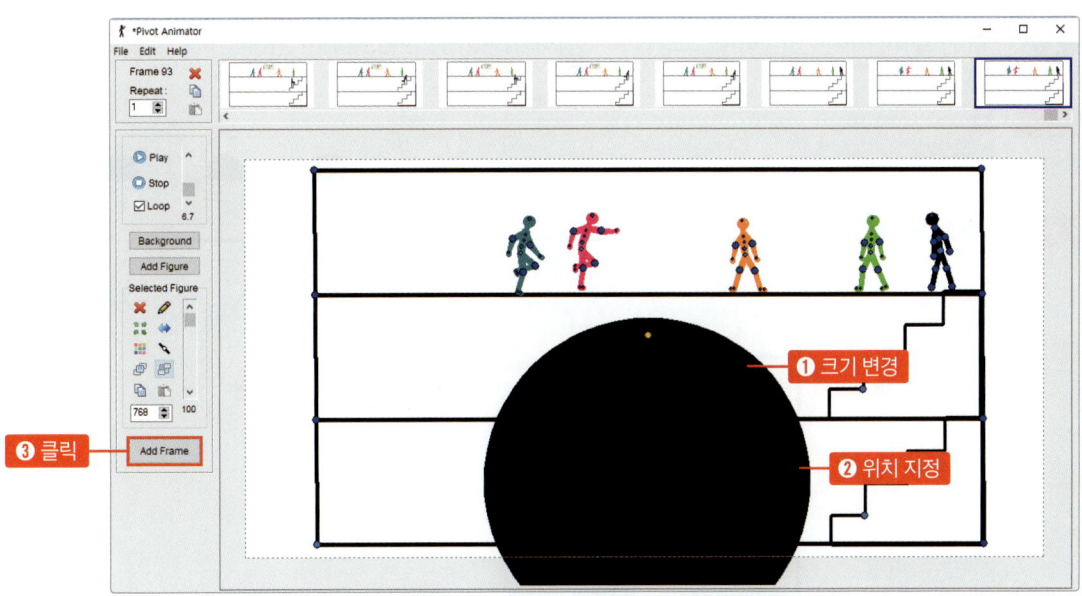

CHAPTER 21 스틱맨, 레디~ 액션! **179**

02 감독의 액션 지시 표현하기

외부 개체를 추가하여 '동료 스틱맨'들에게 액션을 지시하는 감독을 표현해 봅니다.

1 '스틱맨'이 3층으로 올라가 '동료 스틱맨'들에게 다가가는 모습을 표현하기 위해 Add Frame 을 클릭하여 '프레임' 2장을 추가하여 감독이 있는 '프레임'을 3장으로 만든 후 각 '프레임'에 '스틱맨'들이 움직이는 모습을 표현합니다.

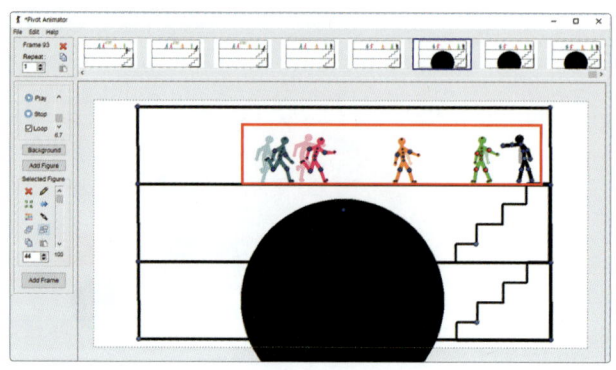
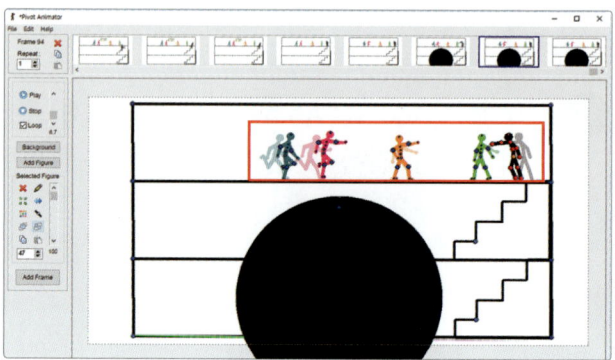
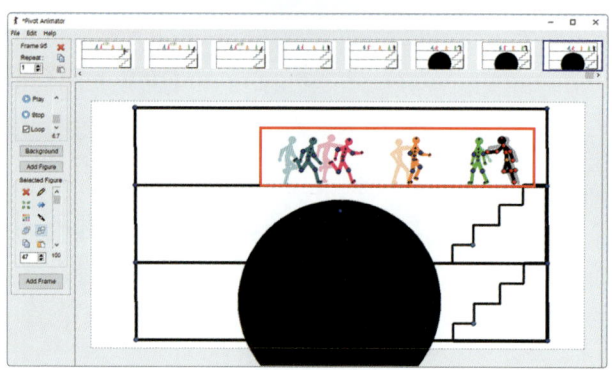

2 액션을 지시하는 감독을 표현하기 위해 [File]-[Load Sprite Image]를 클릭한 후 '액션.png'를 불러옵니다.

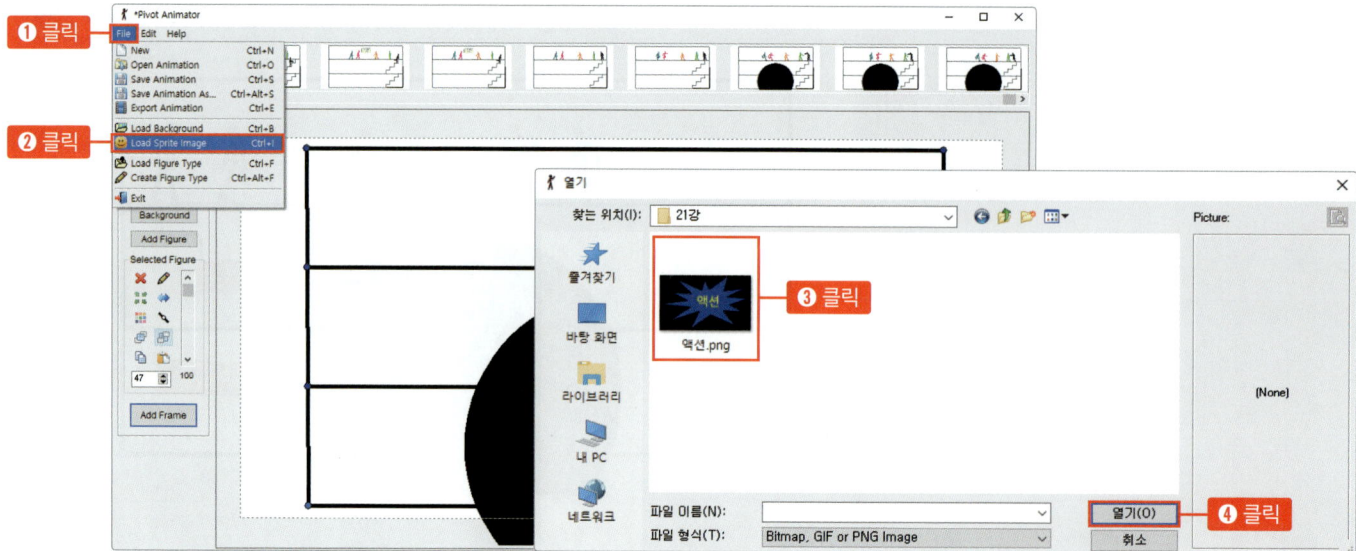

③ '액션' 이미지가 캔버스에 추가되면 Shift + Alt 키를 누른 상태로 '조절점'을 드래그하여 크기를 조절한 후 위치를 이동시킵니다.

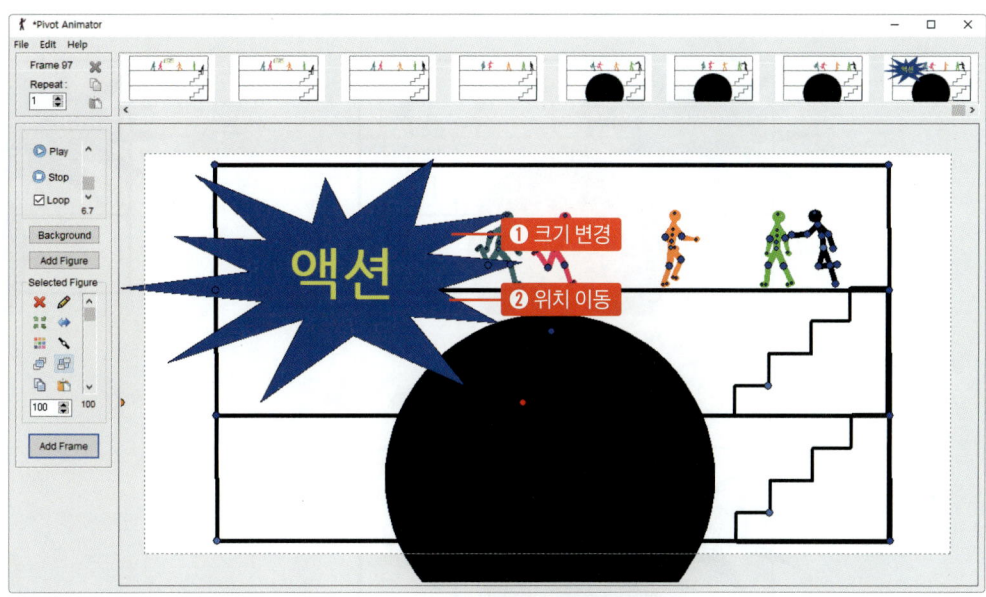

④ '액션'을 말할 때도 '스틱맨'들이 움직이도록 하기 위해 Add Frame 을 클릭하여 '프레임'을 3장 추가합니다.

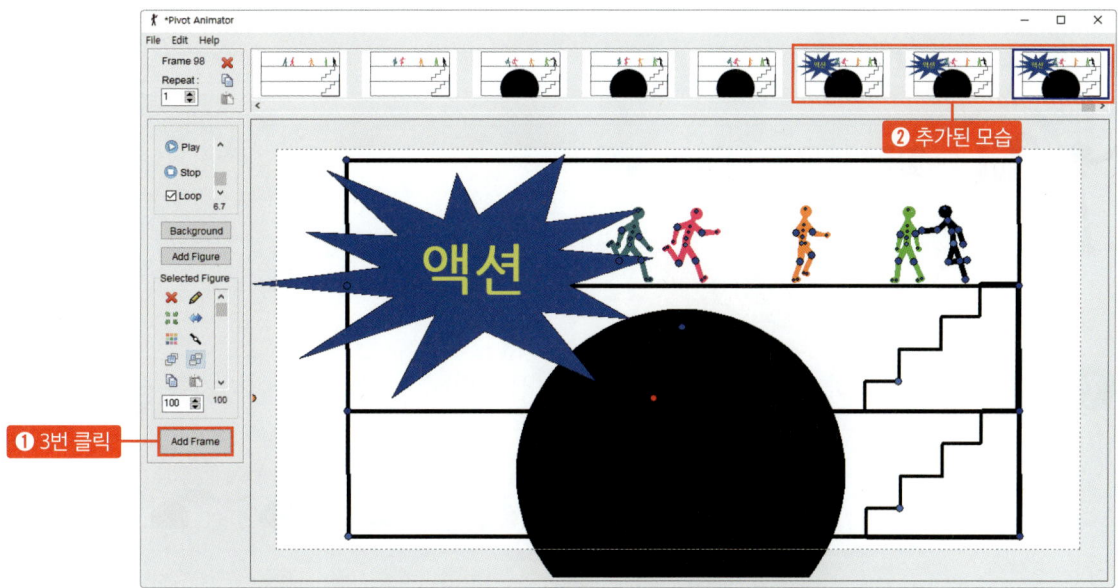

❺ 추가한 '프레임'을 한 장씩 이동하며 움직이는 '스틱맨'들의 모습을 표현합니다.

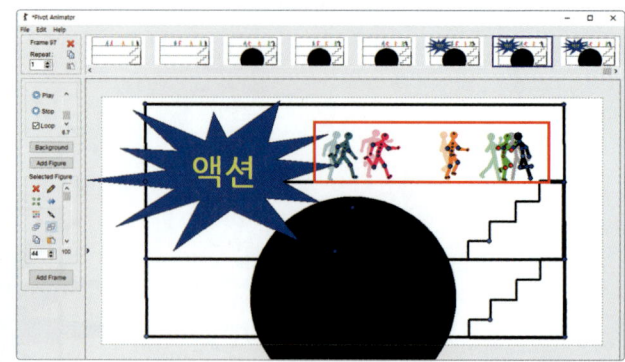
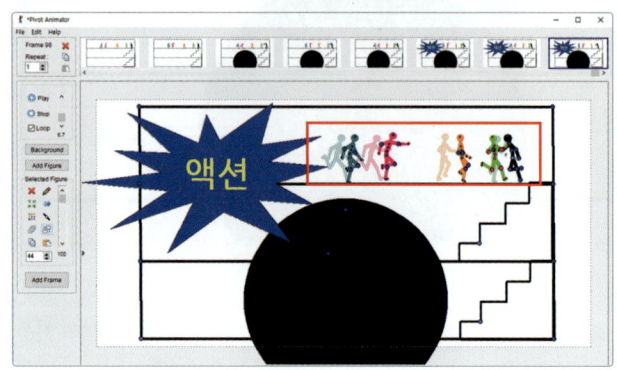

03 화면 밖으로 나가는 감독

'액션 연기'를 지시한 후 화면 밖으로 나가는 감독을 표현해 봅니다.

❶ Add Frame 을 클릭하여 '프레임'을 추가한 후 삽입되어 있던 '액션' 이미지를 삭제합니다.

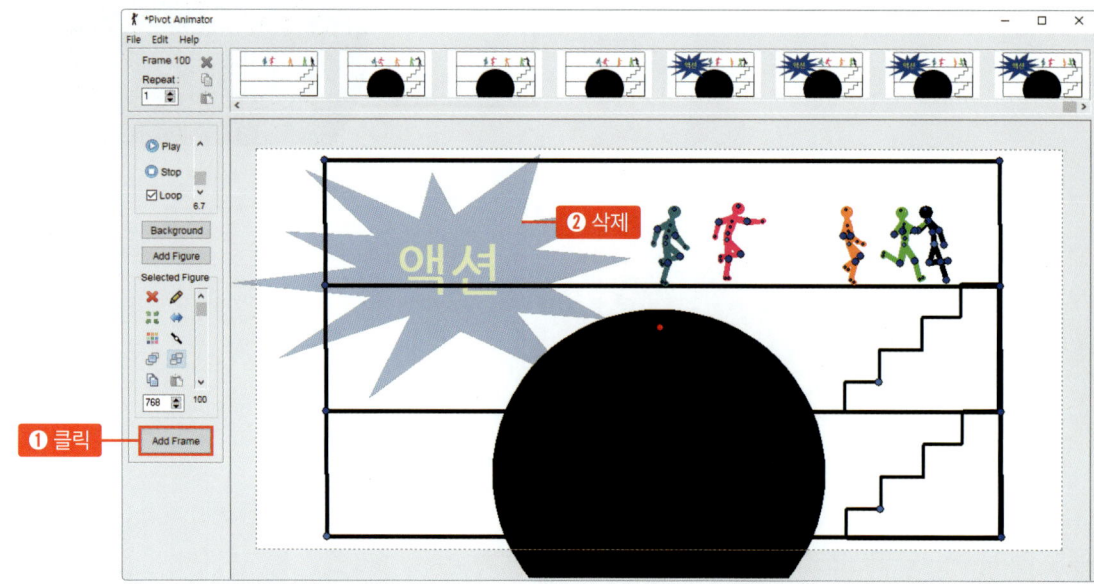

② 이어서 감독이 화면 밖으로 나가는 모습을 표현할 수 있도록 Add Frame 을 클릭하여 '프레임' 6장을 추가한 후 각 '프레임'마다 감독이 화면 아래로 내려가는 모습을 표현합니다.

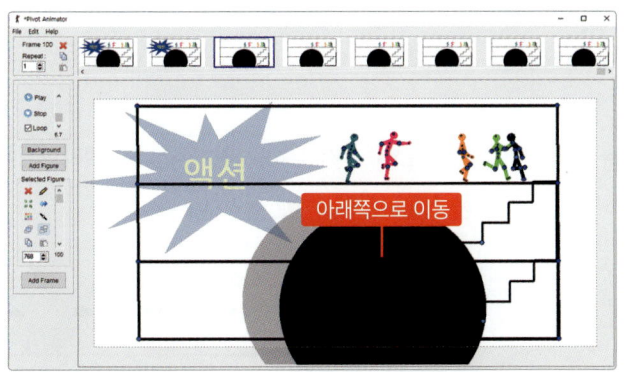
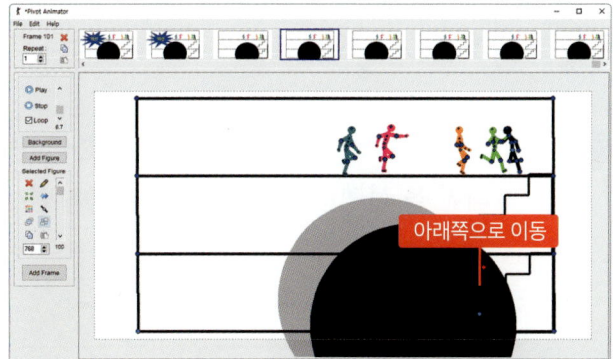
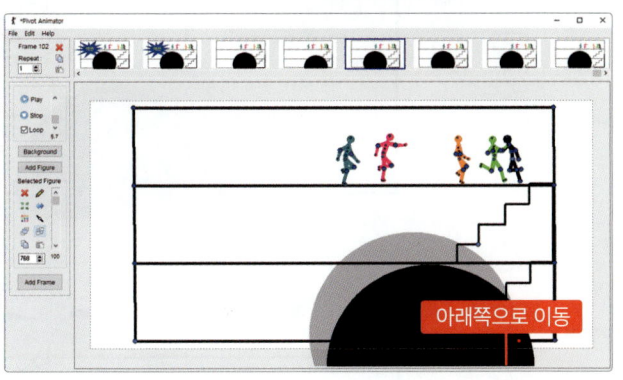
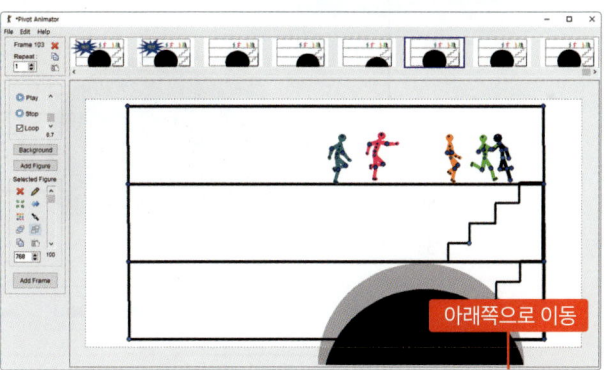
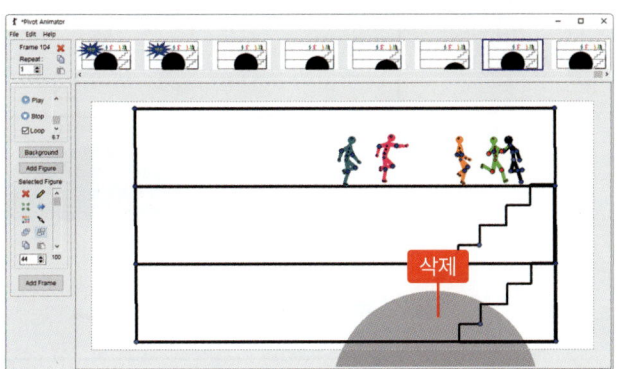
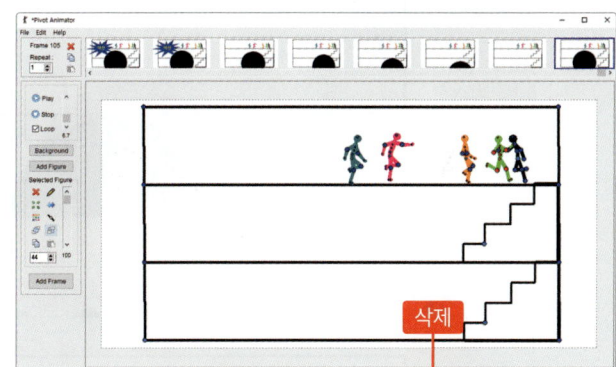

04 연기를 시작한 동료 스틱맨 표현하기

감독이 화면 밖으로 나가는 동안에도 '동료 스틱맨'들이 움직이는 모습을 표현해 봅니다.

① 감독이 화면 밖으로 나가는 동안에도 움직이는 '스틱맨'들을 표현하기 위해 추가한 '프레임'의 첫 번째 '프레임'을 선택한 후 '프레임'을 이동하면서 '스틱맨'들의 움직임을 표현해 봅니다.

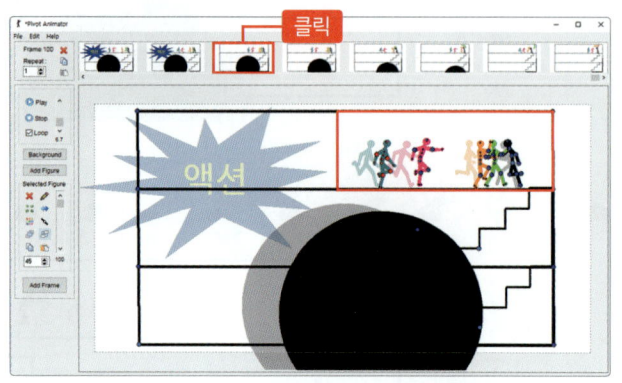
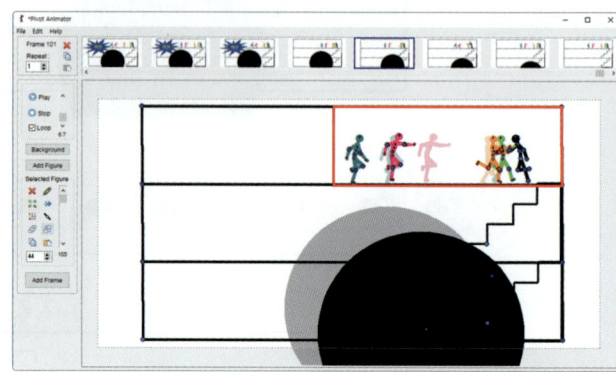
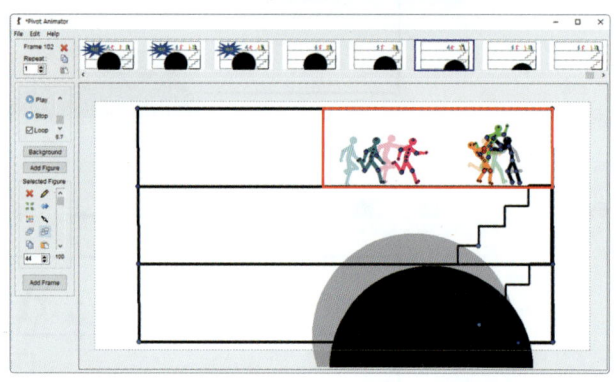
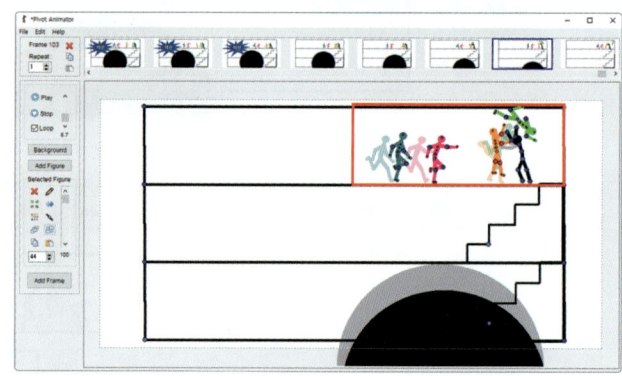
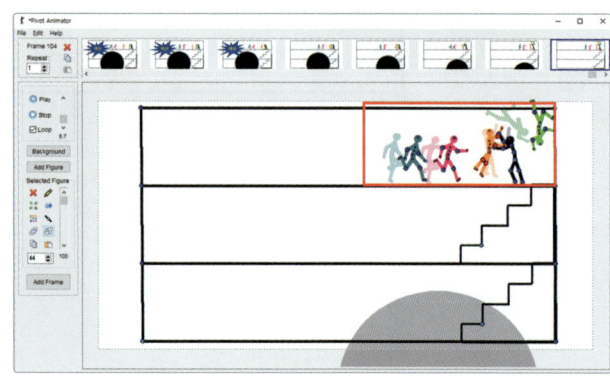
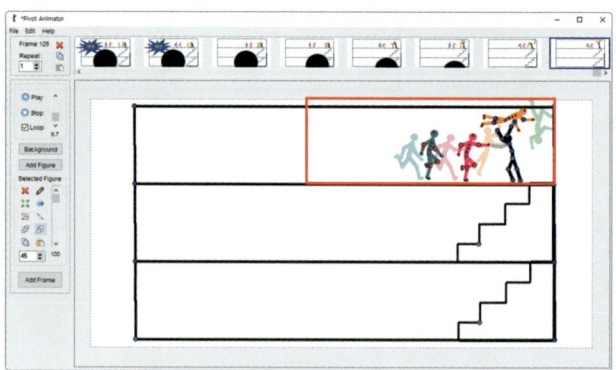

② 완성한 파일은 다음에도 편집할 수 있도록 [File]-[Save Animation As]를 클릭하여 이름을 "21강 완성"으로 입력하고 [저장]을 클릭합니다.

③ 애니메이션을 확인할 수 있도록 [File]-[Export Animation]을 클릭하여 'Gif 파일'로 저장합니다.

뿜뿜! 생각 키우기

Chapter 21

미션 1 　도구를 이용하여 자전거를 만들어 봅니다.

▶ 예제 파일 : 21_자유예제01.piv　▶ 완성 파일 : 21_자유완성01.piv

미션 2 감독이 '확성기'를 들고 있는 모습을 표현해 봅니다.

▶ 예제 파일 : 21_자유예제02.piv　▶ 완성 파일 : 21_자유완성02.piv

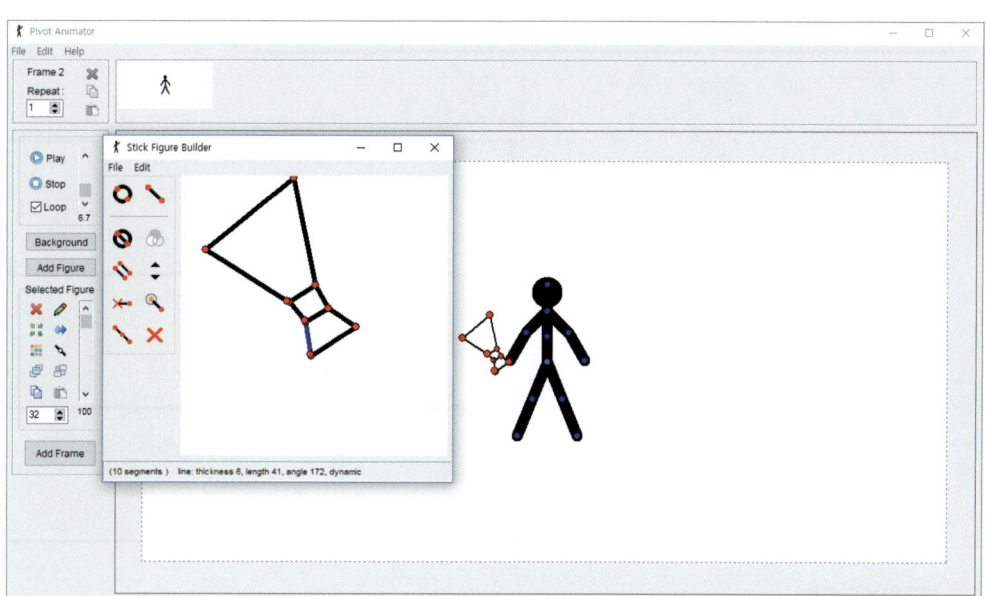

CHAPTER 21 스틱맨, 레디~ 액션! **185**

Chapter 22

스틱맨, 카메라 울렁증 극복하다!

"뭐야! 갑자기 왜 이래!" 갑자기 달려드는 동료 스틱맨들에 놀란 스틱맨이 소리를 질렀어요.
"감독님이 너 카메라 울렁증 있다고 이렇게 하신 거야!"
"뭐? 그게 무슨 말이야?" 스틱맨은 달려드는 동료 스틱맨을 연습한 대로 날려버리며 말했어요.
동료 스틱맨들이 여기 저기서 나타나기 시작하자 스틱맨은 무슨 영문이지 생각할 틈도 없이 몸을 연습한 대로 움직이기 시작했어요.
그리고 멀리서 스틱맨 모르게 카메라가 돌아가기 시작했어요.

▶ 예제 파일 : 22_예제.piv ▶ 완성 파일 : 22_완성.piv

▶ 완성 애니메이션 파일 : 22_애니메이션.gif

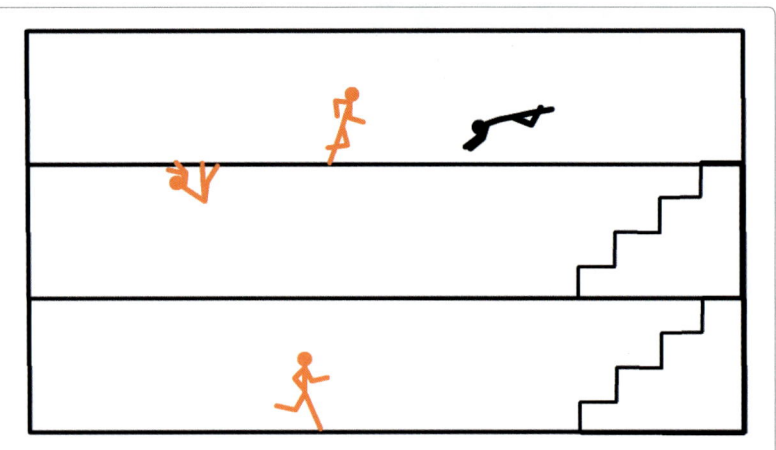

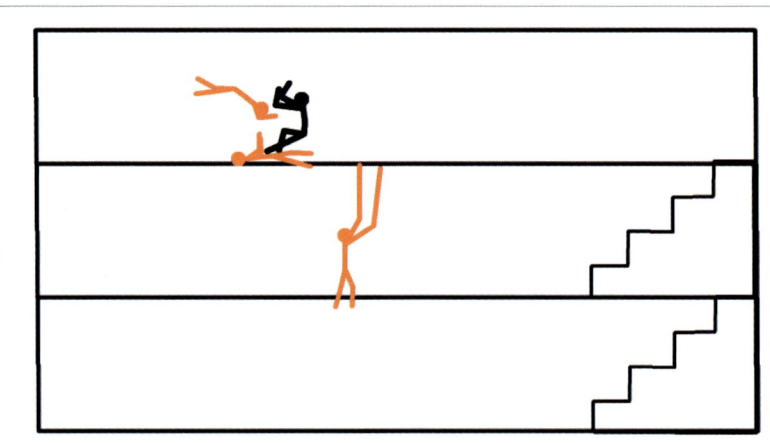

학습목표

- 액션 스토리를 그릴 수 있습니다.
- 다양한 액션 장면을 참고하여 나만의 애니메이션으로 만들 수 있습니다.

01 액션 스토리 그리기

달려드는 '동료 스틱맨'들과 '스틱맨'의 모습을 다양하게 표현하기 위해 액션 장면을 그림으로 그려 봅니다.

1 어떤 액션 장면을 만들지 생각하며 스토리를 그림으로 그려 봅니다.

CHAPTER 22 스틱맨, 카메라 울렁증 극복하다!

02 다양한 액션 장면 참고하기

액션 장면을 만들 때 참고할 수 있는 다양한 애니메이션을 확인해 봅니다.

1 Ctrl 키를 누른 상태에서 '조절점'을 드래그하면 늘어나는 팔을 만들 수 있습니다.

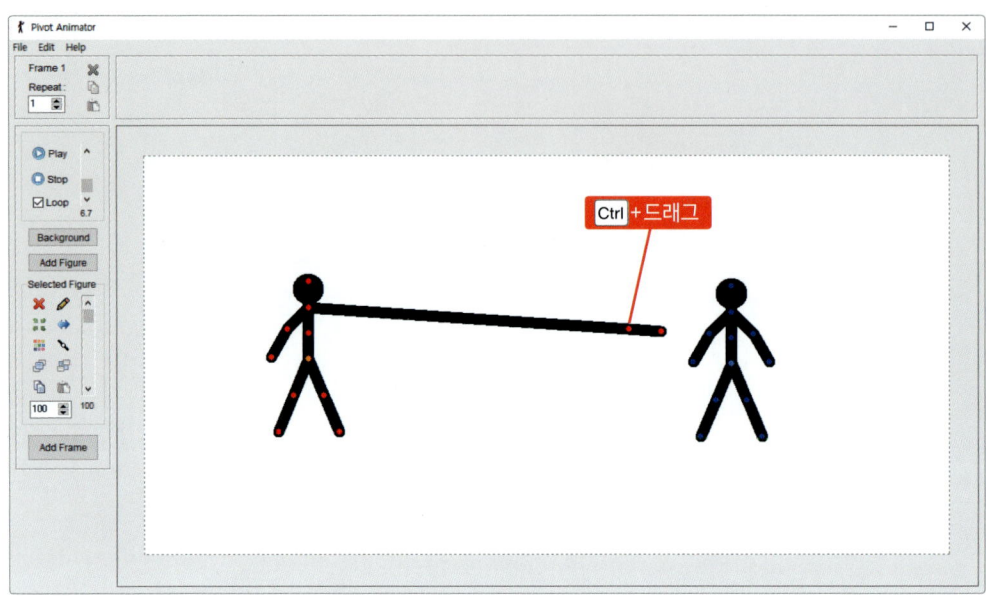

2 늘어난 팔로 액션 장면을 만들면 상대를 들고 흔드는 모습을 표현할 수 있습니다.

▶ 확인 파일 : 22_상대 흔들기.piv

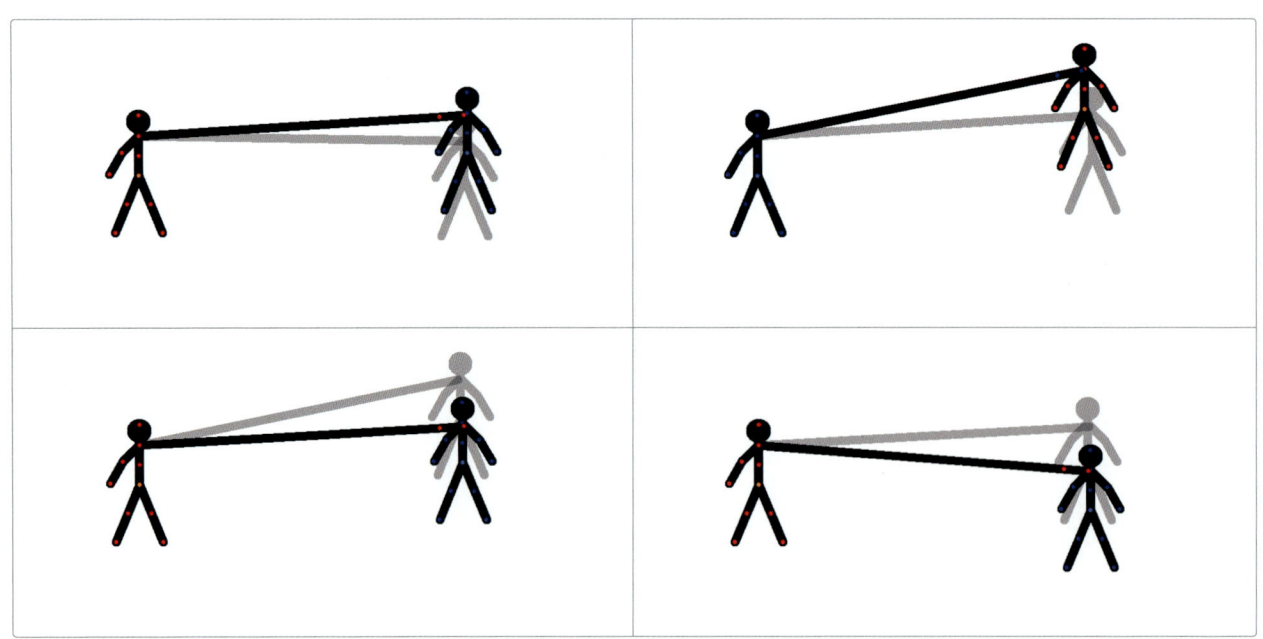

③ Ctrl + Alt 키를 누르고 '조절점'을 드래그하면 '스틱맨'을 뒤집을 수 있습니다.

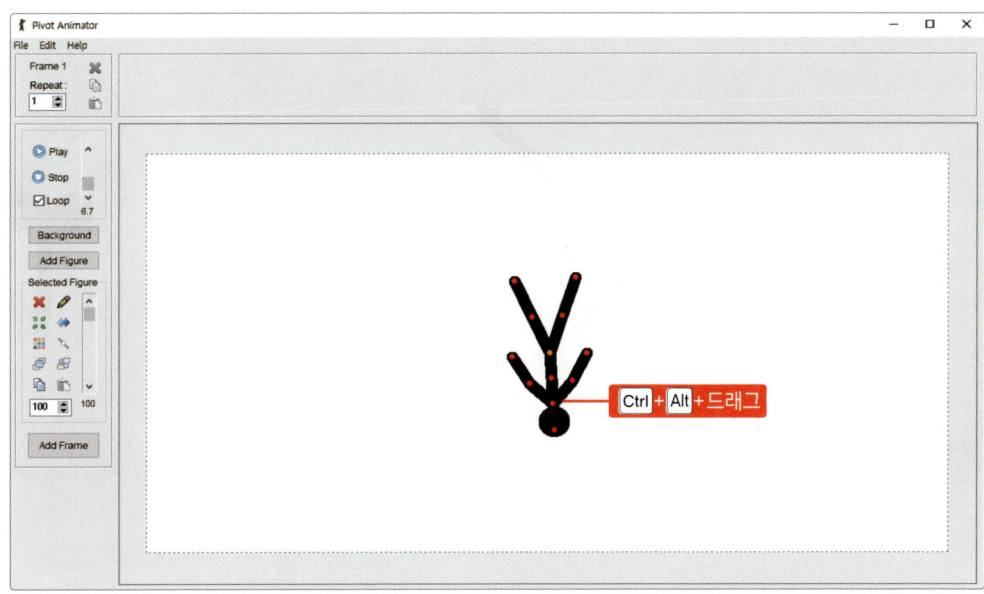

④ 뒤집힌 모습으로 액션 장면을 만들면 다리를 돌려 상대를 물리치는 모습을 표현할 수 있습니다.

▶ 확인 파일 : 22_다리 돌리기.piv

CHAPTER 22 스틱맨, 카메라 울렁증 극복하다!

⑤ Ctrl 키를 누른 상태로 '조절점'을 드래그하여 발차기하는 모습을 표현할 수 있습니다.

▶ 확인 파일 : 22_옆차기.piv

⑥ Ctrl + Alt 키를 이용하여 스틱맨을 회전시켜 벽을 잡고 이동하는 모습을 표현할 수 있습니다.

▶ 확인 파일 : 22_건너가기.piv

03 액션 장면 만들기

다양한 액션 장면을 참고하여 앞서 계획한 액션 장면을 완성해 봅니다.

1 [File]-[Open Animation]을 클릭한 후 [22강] 폴더에서 '22_예제.piv'를 불러옵니다.

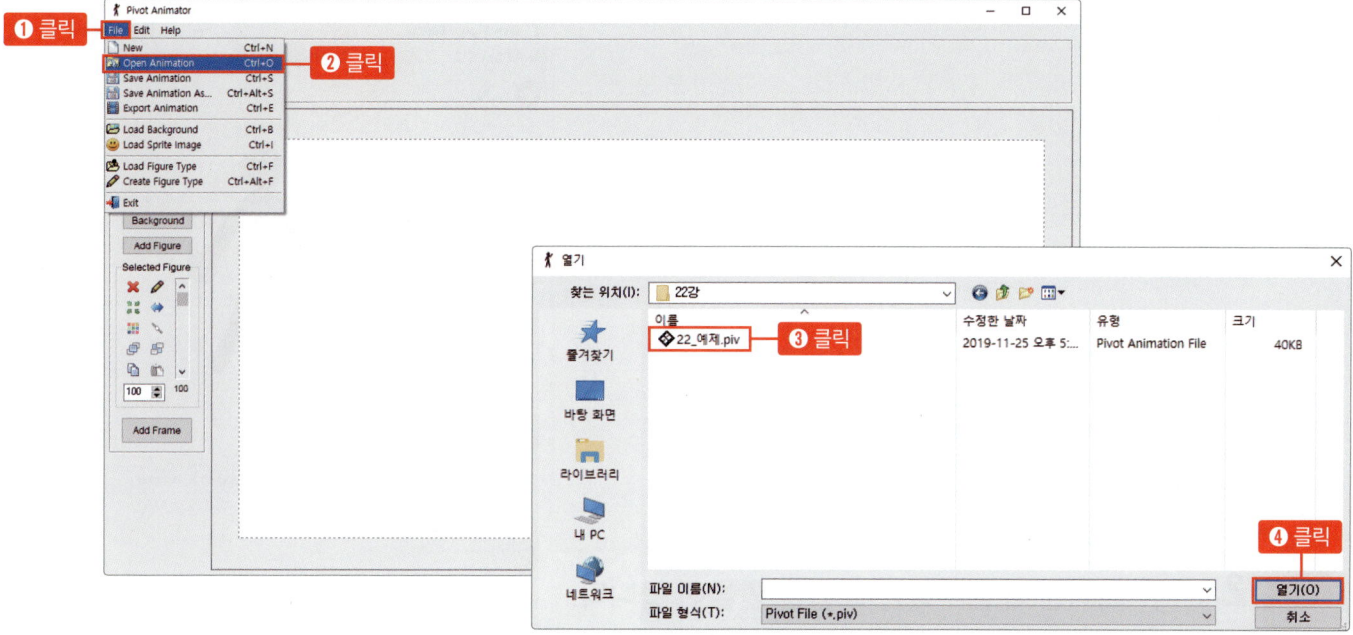

2 `Add Frame` 을 클릭하여 '프레임'을 추가한 후 다양한 액션 장면을 참고하여 그림으로 그린 액션 장면을 완성해 봅니다.

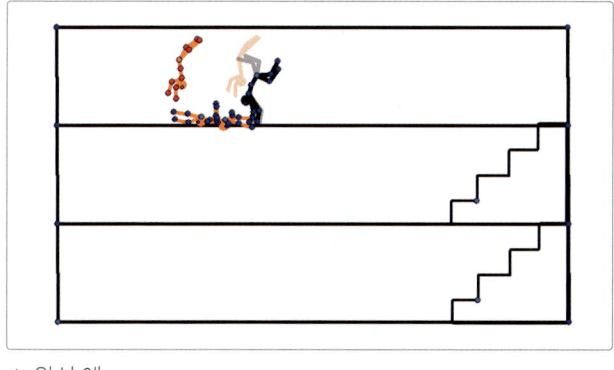
▲ 완성 예

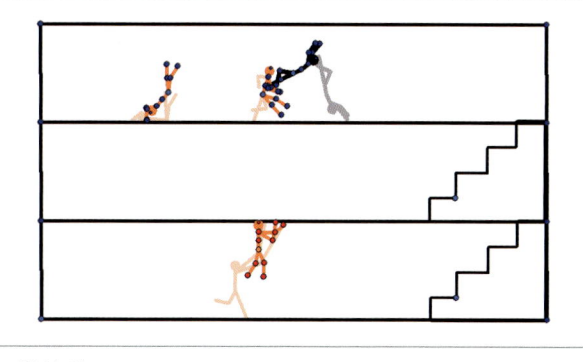
▲ 완성 예

3 완성한 파일은 다음에도 편집할 수 있도록 [File]-[Save Animation As]를 클릭하여 이름을 "22강 완성"으로 입력하고 [저장]을 클릭합니다.

4 애니메이션을 확인할 수 있도록 [File]-[Export Animation]을 클릭하여 'Gif 파일'로 저장합니다.

CHAPTER 22 스틱맨, 카메라 울렁증 극복하다!

뿜뿜! 생각 키우기

미션 1 권투 글러브를 끼고 있는 '스틱맨'을 만들어 봅니다.

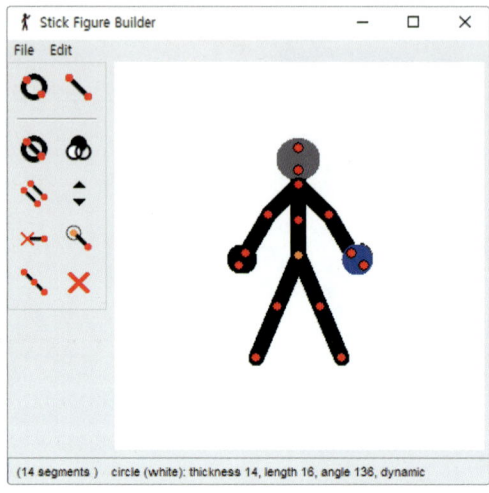

미션 2 두 '스틱맨'이 권투하는 모습을 만들어 봅니다.

▶ 예제 파일 : 22_자유예제.piv   ▶ 완성 파일 : 22_자유완성.piv

Chapter 23

▶ 예제 파일 : 23_예제.piv ▶ 완성 파일 : 23_완성.piv

오케이, 컷! 촬영 종료

"컷!" 어디선가 나타난 감독이 소리쳤어요.
"수고하셨습니다!" 쓰러져 있던 동료 스틱맨들이 하나, 둘 일어나며 말했어요.
"뭐야?" 스틱맨은 어리둥절한 표정으로 물었어요.
"네가 카메라 울렁증이 있어서 연습하는 척하고 액션씬 찍은 거야!"
"엥? 그럼 지금 액션씬을 다 찍었다는 말이야?"

▶ 완성 애니메이션 파일 : 23_애니메이션.gif

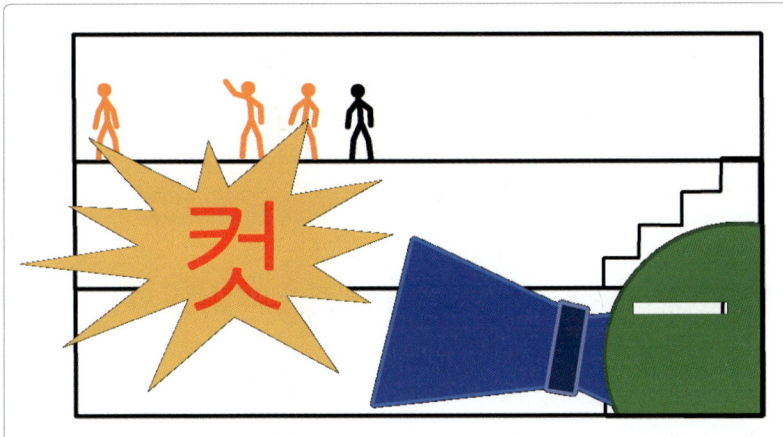

🔍 학습목표

- 장면을 새롭게 바꿀 수 있습니다.
- 개체가 확대되는 모습을 표현할 수 있습니다.
- 외부 개체를 추가하여 장면을 꾸밀 수 있습니다.

01 컷!을 외치는 감독

외부 개체를 삽입하여 '컷'을 외치는 감독을 표현해 봅니다.

① 피봇 아이콘( )을 더블 클릭하여 피봇(Pivot) 프로그램을 실행한 후 '23_예제.piv'를 불러옵니다.

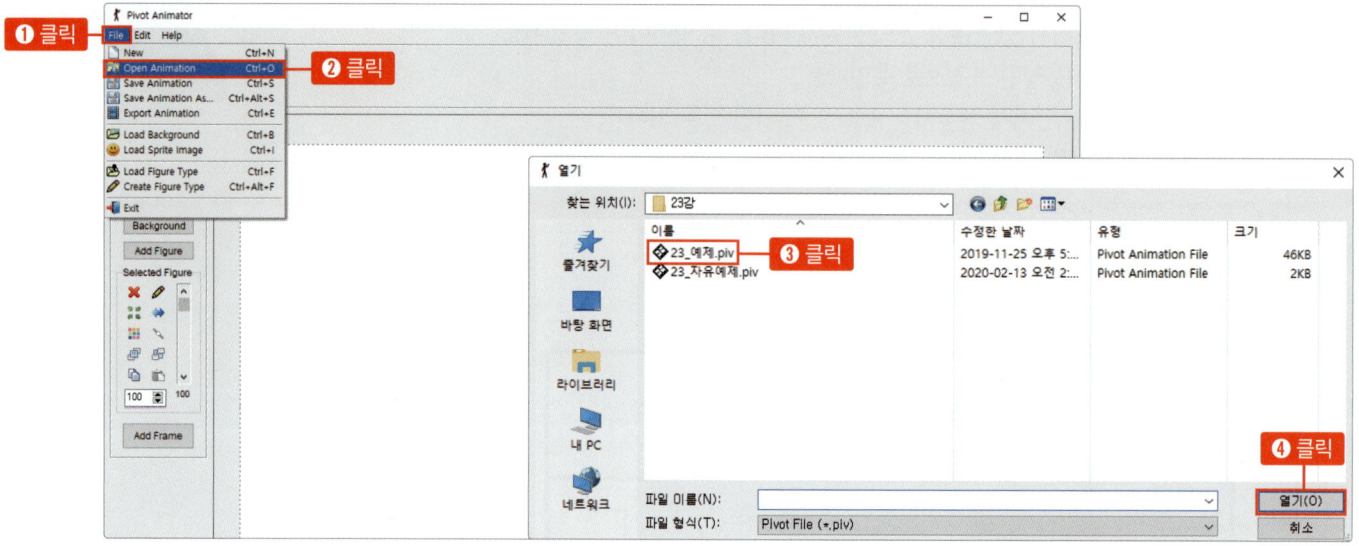

② Add Frame 을 클릭하여 '프레임'을 추가한 후 [File]-[Load Sprite Image]를 클릭하고 '감독1' 이미지를 불러와 오른쪽 하단으로 위치를 조절합니다.

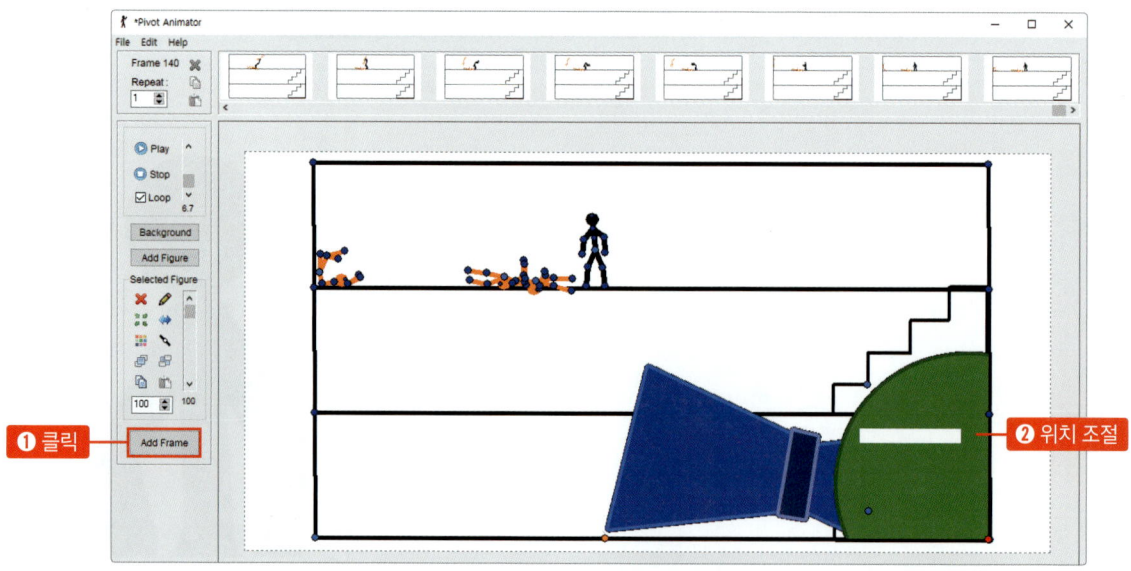

③ 감독의 모습을 유지하기 위해 Add Frame 을 4번 클릭하여 '프레임'을 4개 더 추가합니다.

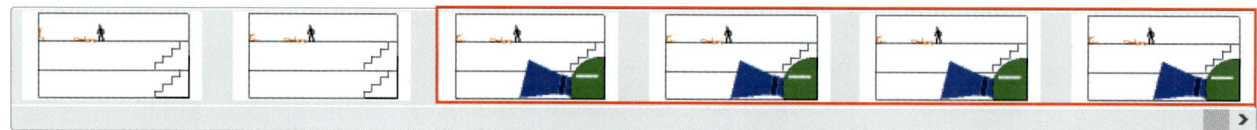

④ 마지막 '프레임'에서 '감독1' 이미지를 삭제한 후 [File]-[Load Sprite Image]를 클릭하여 '감독2' 이미지를 불러옵니다.

⑤ 이어서 '감독2' 이미지를 '감독1' 이미지 위치로 이동시킨 후 '감독1' 이미지와 같은 크기로 변경합니다.

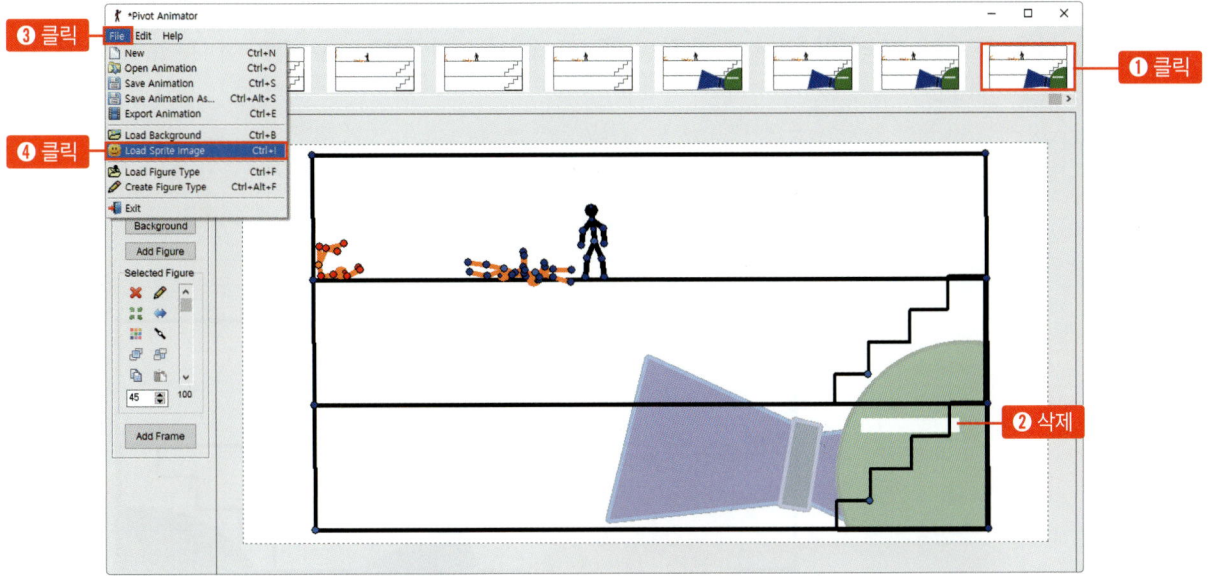

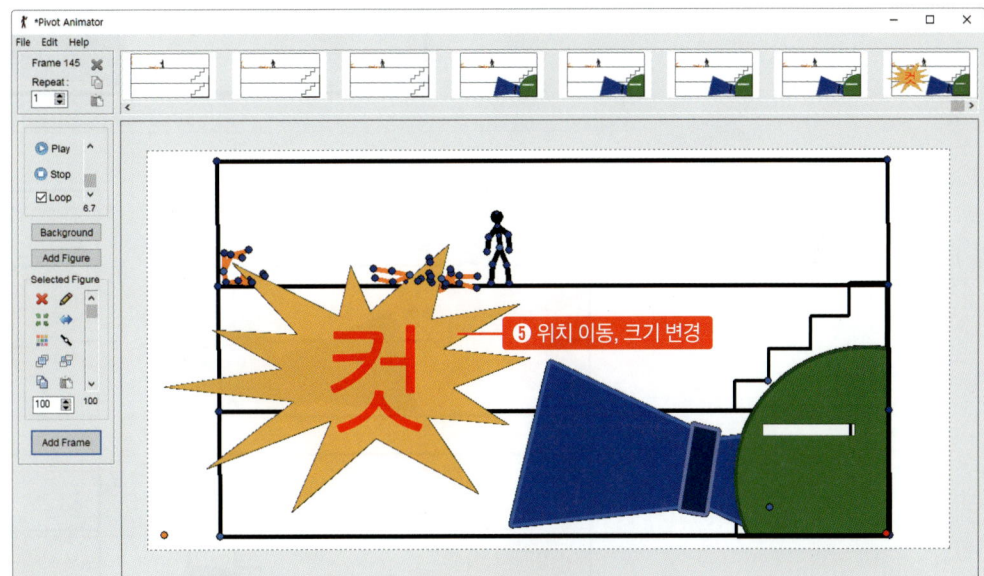

⑥ '컷'을 외치는 감독의 모습을 유지하기 위해 Add Frame 을 클릭하여 '프레임'을 6개 더 추가합니다.

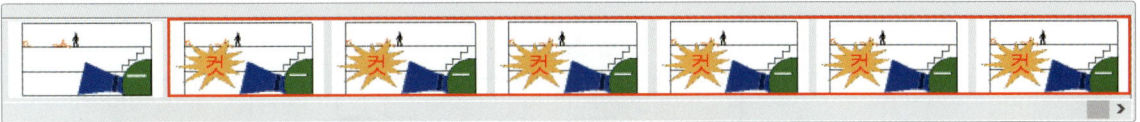

02 컷! 소리에 일어나는 동료 스틱맨

쓰러져 있던 '동료 스틱맨'들이 일어나는 모습을 표현해 봅니다.

① '감독1' 이미지를 처음 추가한 '프레임'을 찾아 클릭한 후 '프레임'을 한 장면씩 이동하며 '동료 스틱맨'이 일어나는 모습을 표현합니다.

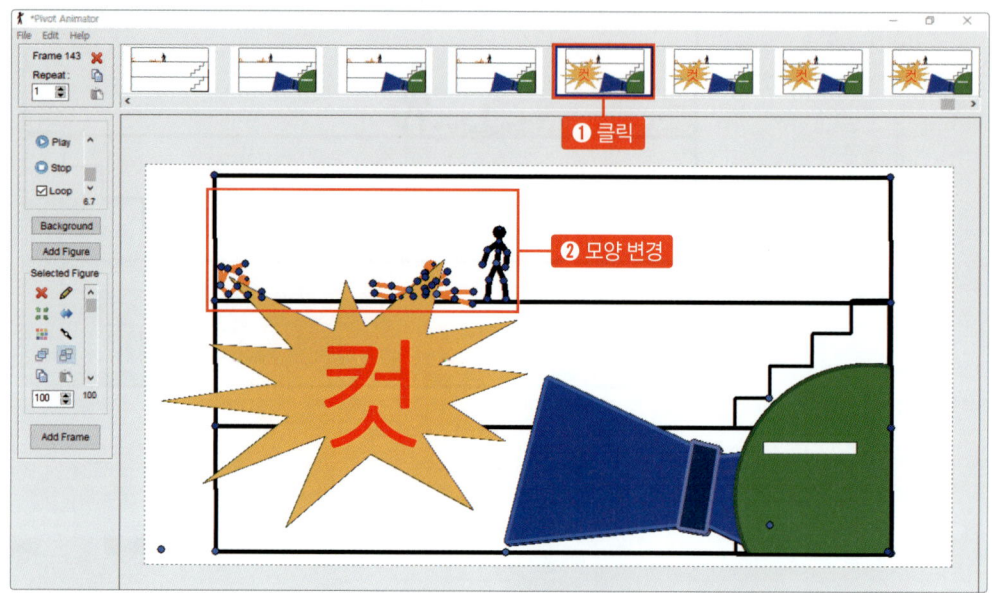

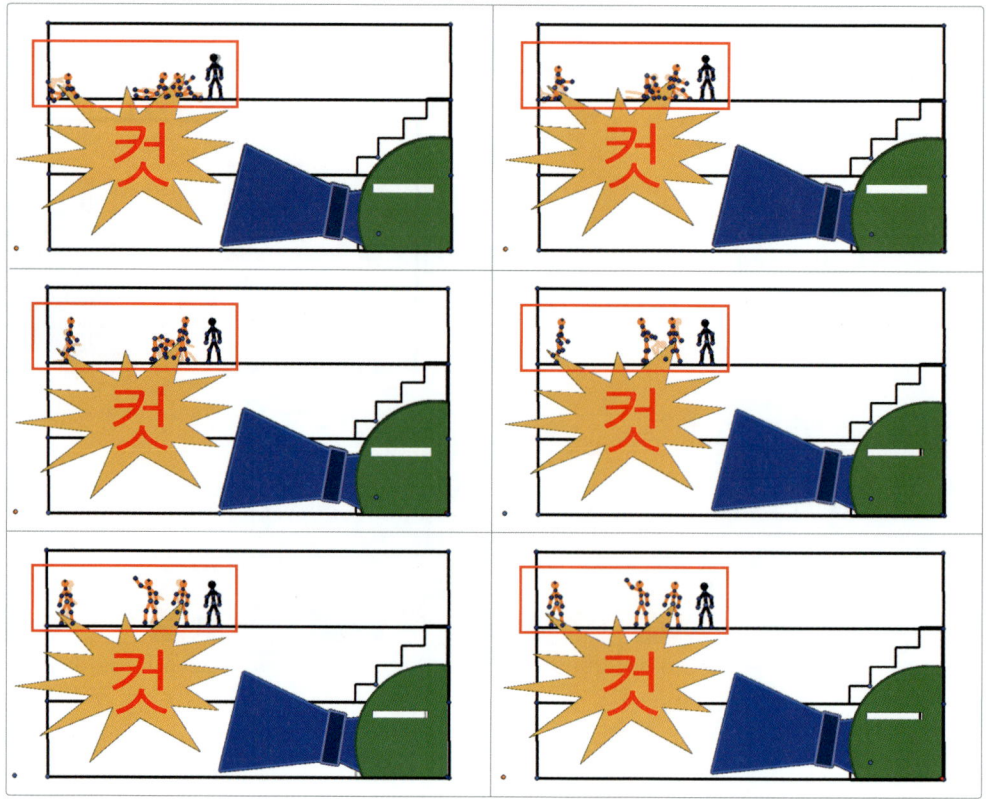

▲ '동료 스틱맨' 일어나는 모습

03 걸어오는 감독

멀리서 걸어오는 감독의 모습을 표현해 봅니다.

① 멀리 서 있는 감독의 모습을 표현하기 위해 Add Frame 을 클릭하여 '프레임'을 추가합니다.

② 이어서 캔버스에 있는 '개체'들을 전부 삭제합니다.

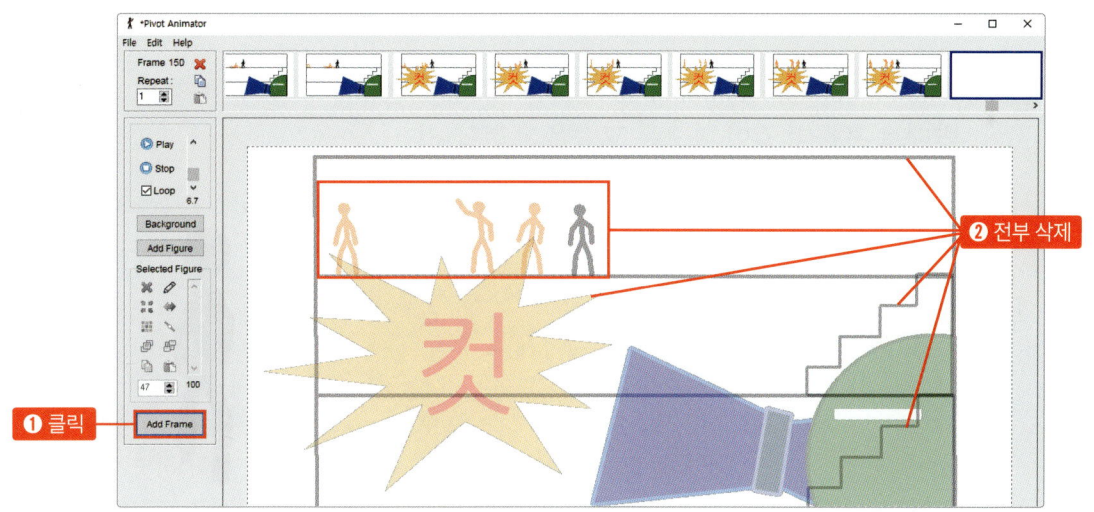

③ Add Figure 를 클릭하여 [Click or double click figure to add] 창이 나타나면 'Default'를 더블 클릭하여 개체를 캔버스에 추가합니다.

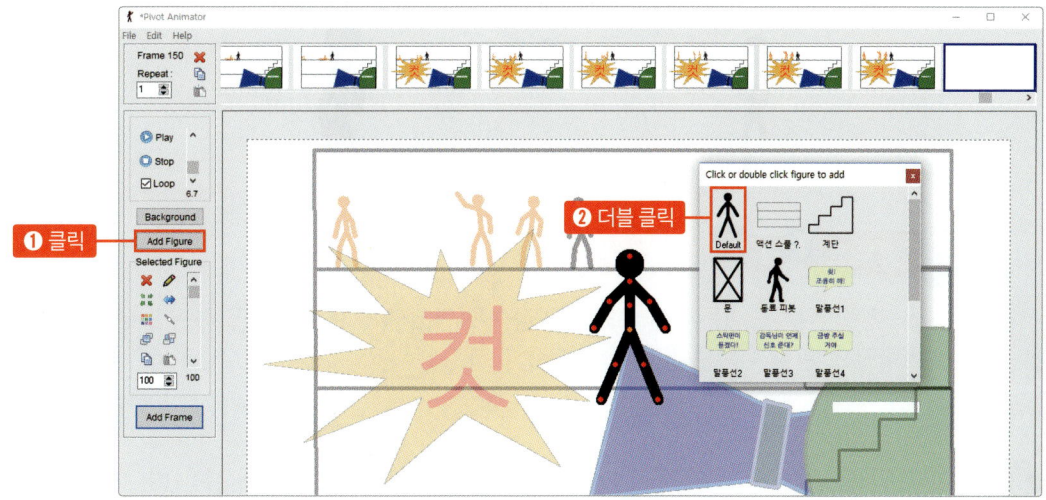

④ 이어서 Add Frame 을 클릭하여 수정된 '프레임'을 '타임라인'에 적용합니다.

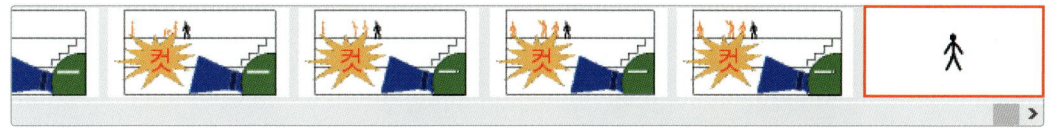

⑤ Add Frame 을 클릭하여 '프레임'을 추가하고 감독이 앞으로 걸어 나오는 모습을 표현해 봅니다.

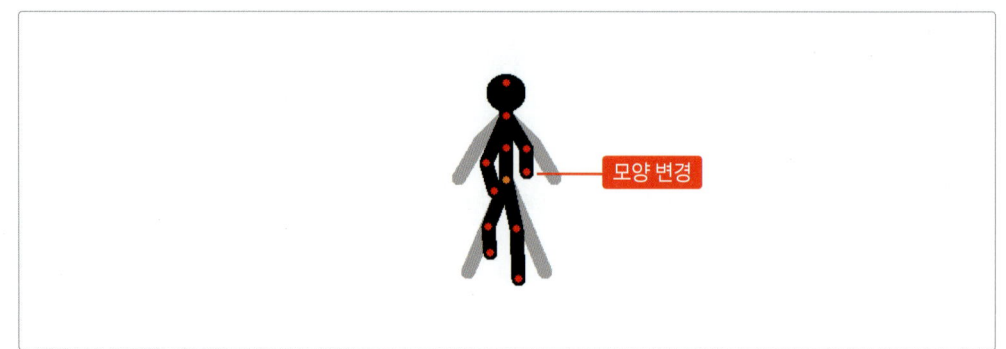

⑥ Shift + Alt 키를 동시에 누른 상태로 '조절점'을 드래그하여 감독의 크기를 조금 키우고 팔과 다리를 반대로 흔들며 걸어 나오는 모습을 표현합니다.

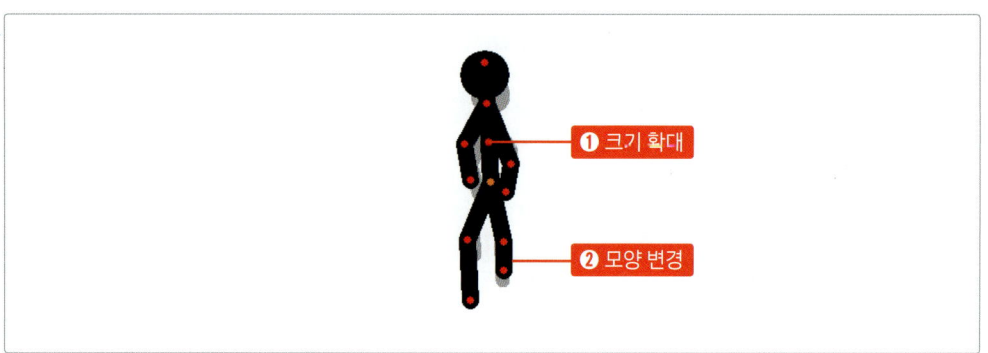

⑦ ④~⑥과 같은 방법으로 '프레임'을 추가하며 감독이 다가오는 모습을 표현해 봅니다.

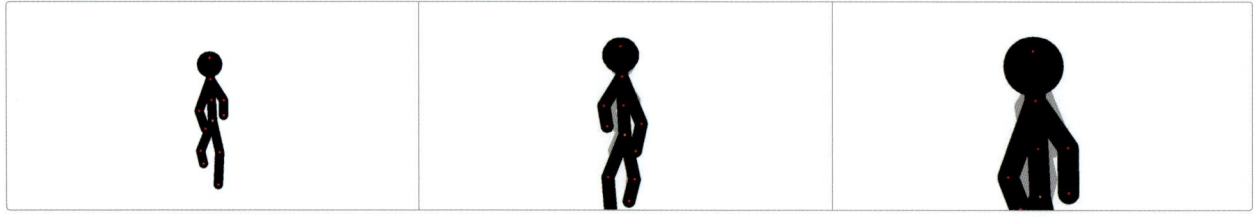

생자소 TIP

'스틱맨'의 위치를 이동시킬 수 있는 '원점'이 화면에 가려 보이지 않을 때는 'Selected Figure' 그룹에서 ✏️을 클릭하여 '스틱맨'의 '원점' 위치를 변경한 후 사용합니다.

⑧ '프레임'을 추가하고 감독이 다가오다가 멈춘 모습을 표현해 봅니다.

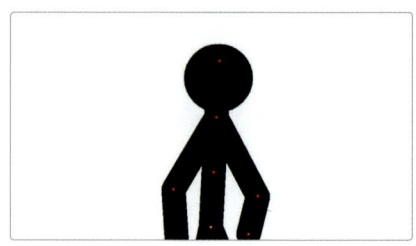

04 스틱맨들에게 인사하는 감독

다가온 감독이 '스틱맨'들에게 수고했다고 말하는 모습을 표현해 봅니다.

① `Add Frame` 을 클릭하여 '프레임'을 추가한 후 [File]-[Load Sprite Image]를 클릭합니다.

② [열기] 창이 나타나면 '인삿말.png'를 불러와 크기와 위치를 지정합니다.

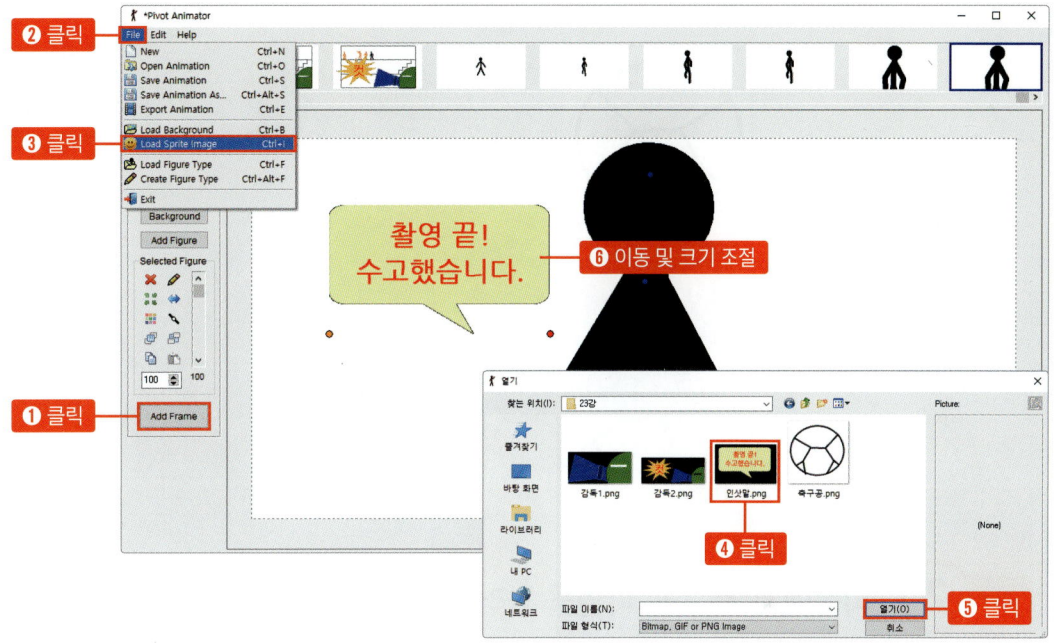

③ 감독이 인사하는 '프레임'을 반복하기 위해 'Repeat'를 '10'으로 변경한 후 '프레임'을 추가합니다.

④ 애니메이션을 확인할 수 있도록 [File]-[Export Animation]을 클릭하여 'Gif 파일'로 저장합니다.

Chapter 23

뿜뿜! 생각 키우기

미션 1 그림판에서 '축구공'을 그린 후 '축구공.png' 파일로 저장합니다.

미션 2 피봇에서 '축구공' 파일을 불러와 축구하는 모습을 표현해 봅니다.

▶ 예제 파일 : 23_자유예제.piv   ▶ 완성 파일 : 23_자유완성.piv

▶ 예제 파일 : 24_예제.avi   ▶ 완성 파일 : 24_완성.mp4

내일은 액션왕! 액션씬 완성

감독은 앞에서 촬영한 스틱맨의 액션씬을 편집하고 있었어요.
"그래 이 부분은 슬로우 모션으로 만들고, 이 부분은 좀 빠르게 돌려보자."
감독은 영상을 나누어 동영상의 속도를 조절했어요.
"오! 이렇게 하니 스릴 있어 보이는 걸?"
감독은 편집 영상을 감상하며 만족의 미소를 지었어요.

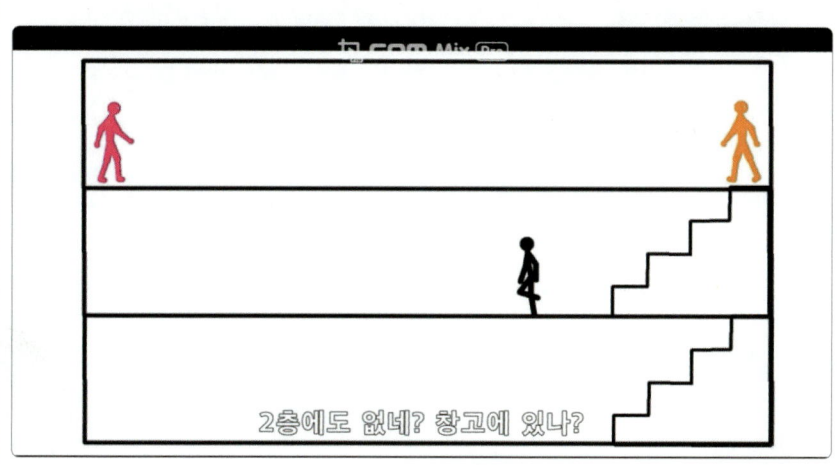

학습목표

- 동영상을 나눌 수 있습니다.
- 동영상의 속도를 각각 다르게 지정할 수 있습니다.
- 동영상에 배경음악을 삽입할 수 있습니다.
- 동영상에 자막을 넣을 수 있습니다.

01 동영상 자르기

동영상을 나누고 재생 속도를 다르게 설정할 수 있습니다.

① 영상을 만들기 위해 '곰믹스 프로 아이콘( )'을 더블 클릭하여 실행합니다.

② [Gom Mix pro] 창이 열리면 [미디어 소스]-[파일 추가]를 클릭합니다.

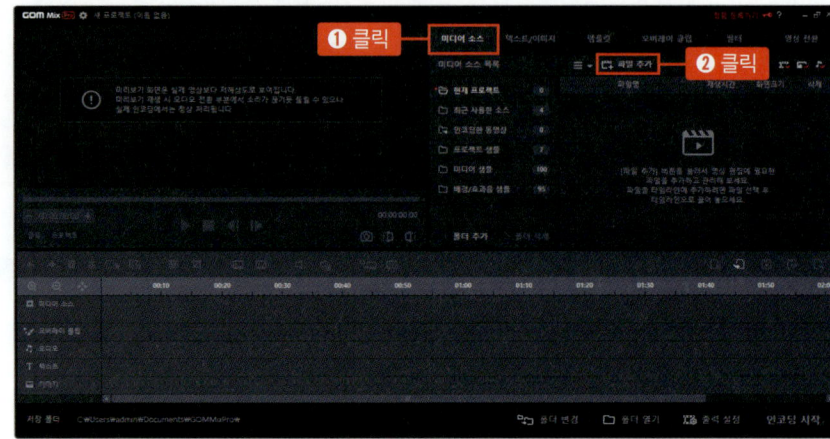

③ [열기] 창이 나타나면 [24강] 폴더에서 '24_예제.avi' 파일을 불러온 후 추가된 동영상을 '미디어 소스 타임라인'으로 드래그합니다.

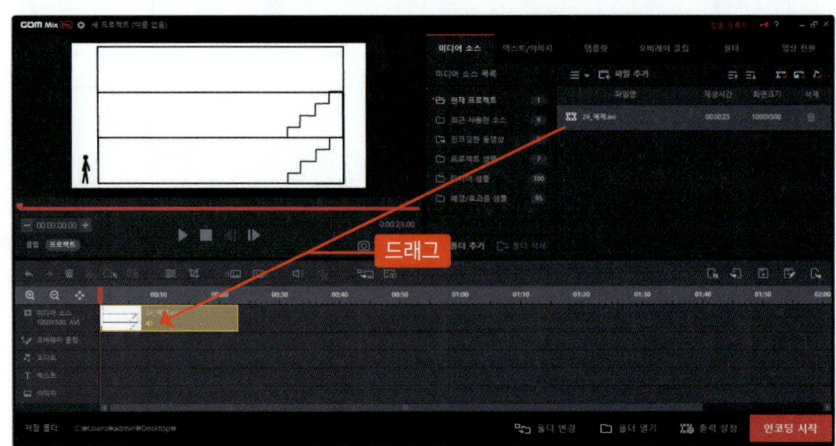

④ 동영상을 편집하기 편하도록 타임라인의 '전체 보기( )'를 클릭합니다.

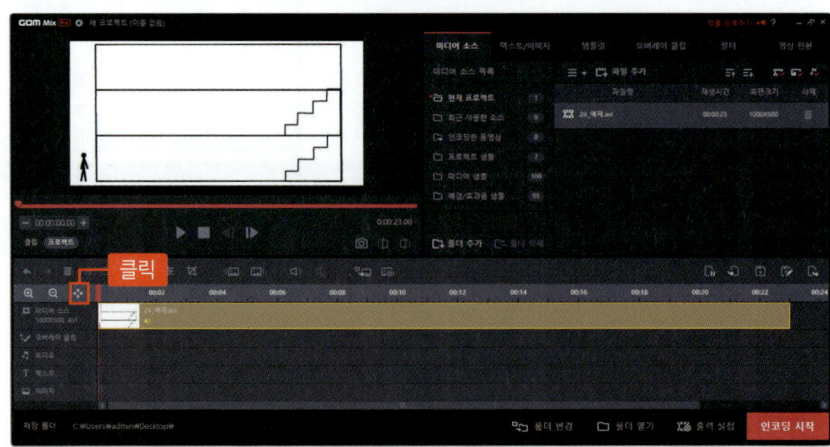

⑤ 동영상의 전체 속도를 느리게 조절하기 위해 동영상을 선택하고 타임라인의 '비디오 조정( )'을 클릭합니다.

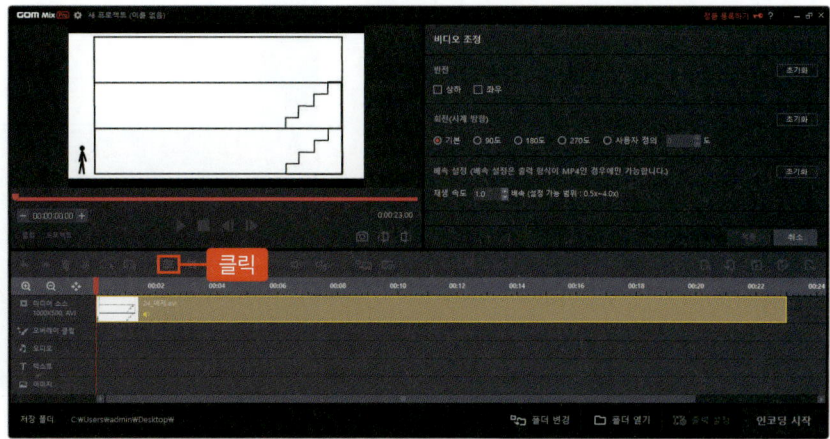

⑥ 재생 속도를 '0.5'로 입력한 후 [적용]을 클릭합니다.

⑦ 동영상을 잘라내기 위해 동영상의 재생 위치를 '26'초로 입력하고 타임라인 도구 중 '동영상 자르기( )'를 클릭합니다.

⑧ 이어서 재생 위치를 '39'초로 입력하고 타임라인 도구 중 '동영상 자르기( )'를 클릭합니다.

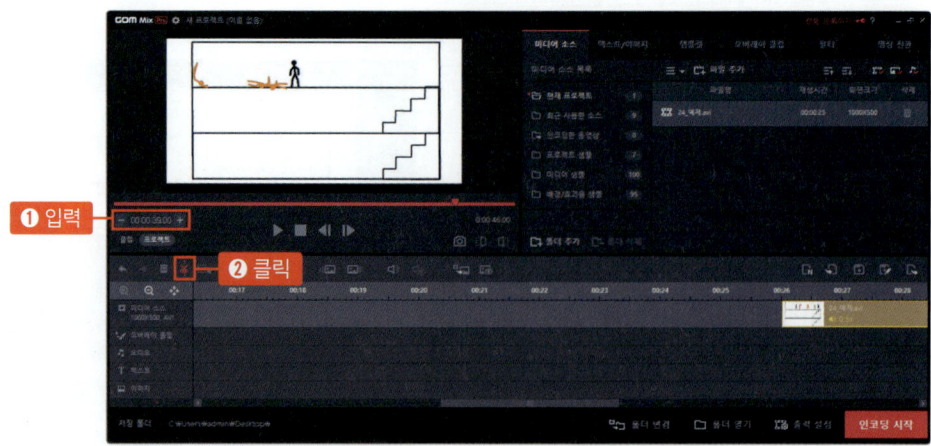

⑨ 자른 동영상 중 첫 번째 영상을 선택하고 타임라인 도구 중 '비디오 조정( )'을 클릭합니다

⑩ 영상의 속도를 '1.0'으로 입력하고 [적용]을 클릭합니다.

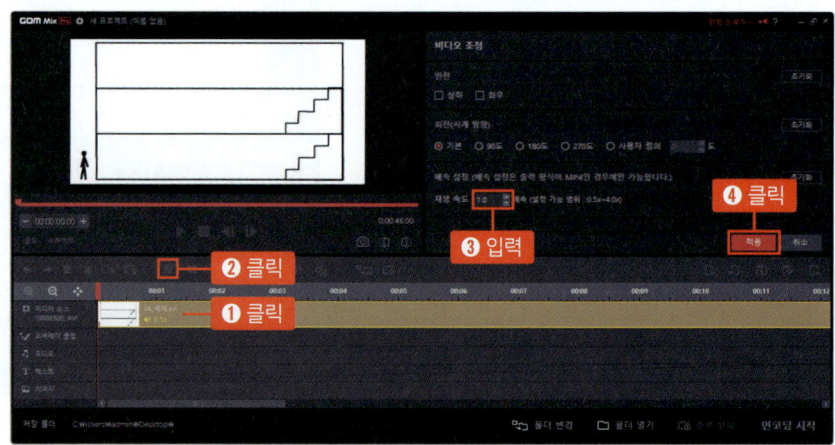

⑪ ⑨~⑩과 같은 방법으로 세 번째 영상의 재생 속도를 '1.0'으로 설정합니다.

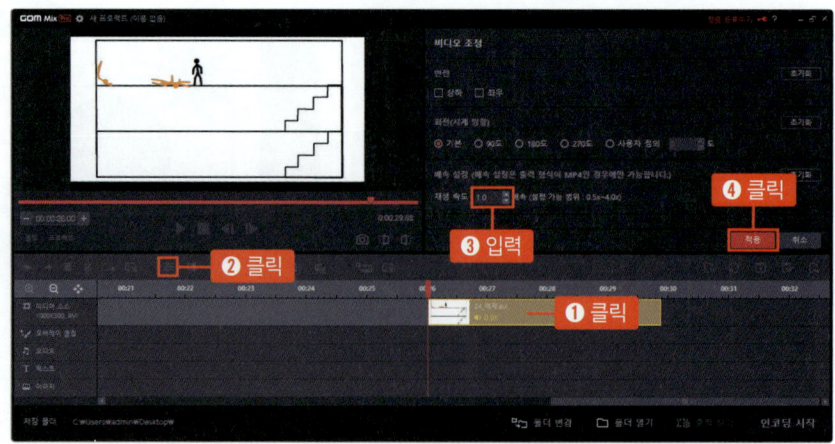

02 배경음악 적용하기

'곰믹스 프로'에서 제공하는 샘플 파일을 이용하여 배경음악을 적용해 봅니다.

① 동영상에 배경음악을 추가하기 위해 동영상의 '정지(■)'를 클릭합니다.

② [미디어 소스] 탭의 [미디어 소스 목록]에서 [배경/효과음 샘플]을 클릭합니다.

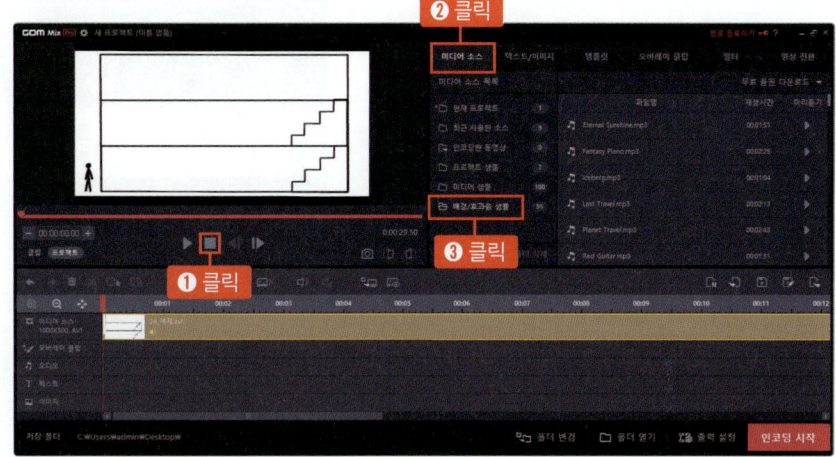

③ 'Iceberg.mp3' 파일을 '오디오 타임라인'으로 드래그합니다.

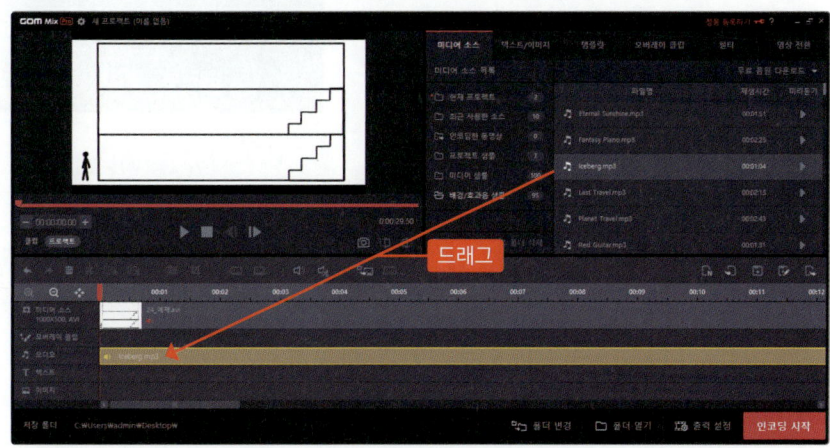

④ 배경음악을 동영상의 길이와 동일하게 조절하기 위해 타임라인 도구 중 '선택된 오디오 편집( )'을 클릭하고 '편집'을 클릭합니다.

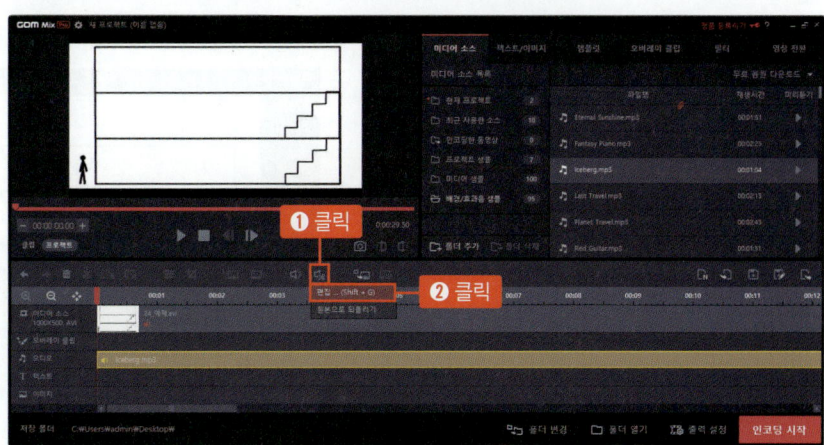

CHAPTER 24 내일은 액션왕! 액션씬 완성 **205**

⑤ [오디오 편집기]가 나타나면 시작구간(0초), 종료구간(29.50초)을 입력합니다.

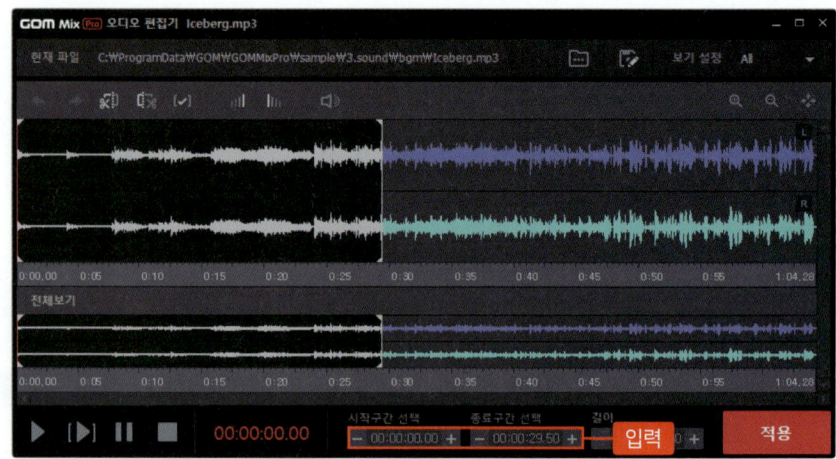

⑥ '선택 영역만 유지( )'를 클릭하여 배경음악을 잘라낸 후 [적용]을 클릭합니다.

⑦ '동영상'과 '배경음악'의 종료 시점이 같은지 확인합니다.

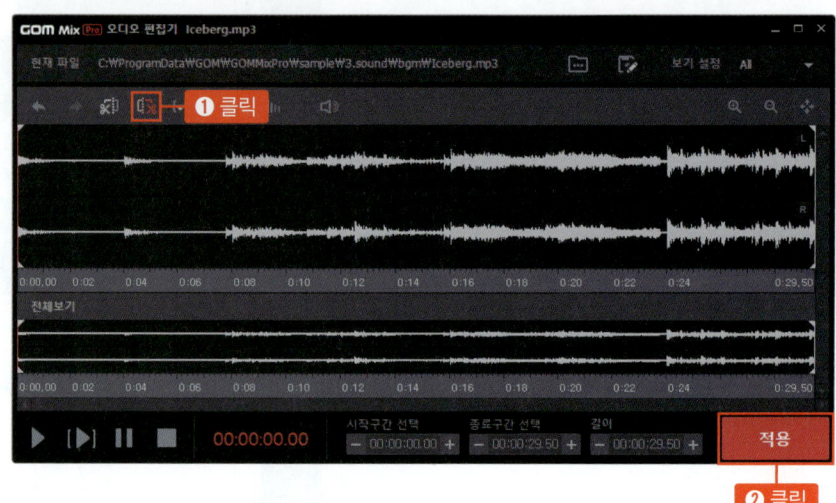

03 자막 추가하기

텍스트를 추가하여 영상에 자막을 삽입해 봅니다.

① [텍스트/이미지] 탭에서 '텍스트 추가'를 클릭한 후 자유롭게 자막을 추가해 봅니다.

② '텍스트'의 속성을 자유롭게 변경합니다.

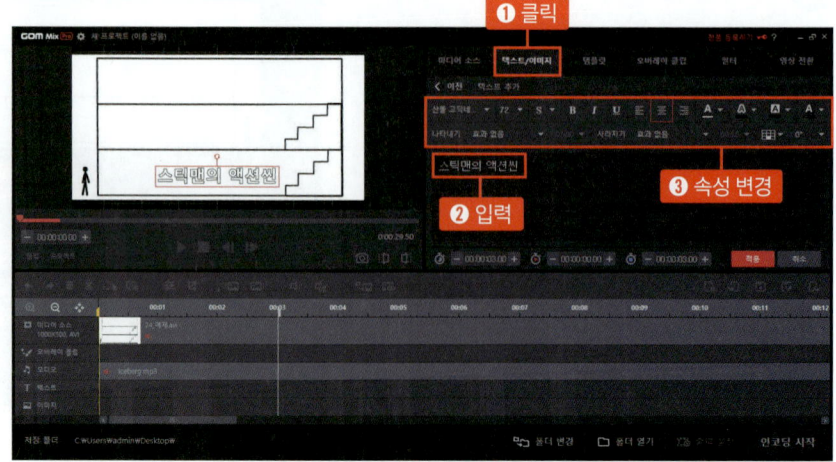

③ '텍스트'의 위치를 자유롭게 변경하고 [나타내기]의 '효과없음'을 클릭하여 '텍스트'에 나타내기 효과를 추가해 봅니다.

④ 자막 완성 후 시작시간과 지속시간을 입력한 후 [적용]을 클릭합니다.

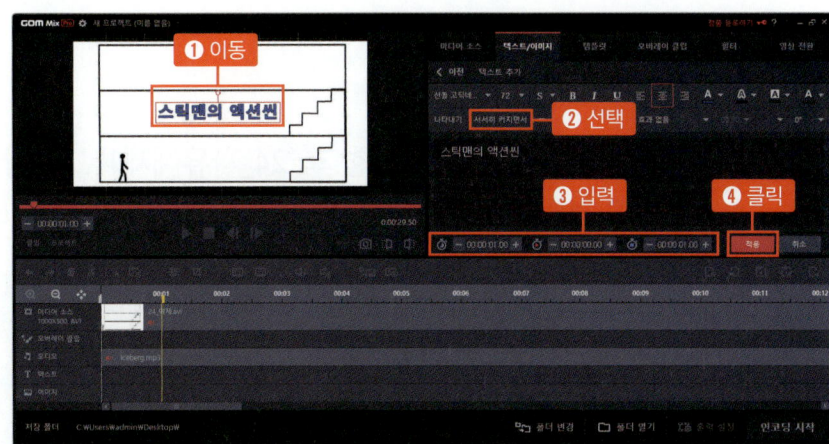

⑤ 다른 자막도 자유롭게 입력한 후 [인코딩 시작]을 클릭합니다.

⑥ 저장 위치를 지정하고, 파일 이름은 "스틱맨의 액션씬"으로 입력한 후, [인코딩 시작]을 클릭합니다.

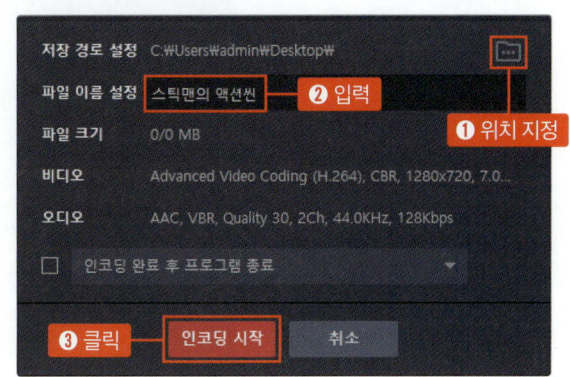

CHAPTER 24 **207**

뿜뿜! 생각 키우기

Chapter 24

▶ 예제 파일 : 24_자유예제1, 24_자유예제2, 24_자유예제3.mp4   ▶ 완성 파일 : 24_자유완성.mp4

미션 1 [Gom Mix Pro]를 실행한 후 '24_자유예제1', '24_자유예제2', '24_자유예제3'을 가져와 타임라인에 추가하고, 동영상의 재생 속도를 각각 다르게 조절해 봅니다.

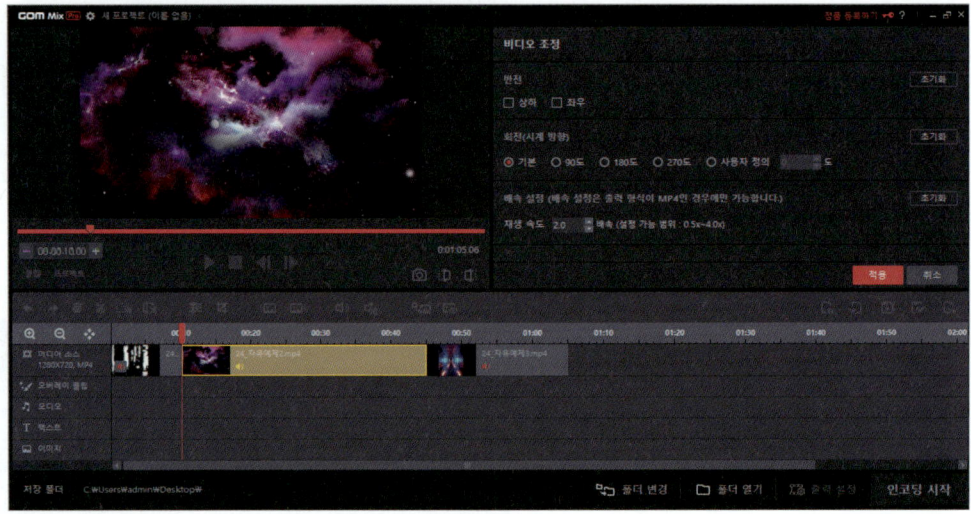

미션 2 완성한 동영상에 배경음악을 추가하고, 동영상의 길이와 배경음악의 길이를 동일하게 변경해 봅니다.

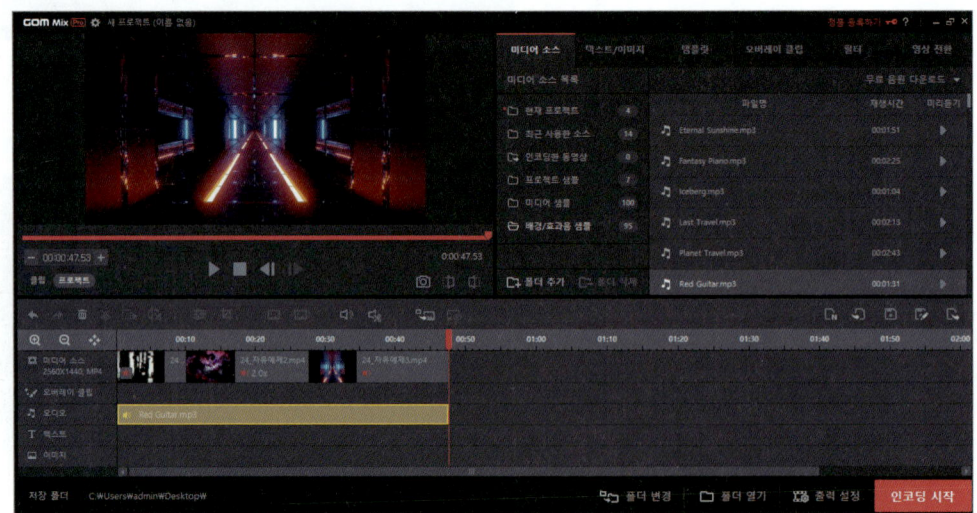